Dept 20

Seres de luz

y

entes de la oscuridad

Lucy Aspra

Seres de luz
y
entes de la oscuridad

alamah

Copyright © 2011 Lucy Aspra

alamah○

De esta edición:
D. R. © Santillana Ediciones Generales, S.A. de C.V., 2011.
Av. Universidad 767, Col. del Valle.
México, 03100, D.F.
www.alamah.com.mx

Primera edición: febrero de 2011.

ISBN: 978-607-11-0783-1
D.R. © Diseño de cubierta: Víctor M. Ortíz Pelayo

Diseño de interiores: Ma. Alejandra Romero I.
Las viñetas que aparecen en el libro fueron realizadas y
adaptadas por Ismael Trejo Zenteno.

Impreso en México

A san Miguel Arcángel,
mi guerrero solar, el sol de mi corazón,
con profundo amor, respeto y gratitud.

ÍNDICE

Cómo reconocer que estamos con Ángeles. Diferencia entre Ángeles y otras entidades.

Espíritus de la naturaleza o elementales. Grises y duendes. Diferencia entre duendes y Ángeles en el Corán. Algunas características de los jinns. Relación de duendes con niños desaparecidos. Granjas con criaderos de niños. Similitud entre duendes, reptiles y grises. Mefistófeles. Ritos. Supuestas bases intraterrenas con brujos extraterrestres.

Mensajes subliminales visuales. El poder de la música. La forma de sobreponer los mensajes. Para escuchar los mensajes subliminales. Cómo protegerse de los mensajes subliminales negativos en la música. Mensajes subliminales positivos. Juguetes. Cómo ayudar a los niños. Videojuegos. "Crop circles" o círculos de cosecha... ¿son mensajes subliminales?

Portales energéticos. Extraterrestres y portales. Portales dimensionales: similitud entre abducciones y experiencias cercanas a la muerte. Los vórtices. Vórtices milagrosos. Ciclos. La geobiología. La red Hartmann. Cuál es la función de estas redes. La geomancia. Qué son las geopatías. Conocimiento milenario. Cómo se alimentan las redes negativas. Lugares sagrados. Ley Lines. San Miguel y el dragón o la serpiente. En qué beneficia conocer esta información. No se debe construir sobre lugares con vibraciones negativas. Adquiriendo una casa o terreno. Oración. Pedir iluminación, asistencia divina y purificación antes de mudarse. Armonizando nuestro hogar. Purificación con la oración y bendición. Ejemplo de protección con la oración. Otro ejemplo notable. Succión de energía a través de objetos contaminados. Importancia de la purificación y bendición de todo lo que usamos o que nos rodea. Bendecir todo. Casas "embrujadas". En unión de los Ángeles podemos reparar los daños.

Mundos alternos: encarnaciones paralelas de un mismo ser.

Las figuras que nos rodean influyen en nuestras células. El extraordinario poder de la oración. Por qué funciona la oración. Estudios científicos sobre la conciencia del agua. La "memoria" de la célula indicará cómo debe reproducirse. El agua filtrada con amor como remedio. Cómo se modifica la estructura del agua. El amor transforma. Nuestro cuerpo físico es un recordatorio del amor noble. Visualización de nuestras células. Nuestras células nos aman con locura. Experiencia personal. Ejemplos de mensajes. Ejemplos para dirigir mensajes.

AGRADECIMIENTOS

Son muchas las personas que han sido fundamentales para que pudiera completar este libro. En primer lugar, debo mencionar con profundo amor a mis tres adorados hijos: Sabrina, Renata y Rodrigo Herrera Aspra, que me inspiran y fortalecen siempre. Gracias especiales a Sabrina, porque además de alentarme, igual que Renata y Rodrigo, ahora también participa amorosamente en los hogares angelicales para transmitir información sobre la realidad de los Ángeles. Agradezco a Dios por haberme bendecido con ellos, constantemente le doy gracias por colmarlos de bendiciones, por la protección que les dispensa san Miguel Arcángel y por el resplandor de los Ángeles que coronan con éxito todo lo que emprenden y los envuelven diariamente con su luz de salud, amor, armonía, tolerancia, humildad y espiritualidad. De igual forma doy gracias a mis siete divinos nietos: Renata, Regina, Sabrina, Sebastián, Rodrigo, Paulina y Alonso, que me enorgullecen por sus grandes logros y siempre me llenan de satisfacciones y amor.

Agradezco también a mis hermanos Jaime y Argentina, así como a mi sobrina Cynthia Aspra por su apoyo emocional.

La Casa de los Ángeles y, ahora también, La Fortaleza de san Miguel Arcángel son lugares llenos de luz celestial, debido a la emanación angelical de sus dueños (los Ángeles); pero también por el resplandor de los ángeles terrenales que allí depositan sus vibraciones de amor y sabiduría, por todo esto y con profunda humildad, en nombre de san Miguel y sus Ángeles, doy gracias a todos, entre ellos, debo mencionar por su gran apoyo y entrega a: Lupita Díaz Arroyo, Cristina López, Silvia Casarín, Lolita Santos, Sylvia Ibarra, Angelita Romero, Rosalba Reynoso, Josefina Moreno, Miguel Pérez, Amparo Ovín, Hilda Pola de Ortiz, Graciela Alanís, Angie del Muro, Víctor Manuel García, Víctor Miranda, Carlota García, María de Jesús Camacho, Martha Elba Pimienta, Lidia Meza, Beatriz Reséndiz Mendoza, Martha Elba Valle González, José Ramón Ramos S., Víctor Hernández, Jesús San Pablo, Alfredo Esquivel, María Teresa Ortega, Tere Mendoza Díaz, Ángeles Rodríguez, Yolisma Becerra, Martha Castillo, Liliana Esguinca, Ricardo Calderón, Teresa Pérez, Enrique García, Alberto Calvet, Alejandro Chapa, Enrique García, Jaime Gironés. A los colaboradores de La Casa de los Ángeles, por su entrega, compromiso y lealtad: Angélica Zúñiga, Rosario Santacoloma, Felipe Olvera Reyes, Ignacio Llanos, Ángel Llanos, Amanda Iruz Z. y Maripaz González.

Este libro cierra mis investigaciones iniciadas con *Ángeles y extraterrestres* y *Batalla cósmica*.

Agradezco especialmente a mis queridas amigas Ángeles Ochoa y Corina Verduzco por su inquebrantable amistad. A mi querida amiga Crystal Pomeroy, por su sincera amistad, por compartir su sabiduría y por su ayuda sugiriendo y proporcionándome material para el libro. A mi siempre querido amigo Pedro Jiménez.

A los grandes y queridos amigos que fielmente colaboran en todos los eventos y nos acompañan en todo momen-

to; entre ellos debo mencionar con enorme gratitud a Yola González Arzate, Eduardo y Luisa Vogel, Leticia Torreblanca, Rocío Balderrama, Paty Merino, María Eugenia Bedoy y su hija Elizabeth, Lupita Segura, Ana Luisa López, Leticia Viesca y Armando Díaz, María Luisa Cuevas de Domínguez, Blanquita Carranza, Mari de Ayón, Ofelia de Solano, Bety Ortiz, Bertita Romero y Rocío Vázquez González. Un agradecimiento especial a María Elena de Parada y a su esposo Rubén por tener siempre una actitud gentil. A María Elena, Socorrito Blancas de Chi y Arturo Pérez, les agradezco la celestial emanación de sus oraciones que depositan en La Casa de los Ángeles. También agradezco a los amigos que me enriquecen con su deferencia, especialmente a Elizabeth Gómez Pimienta, Paty Milmo, Tony Ceballos, Martha Venegas, Ana Luisa López, Víctor Segarra, Carmen de la Selva, María Luisa Cuevas de Domínguez, Blanquita Carranza, Mari de Ayón, Ofelia de Solano, Bety Ortiz, Pedro Pineda, Manuel Rico (el padrino), Amalia Díaz Enríquez y su esposo Jordi, Enedina Rodríguez y María Antonieta Verduzco.

A mis amables vecinos por su amistad, apoyo y confianza: Andrea e Ivonne Toussant, Cecilia Gómez, Celia Navarrete, Mario Córdova y su esposa Judith, Carlos Madrid y Angelina Fernández Gauffeny.

Por sus continuas atenciones, a los amigos que colaboran con mi hijo: el licenciado Manuel Cruz García, Mayda Díaz González, Juan Araiza, Rafael Tejeda, Maru Paz Colín, Lillian Díaz González, Eduardo Guerrero Lerdo de Tejada, Iván Méndez, Hugo Narváez, Jorge Paredes, Lizbeth Romero, Irene Fallas, Mariana Cordero, Milton Solano, Pedro Vite y todos los que amablemente siempre me apoyan en todas mis diligencias.

A la Editorial Santillana, a cuyo personal también agradezco su paciencia y confianza en el resultado final de este

escrito. Un agradecimiento especial a César Ramos, por su interés en este libro, por su confianza y decisión de publicarlo.

De todo corazón agradezco al gran número de personas que asisten a las pláticas y conferencias, cuya inquietud por saber si existe relación entre los Ángeles y los extraterrestres ha sido determinante para que investigara más sobre este tema.

También agradezco a los lectores de mis libros anteriores cuyos testimonios me fortalecen e impulsan para seguir investigando todo lo concerniente a la realidad de los Ángeles, sobre su amorosa supervisión y la diferencia entre ellos y otras entidades que trabajan con fines egoístas.

A todos los que, además de sus labores, están dedicados a despertar conciencias, entre ellos me siento distinguida de contar con la amistad del general Tomás Ángeles Dauahare, general Mario Fuentes, Alfonso Zaragoza, Mercedes Heredia, Lilia Reyes Spíndola, Yohana García y Esther Erosa Vera. Incluyo aquí nuevamente a las personas que transmiten con profundo amor la realidad de los Ángeles que nos acompañan siempre: a mi querida amiga argentina Martha Sánchez, a Eder Pliego y Javier Montiel, a Jerusalén de Anda, Arlette Rothhirsch. A Carmen Segura, Georgette Rivera, Alex Slucki, María Elena Carrión y muchos otros que el espacio no me deja incluir.

A los sacerdotes que con profunda entrega devocional, comprensión y tolerancia me apoyan en todos los momentos, en particular debo mencionar al padre Amado Segovia. Agradezco, sin conocer, a los múltiples abducidos que han tenido la valentía de exponer sus experiencias.

A los grandes comunicadores que me honran con su amistad y demuestran su gran amor y devoción a los Ángeles: Irene Moreno, Víctor Tolosa, Carlos Gil, Juan Ramón Sáenz, Julieta Lujambio, Nino Canún, Maxine Woodside, Alfredo Adame, Ana Yancy García, Marisa Escribano, Leticia

Navarro, Jéssica Díaz de León, Ángeles Pérez Aguirre, Mario Córdova y Luisa María, Tere Ocampo y Juan Carlos Torrales.

Mi enorme gratitud a mis amigos a distancia que me distinguen con sus atenciones. En primer lugar a Alfonso Ávila (servidor galáctico en Ciudad Juárez), por sus sabias reflexiones e interesantes comentarios. A Claudia Elizondo, de Colima, Yolimar de Russo, de Panamá, Clara Malca, de Panamá, Gloria Palafox, de Acapulco, Ivonne y Eduardo Luna de Tehuacán, Mayra Martínez Zavala de La Paz, Baja California, Raúl y Gabriel Cravioto de Puerto Vallarta, Lucy Martínez de Aguascalientes, Angélica Sánchez y Enrique de Sahuayo, Michoacán, Martita Ortiz y Javier, de Piedras Negras, Tere Cano, de Mérida, Luz Marina Bustos, Zonia Pinel, de Honduras, Esperanza Quant de Miami, Julio César Luna, de Miami, Nilda Debourie de The Angel's Ring en Miami, Marcelo Tarde, de Uruguay, Alejandro Figaredo, Javier Urbina del Valle de Chicago, Esther Leal Ron, de Guadalajara, Patricia de Morkazel de Acapulco, Arminda Hernández de Querétaro, Rosario Gutiérrez González, de Reynosa y Fernando Rocha Arjona, de Reynosa.

Nuevamente agradezco a los investigadores del tema de los ovnis, por su persistencia en difundir la realidad de su existencia y porque han sido participantes virtuales en este libro; entre ellos debo mencionar especialmente a mis amigos: Yohanan Díaz y Luis Ramírez Reyes. También mi reconocimiento a Jaime Maussán, por su tenacidad en hacer que este tema se conozca cada vez más. Agradezco también a todas las personas y grupos que amablemente me envían información a través de internet, con datos que nos mantienen actualizados de las noticias recientes sobre muchos de los temas que aquí se tratan. Gracias a Ricardo G. Ocampo, Guillermo Herrera, Dante Franch, David Piedra y a la Red Ascensional a la Luz.

Extiendo mi gratitud también a los autores y editoriales que aparecen en la bibliografía, pues sin sus investigaciones hubiera sido imposible que se completara este trabajo.

Que Dios los bendiga siempre y los Ángeles, sus celestiales mensajeros, los envuelvan en su fulgor de protección y amor.

Lucy Aspra

PRESENTACIÓN

Aquí reitero lo que expuse en los libros *Ángeles y extraterrestres* y *Batalla cósmica*, porque algunos temas que se tocan aparentemente están cubiertos con un velo de confusión: "En general, cualquier tema que involucre extraterrestres siempre tendrá mucha desinformación y será atacado por campañas de desprestigio, por fundamentalistas y personas de mente cerrada porque ésta es una cuestión para gente de mente abierta, los que buscan la verdad a pesar de dogmas y prohibiciones, a costa de encontrar información que podría cambiar muchas creencias.

"Debido a la naturaleza controversial de los temas tocados en este libro, pido disculpas a quien pudiera sentirse ofendido por mi enfoque y conclusiones". Debo agregar que los temas tratados son sólo para que estemos enterados de lo que, en teoría, está sucediendo y acrecentándose cada vez más en el mundo. No es con el afán de provocar temor, ya que esa energía es precisamente la que requieren los entes oscuros, sino para estar conscientes y protegernos con las celestiales frecuencias angelicales que Dios, nuestro Padre divino ha puesto para resguardarnos cuando así lo pedimos.

Cerrar los ojos ante lo que está a plena vista, nos debilita y expone. El conocimiento nos da poder.

He tenido tantas manifestaciones de la presencia de los Ángeles y he sido tan bendecida con sus favores, que mi corazón constantemente rebosa de gratitud y profundo amor por ellos. Doy gracias continuas porque aparecieron en mi vida y sé que están junto a todas las personas de igual manera. Es posible que no todos perciban su presencia, pero si prestan un poco de atención recibirán señales sutiles de que están allí. Por esto, en nombre de los lectores de este libro, me atrevo a pedir que a todos nos envuelvan en su celestial luz de sabiduría y discernimiento para saber cómo apoyar en estos momentos que tanto se requiere del resplandor de nuestra conciencia de amor.

Antes de los avances técnicos logrados por la ciencia, era comprensible que cualquier cosa que apareciera en el cielo se confundiera con un portento divino, pero ya vivimos otra época. El ser humano ahora tiene capacidad para conocer la diferencia entre una maravilla mecánica y una aparición divina. El fenómeno ovni, aunque esté rodeado de muchos misterios, una vez que se va sacudiendo la bruma de los fraudes, engaños, secretos, alucinaciones y errores de percepción, permanece como una constante en todos los avistamientos, contactos y abducciones: Una nave material, sólida y tan objetiva como un coche o cualquier aparato hecho por entidades inteligentes con la capacidad de formar conceptos. Es decir, la manifestación ovni podrá usar muchos camuflajes, pero finalmente aparece la nave metálica o algo que la simule. Algunas podrán ser de aquí mismo, otras quizá procedan de un espacio físico diferente al nuestro, de otra dimensión o realidad paralela y, tal vez, habrá algunas que sean máquinas de tiempo que provengan de nuestro futuro; pero lo que sí queda claro es que son aparatos movidos

por entes, cuya naturaleza también es enigmática porque ellos mismos se han esforzado para mantenernos en suspenso y ocultar la verdad o sembrar confusión en cuanto a sus intenciones. Es indudable que también en el pasado hubo desconcierto entre el avistamiento de un fenómeno aéreo extraño y una aparición divina, pero no indica que en todos los casos se trataba siempre de lo mismo.

Sin embargo, tras el fenómeno ovni hay mucho más encubierto: sociedades secretas, conspiraciones, asesinatos y un sinnúmero de eventos siniestros que están muy lejos de tener relación con los Ángeles, porque los extraterrestres (o lo que se conoce con ese nombre) y los Ángeles son tan opuestos que es más fácil relacionar a los primeros con las entidades que antiguamente se conocían como demonios.

Como expresé en *Batalla cósmica*: "Este libro (también), entre otras cosas, incluye algunas conclusiones de profesionales del campo de la medicina —cada vez un número mayor— que se refieren a la realidad de las fuerzas oscuras, a las que perciben como entidades individualizadas y no arquetipos de la maldad de la conciencia humana. Han asumido esta posición, en algunos casos, debido a su participación directa en 'exorcismos' y al ejercicio de liberación de almas cautivas. Entre ellos hay renombrados psicólogos, psiquiatras y sacerdotes que narran sus impresionantes experiencias en libros cuyos títulos pueden consultar en la bibliografía de esta edición. Varios hacen una clara separación entre la naturaleza de extraterrestres y Ángeles, y explican que cada vez que necesitan practicar la expulsión de alguna entidad extraña del cuerpo de un paciente, buscan la ayuda de los seres superiores que conocemos como Ángeles." De hecho, el doctor Baldwin, en su libro *Spirit Releasement Therapy* (*Terapia de la liberación espiritual*), dice que no sugiere que esa terapia se realice sin la ayuda de estos celestiales seres

y que es preciso invocarlos antes de comenzar cualquier tratamiento. En algunos casos, "el ejercicio de liberación se realiza justamente para expulsar extraterrestres".

Debo añadir que en este libro, igual que en los anteriores, también he compilado algunas opiniones y teorías de varios estudiosos sobre el tema, como científicos, oficiales gubernamentales, psicólogos, terapeutas, abducidos, ufólogos y escépticos, entre otros.

Adicionalmente, como he expresado en mis escritos anteriores, el tema de los extraterrestres siempre me intrigó, aunque nunca los he percibido como los seres espirituales que llamamos Ángeles, pero a medida que fui investigando más para escribir este libro fui encontrando que realmente son seres disímiles en su totalidad. Tan opuestos que es más fácil relacionar a algunos de los primeros con las entidades que en la antigüedad se conocían como demonios.

La presencia de entidades extrañas en nuestra dimensión no anula la existencia de Dios; esto sólo nos confirma que Dios es infinito y que nosotros no somos el centro del Universo. Mientras que los Ángeles, sus mensajeros divinos, son seres espirituales que salieron antes que nosotros de su seno. Ellos han tenido suficiente tiempo para llegar al grado de perfección espiritual que ahora manifiestan. Ése es también nuestro destino glorioso, porque nosotros en un futuro remotísimo seremos capaces de conducir angelicalmente a alguna humanidad en ciernes que quizás estará siendo bombardeada, como lo estamos nosotros hoy en día, por "extraterrestres" de toda clase. Podrá ser una humanidad –como tantas que continuamente salen del seno de Dios– en desarrollo de su perfección espiritual, como nosotros, para actuar como lo hacen los Ángeles de nuestro Padre celestial. Nuestro futuro es regresar a nuestro hogar espiritual después de haber pasado por experiencias terrestres; parte de

nuestro trabajo ahora es reconocer la diferencia entre entidades que no son Ángeles –aunque digan que lo son– y los verdaderos seres de amor que nos envía Dios para guiarnos e inspirarnos.

Los extraterrestres, si no se han separado del hilo de vida conectado al Espíritu Santo, también tienen Ángeles arriba de ellos intentando llegar a su corazón. Los Ángeles, por su parte, son seres que se manifiestan sólo en su espíritu; alguna vez tuvieron características semejantes a las nuestras y a la de los extraterrestres positivos, sólo que ahora ya han superado los apegos que todavía tiene la humanidad, así como los intereses egoístas que aún mueven a los "visitantes" que llegan a nuestro planeta.

La esencia de vida del ser humano que está conectado a Dios es muy importante, porque es el motivo del conflicto entre muchas "razas" de extraterrestres en la Tierra. Lo que pelean es nuestra alma, nuestra esencia de vida, nuestra energía, porque ellos no la tienen. Dios no los alimenta, su vida es artificial y temporal, sin ninguna oportunidad de lograr la eternidad, por mucho esfuerzo que realicen o por muy avanzados que estén en su tecnología.

En este libro también se incluye el tema de la geobiología y de la asistencia celestial a la hora de buscar una casa, departamento o lugar de trabajo. Debido a lo cual, siento la inquietud de compartir una experiencia personal: Hace aproximadamente 24 años, cuando buscaba un departamento para comprar, mentalmente pedí a Jesús que me guiara. Visité muchos inmuebles, pero por un motivo u otro no eran de mi agrado o no se ajustaban a mi presupuesto, hasta que finalmente llegué al edificio donde hasta hace poco radiqué. Lo primero que vi en la entrada fue el cuadro de un Ángel en el muro de la izquierda y la pared opuesta estaba recubierta por un espejo, lo que provocaba que el

Ángel se reflejara dos veces, es decir, se veían dos Ángeles franqueando la entrada. Antes de comprar el departamento, nunca había decorado con figuras que yo consideraba religiosas, por lo que pensé que en la junta de vecinos pediría que se sustituyera el Ángel por la pintura de un paisaje o una bonita cascada. El tiempo pasó y nunca surgió el tema del cuadro en las juntas; después de dos años me encontré dando charlas sobre Ángeles, pero sólo como un tema dentro de otros que impartía (estaba muy lejos de saber que los Ángeles habían llegado para quedarse en mi vida). El primer día que di la plática sobre ellos, me sorprendí cuando una señora en el grupo dijo: "Lucy, qué bueno que hoy has hablado de los Ángeles, pues es el día de san Miguel Arcángel". Yo no le di importancia a este comentario, porque en ese tiempo yo no sabía que san Miguel tenía un día de festejo, debido a que en mis primeros años crecí como anglicana y no estaba muy familiarizada con los santos y los Ángeles. Fue hasta alrededor de los 13 años que mi padre me mandó a una escuela católica, donde me bautizaron nuevamente, y comencé a oír hablar de la Virgen así como un poco sobre la existencia de los Ángeles.

Aclaro esto porque estoy convencida de que lo que uno aprende en los primeros años de la infancia es lo que permanece como devoción; entonces mi devoción principal —y sigue siendo hoy— era hacia Jesús. Sin embargo, creo que san Miguel tiene formas sutiles para llegar a nuestro corazón y, en mi caso, creo que la primera señal fue encontrarme con el Ángel a la entrada del edificio, que "casualmente" es una pintura de san Miguel Arcángel; sólo que en ese tiempo, yo lo vi únicamente como un ángel más. Ese hermoso cuadro fue pintado por quien ahora tengo el honor de ser su amiga: la extraordinaria pintora de Ángeles, Carmen Parra.

Tuve que continuar con las pláticas sobre los Ángeles porque las personas me las solicitaban y así, con base en investigaciones, sueños con Ángeles y algunas experiencias místicas, he llegado hasta hoy, al convencimiento pleno de la existencia de esos seres reales que están entre nosotros guiándonos y murmurándonos al oído para que encontremos el camino que nos hará felices y nos conducirá hacia Dios, nuestro Padre.

Encontré, asimismo, otro dato significativo al hacer investigaciones para las clases: que las figuras celestiales elevan la vibración de los lugares, cuando es esa nuestra intención. También descubrí que la figura de san Miguel guardando la entrada es muy efectiva, sobre todo si hay dos imágenes de él, una de cada lado, supervisando a quienes pasan el umbral. Así es como estaba ubicado san Miguel en ese edificio, pues el cuadro se reflejaba en el espejo colocado enfrente, de manera que todo el que entraba debía atravesar el espacio resguardado simbólicamente por san Miguel. Las personas que llegaban a visitarme siempre preguntaban a la entrada si yo había colocado el cuadro de san Miguel y se sorprendían al saber que ya decoraba el muro desde antes de mi llegada. Este tipo de señales pueden encontrarse en todas partes, sólo que a veces no ponemos atención. Continuamente dialogo con san Miguel (imagino que él me contesta) y con humildad le digo que como no capto muy bien las cosas, por favor me dé signos claros de su asistencia, de manera que sepa interpretarlos con facilidad. San Miguel no tiene preferencias, él responde de la misma forma a todas las personas que se acercan a él, y concede lo mismo a todo aquel que quiera invertir un poco de su tiempo en establecer comunicación con su espacio celestial.

En retrospectiva, pienso que san Miguel y los Ángeles llegaron a mi vida porque, aun cuando yo nunca había puesto

atención en su existencia, diariamente me encomendaba a Jesús y le pedía (como lo sigo haciendo ahora) que me señalara el camino para estar más cerca de Él. Creo firmemente que Jesús, en respuesta a mi petición, puso a los Ángeles en mi camino.

A continuación aparece una oración para los lectores que desean elegir a san Miguel Arcángel como su protector personal y formar parte de su ejército celestial:

Oración para escoger a san Miguel como protector especial

Oh, gran príncipe del cielo, san Miguel Arcángel, yo (decir nombre), confiando en tu especial bondad, conmovido(a) por la excelencia de tu admirable intercesión y de la riqueza de tus beneficios, me presento ante ti, acompañado(a) por mi Ángel de la guarda, y en la presencia de todos los Ángeles del cielo, que tomo como testigos de mi devoción a Ti. Te escojo hoy para que seas mi protector y mi abogado particular, y propongo firmemente honrarte con todas mis fuerzas. Asísteme durante toda mi vida, a fin de que jamás ofenda los purísimos ojos de Dios, ni en obras, ni en palabras, ni en pensamientos. Defiéndeme contra las instigaciones del demonio. En la hora de la muerte, dale paz a mi alma e introdúcela en la patria eterna. San Miguel Arcángel, yo deseo formar parte de tu ejército de amor, por favor condúceme para comprender las funciones que debo realizar para estar más cerca de Dios y ser miembro digno de tu hueste celestial. Gracias. Así sea.

Mi Ángel saluda con profundo respeto y amor a cada uno de los Ángeles de los lectores de este libro. Que Dios los bendiga

siempre y que sus celestiales mensajeros los envuelvan en su fulgor de sabiduría, discernimiento, protección y mucho amor a la hora de leer estas páginas.

Lucy Aspra

QUIÉNES SON LOS ÁNGELES

La palabra "Ángel", significa "mensajero", "enviado" o "enlace". El Ángel es un intermediario entre Dios y los seres humanos. Ángel es el nombre de su labor; su naturaleza es exactamente igual a la de los seres humanos: es espiritual. No usan cuerpo físico y esta característica es la que los hace diferentes a los seres humanos y a las entidades que llamamos "extraterrestres". El ser humano está en la etapa de evolución que requiere un cuerpo físico, porque su desarrollo debe ser en el mundo físico; no obstante, cuando complete ese crecimiento ya no lo usará. Irá ascendiendo por las escaleras evolutivas y algún "día" tendrá la configuración resplandeciente de su espíritu puro, igual que los Ángeles. Se dice que el hombre es un "ángel caído" porque en la fase que hoy vive, su espíritu ha descendido hasta la materia y su función es llegar a tener un control sobre dicha materia y convertirse en un ser puro, igual que sus hermanos los Ángeles. Pues el ser humano también deberá ser un "intermediario" entre su Padre y los seres que están evolucionando debajo de él. Deberá manifestar su naturaleza divina cuidando amorosamente a todo lo que forma parte de la creación.

Existen distintos planos, esferas, mundos, niveles o dimensiones llamados "planos espirituales" debido a que vibran a una frecuencia diferente que el plano físico. Todos estos planos están habitados por seres que vibran en su frecuencia. Los Ángeles son seres de luz que vibran a la frecuencia del elevadísimo plano donde se encuentran.

El hombre es un espíritu inmortal; no es el vehículo temporal que usa su espíritu para adquirir experiencias en el plano terrenal; pero, debido al materialismo dominante, ha perdido contacto con su espíritu, piensa que es su personalidad y, en su gran confusión, cree que su naturaleza es diferente a la de los Ángeles. Pero no es así: El hombre también es un espíritu que vibra en la frecuencia de la luz y, eventualmente, cuando ya no requiera del cuerpo físico, deberá usar su cuerpo de luz y mostrar todo su resplandor.

Todas las vibraciones que emanan los Ángeles son de amor a Dios. Todo lo que hacen está impregnado de veneración. Su irradiación, en su totalidad, es una estela de sumisión a su divina voluntad, por eso las funciones que realizan son de construcción, y están impregnadas de amor, devoción, adoración y entrega a Dios. Por tanto, se podría resumir que todo lo que realizan los Ángeles, sea para que se manifieste en el mundo objetivo o en el invisible, sea para elevar el espíritu o para apoyar y nutrir el cuerpo físico de los seres humanos, constituye una alabanza a Dios. Ellos están integrados a Dios en todos los momentos de su existencia, su vida "cotidiana" es Dios.

Son los intermediarios entre Dios y el hombre. Los Ángeles son esenciales para que todo funcione en el Universo. Dios los ha designado para cumplir con su voluntad.

En los distintos coros hay muchas clases de Ángeles. Hay unos que trabajan, otros ayudan a los que están pasando por dificultades, otros consuelan a los que están tristes. Unos trabajan en la conducción de las almas que dejan el mundo material. Hay Ángeles guardianes de los seres humanos. También están los Ángeles presentes en las ceremonias, Ángeles de los nacimientos, de los bebés, de los niños, de los adultos, de los ancianos. Hay unos que meditan y están junto a los seres humanos que ejercitan esta virtud, asesorándoles y guiándoles. Hay Ángeles que se dedican a la sanación de cuerpo y espíritu, ellos laboran en hospitales, clínicas y en todos los lugares donde hay enfermos que requieren de sus servicios. Existen los Ángeles del trabajo, que ayudan y conducen a los humanos hacia la labor que más les conviene. Los Ángeles de las vocaciones, los de los casos difíciles que, al acercarnos a ellos, nos resuelven aquello que nos parece crítico. Los que laboran en escuelas, colegios, universidades y todo tipo de centro estudiantil. Están los Ángeles de la música, de los colores, de los aromas. Los primeros se expresan a través de notas musicales, los segundos mediante tonos refulgentes y los terceros hacen notar su presencia por medio de fragancias de olores indescriptibles. Hay Ángeles de la alegría, de las buenas noticias, de la piedad, de la misericordia, del perdón, del amor. Los Ángeles del hogar, de las oficinas, de los asilos, de los hospicios. Existen los Ángeles de los ríos, las praderas, los montes, las sierras, los árboles, las plantas, las flores, etc. También están los Ángeles de la oración, susurrando con ternura la importancia de que la humanidad tenga como hábito la oración constante. Ellos recogen y llevan hacia Dios las divinas emanaciones en que se convierten las oraciones de los seres humanos que elevan su pensamiento a su Creador, porque los Ángeles, sin importar su función, todos responden a la oración.

Cómo reconocer que estamos con Ángeles

Se pueden tener experiencias místicas con los Ángeles. De hecho, la mayor parte de los seres humanos las tiene, y si no las recuerda, es porque seguramente sucedieron mientras dormía. Durante el sueño nuestro cerebro reposa, mientras tanto nuestro cuerpo espiritual participa con los Ángeles. Ellos respetan profundamente el libre albedrío del ser humano y nunca le sustraen recuerdos ni le quitan memoria; sin embargo, aun cuando no se tiene conciencia exacta de lo que se percibió en sueños, la experiencia es gloriosa porque los Ángeles son persistentes en transmitirnos su amor, por lo que algún día, todos despertaremos a su realidad.

Cuando sí se recuerdan las experiencias con Ángeles, continuamente esas escenas se recrean con deleite y amor. Para reconocer una experiencia con los Ángeles, es necesario poner atención a lo que sentimos, porque hay características particulares que se perciben mientras estamos en presencia de un Ángel celestial. Algunas sensaciones son como las siguientes:

1. Despertar en la noche y, sin estar totalmente consciente, sentir o ver a un ser luminoso que transmite amor. En ese estado la persona puede moverse, levantarse, caminar y hacer de forma mecánica lo necesario, como ir al baño, comer, etc. Nunca pierde el poder sobre su cuerpo. Puede quedar inmóvil por el éxtasis que vive, pero no porque se le ha quitado el poder del movimiento. Desde el primer contacto, se siente una inundación indescriptible de AMOR. No existe el menor asomo de miedo, al contrario, hay paz, tranquilidad, armonía y confianza.

2. La luminosidad reportada por personas que han tenido experiencias celestiales se refiere a un estado de conciencia que percibe sólo aquel que se conecta a ese plano. Aun cuando haya otras personas presentes, a veces sólo se da cuenta quien tiene la capacidad de entrar a determinada frecuencia espiritual. En ocasiones especiales, dependiendo del estado de conciencia del grupo, una o varias personas pueden elevarse al mismo nivel y compartir una visión celestial. También se puede percibir una o varias presencias angelicales al mismo tiempo. Es una sensación reconfortante de amor profundo. Estas vivencias se experimentan cuando nuestra atención está puesta en el mundo espiritual por medio de la oración, las meditaciones y también durante los sueños.

3. Se pueden distinguir constituciones luminosas o seres espirituales con aspecto corpóreo; quien las percibe *sabe* que es un estado de conciencia al que por circunstancias determinadas se ha podido acceder. Quien goza de esa experiencia comprende que lo que se ve no es un ser tridimensional físico. Cuando se trata de visiones celestiales, siempre se siente armonía y sosiego; nunca hay alarma ni temor.

4. Los sueños con Ángeles son placenteros. En ellos se siente protección, por eso se desea la experiencia y se pide al retirarse a dormir. Los sueños con Ángeles siempre se añoran y se ansía la hora de ir a la cama para invocar a nuestro Ángel y "soñar con los angelitos". La frase "que sueñes con los angelitos" es una bendición llena de amor celestial. Frecuentemente se sueña que se está en un cielo angelical recibiendo bendiciones y aprendiendo

de su mundo divino. Muchas veces, aun cuando no se percibe la presencia angelical, se siente su delicioso aroma perfumado, en ocasiones de rosas u otras fragancias celestiales. Se percibe una brisa divina que extasía, sonidos angelicales y la seguridad de que nuestro Ángel está alerta para protegernos de cualquier fuerza oscura. Los que han tenido una experiencia con Ángeles cambian positivamente y sienten su presencia maravillosa como envolviéndolos en un tierno abrazo o cobijándolos con alas de amor. Al quedarse dormido se pueden ver figuras angelicales y el corazón se inunda de paz y de amor. Aunque no se recuerde una experiencia angelical, cuando se ha tenido, quedan remembranzas placenteras de haber interactuado con seres de naturaleza celestial. Pueden ser recuerdos vagos, pero la sensación de amor es profunda.

5. Se tienen recuerdos de volar en un estado de ensoñación y de amor. Pueden soñar que se atraviesan muros y ventanas, pero se sabe, aun en el sueño, que el espíritu es libre y no está sujeto a las leyes del mundo material. Los sueños vívidos con seres angelicales siempre son sueños de amor noble, muy gratificantes. Este es el "sueño dorado" de todo ser humano. Cuando tenemos experiencias con Ángeles, nos podemos *sentir* transportados a otro espacio, a pesar de que nuestro cuerpo físico esté en el lugar donde está, porque las experiencias con Ángeles son de espíritu a espíritu, no necesita intervenir el cuerpo de carne y hueso. Es importante conocer esto para comprender cómo los seres que se han adelantado, los difuntos, pueden estar en contacto con los Ángeles aunque hayan dejado ya

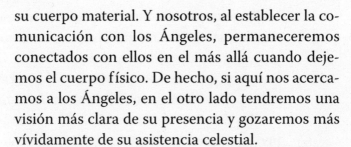

su cuerpo material. Y nosotros, al establecer la comunicación con los Ángeles, permaneceremos conectados con ellos en el más allá cuando dejemos el cuerpo físico. De hecho, si aquí nos acercamos a los Ángeles, en el otro lado tendremos una visión más clara de su presencia y gozaremos más vívidamente de su asistencia celestial.

6. Podemos tener sueños recurrentes con los Ángeles; esos sueños son celestiales y se añoran continuamente. Desde la primera manifestación de un ángel se siente un indescriptible amor. Se sabe que se trata de un ser que emana bondad, dulzura y confianza. Los Ángeles siempre se han presentado de la misma forma: como seres que llegan para ayudarnos en momentos de apuro, para salvaguardarnos de un peligro. Invariablemente, su presencia nos hace sentir confianza. Ellos pueden presentarse como seres luminosos cuya forma corpórea visible a veces puede estar acompañada de alas, pues así estamos acostumbrados a percibirlos. Tratan de darnos gusto en todo. No tienen un cuerpo material, aunque sí tienen la capacidad de resolver situaciones materiales cuando el ser humano lo merece. Muchas veces, inspiran a los seres humanos para llevar a cabo alguna función positiva propia del mundo terrenal.

7. Los mensajes que provienen de los Ángeles *siempre* se relacionan con nuestro crecimiento espiritual, porque aunque ellos pueden apoyarnos en el logro de las cosas materiales, su mayor interés es nuestro espíritu, quieren que estemos conscientes de que nuestro paso por el mundo material es temporal. Una vez que se establece una conexión con

los Ángeles, se siente transportado a otro estado de conciencia. Se vive en una fase de amor consciente y se añora hacer el bien y llevarlo a cabo. Crece el interés por el mundo espiritual y el acercamiento a Dios. Se desarrolla una indescriptible compasión por los demás y se sufre con el dolor humano. Las personas que logran unir su conciencia con su Ángel desarrollan la humildad y hacen un intento por mejorar sus pensamientos, sus sentimientos, sus actos y sus palabras. Sus palabras tienden a apoyar y a consolar. Cuando se establece una mayor comunicación, se comprende que la única ceremonia necesaria es mantener a Dios en nuestro corazón y así estar continuamente en comunicación con el mundo espiritual. Se siente la imperiosa necesidad de tener pensamientos de amor y de orar por el prójimo.

8. Todos nacemos con una misión importante, que es crecer en amor y apoyar a nuestros semejantes de acuerdo con nuestras posibilidades. Es probable que durante el sueño, los Ángeles nos recuerden esto, porque la única forma de evolucionar es compartiendo y dando amor noble, sin esperar nada a cambio. Para que se perciba la presencia de un Ángel es necesario tener un estado de conciencia de amor, pues, de esta manera, emitimos la suficiente iluminación para que él pueda determinarnos. Para elevar nuestra conciencia podemos pedir a nuestro Ángel que se acerque a nosotros, que nos inspire cómo ser mejores personas y estar más cerca de Dios. Los Ángeles no piden nada a cambio de las bendiciones que nos traen; lo único que se requiere es que nuestro espacio, nuestro campo electromagnético sea propicio para que las bendi-

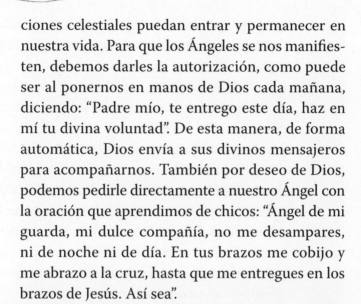

ciones celestiales puedan entrar y permanecer en nuestra vida. Para que los Ángeles se nos manifiesten, debemos darles la autorización, como puede ser al ponernos en manos de Dios cada mañana, diciendo: "Padre mío, te entrego este día, haz en mí tu divina voluntad". De esta manera, de forma automática, Dios envía a sus divinos mensajeros para acompañarnos. También por deseo de Dios, podemos pedirle directamente a nuestro Ángel con la oración que aprendimos de chicos: "Ángel de mi guarda, mi dulce compañía, no me desampares, ni de noche ni de día. En tus brazos me cobijo y me abrazo a la cruz, hasta que me entregues en los brazos de Jesús. Así sea".

9. Cuando se tiene la conciencia de que nuestro Ángel está junto a nosotros, siempre se tendrá presente que nos cuida y está pendiente de nosotros; sentiremos que con dulzura nos observa y protege. Los Ángeles se presentan de manera sutil. Sin embargo, a veces lo hacen de forma inesperada, pero siempre por medio de una invitación; ya sea tácita, porque tenemos nuestra conciencia en el bien, o porque gozamos del privilegio de la oración y petición de bendiciones de seres queridos. En ocasiones, desde el más allá se ora por nosotros, porque los fieles que ya partieron conocen el poder de la oración y tienen más conciencia del efecto positivo de enviar bendiciones. Es por ellos que en muchas visiones se perciben Ángeles orando. Hay testimonios de personas que han visto a la Virgen y a Jesús rezando junto a los seres por los que se pide.

10. Los sueños placenteros con Ángeles nunca incluyen exámenes físicos ni dolorosas intervenciones

quirúrgicas. Se puede percibir que un Ángel te cubre con su emanación de salud y luego despertar repuesto de algún malestar.

11. Los Ángeles no dejan moretones ni magulladuras, ni cicatrices. Esto corresponde sólo a entidades que no respetan el libre albedrío. Se puede ser atacado por entidades oscuras que dejan marcas de forcejeo; pero si se pide ayuda angelical en el momento de la agresión, el auxilio llega de inmediato. Esto indica que en una misma noche se puede tener una experiencia desagradable y una vivencia de amor. Es muy importante recordar que con sólo elevar el pensamiento y la petición definida hacia la hueste de amor, se encuentra el apoyo necesario.

12. Todos los seres humanos han sido asediados por entidades malignas. Las pesadillas son agresiones de estos entes y las padecen por igual bebés en la cuna y ancianos, santos y pecadores. Nadie se escapa del acecho del mal, ya que muchas personas que se acercan a Dios y a los seres celestiales son acosadas por entidades malignas porque sienten que su trabajo es obstaculizado; pero invariablemente, cuando se pide ayuda celestial, se obtiene sin dilación.

13. Las entidades del mal pueden agredir con voces maquiavélicas; sin embargo, los Ángeles nos inspiran la manera de alejarlos. Los Ángeles son seres de amor que no se transportan en aparatos mecánicos ni necesitan usar tecnología para comunicarse con nosotros; lo hacen de espíritu a espíritu, porque nos guían celestialmente y siempre nos han transmitido el mismo mensaje de amor noble, mientras nos aseguran su asistencia contra cualquier embate de

la densidad, venga de donde venga. Los ejemplos abundan, como una de las experiencias que relata Landi B. Mellas en el libro *The Other Sky*. Una noche ella se despertó en estado catatónico, paralizada y se dio cuenta de que estaba siendo jaloneada de los tobillos por tres extraterrestres grises que intentaban abducirla una vez más. Encontró fuerzas para gritar "¡Dios mío, ayúdame!" y de inmediato una bellísima luz blanca apareció y dominó a las entidades, quienes con un grito tenebroso escaparon espantados. Después escuchó una voz que le decía: "Como tú te respetas, nosotros te respetamos". Lo que ella interpretó como que le indicaban que no debía permitir ser víctima de estas entidades, pues tenía el apoyo celestial con sólo pedirlo. Solicitar asistencia divina es respetarnos y no aceptar que otros tengan un control sobre nosotros. Adicionalmente, con esta frase le indicaban la necesidad de pedir su asistencia, porque ellos respetan sobremanera nuestra voluntad y no interfieren si no les definimos con claridad nuestra voluntad. Con este testimonio se comprende la importancia de las oraciones, en las cuales estamos especificando con claridad cuáles son nuestros deseos. Existen muchísimos testimonios acerca de cómo los Ángeles de amor se presentan con sólo elevar nuestra petición a Dios. Por este motivo, siempre se sugiere la oración y hablar de manera definida cuando deseamos algo del reino celestial, como las frases que encontramos en las oraciones inspiradas por estos mismos seres de amor.

Por otra parte, las entidades conocidas como "demonios" alguna vez tuvieron espíritu inmortal como nosotros los seres humanos, y en algún momento de su evolución se separaron de la fuente divina, pero debido a que conocen la tecnología para mantener su conciencia individualizada, han podido perdurar más tiempo, no obstante, se desorganizarán las partículas de esa conciencia y desaparecerán. A pesar de que los "demonios" no reciben la energía de vida de Dios, siguen manteniendo su maligna conciencia, puesto que roban la energía que procesa el ser humano.[1]

Diferencia entre Ángeles y otras entidades

La diferencia entre un ser luminoso que es un Ángel de Dios y otro que se disfraza de éste se percibe por su vibración; lo que se ilustra con el caso de David Morehouse, autor del libro *Psychic Warrior* (*Guerrero psíquico*), quien fue entrenado por el gobierno de Estados Unidos como "visualizador a distancia". En su libro, Morehouse narra sus encuentros con seres en espacios que él recorría con su cuerpo sutil, mientras realizaba investigaciones como parte de su trabajo. Habla de la ocasión en que vio un ser de inconmensurable luminosidad y belleza que irradiaba amor, un amor tan profundo que, dice, no hay palabras para expresarlo. Recuerda que, mientras percibía esto, la persona que lo monitoreaba le pidió que entablara una conversación con dicho ser, pero se dio cuenta de que no podía acceder al espacio de esta

---

[1] Para más información sobre cómo está el ser unido a Dios a través del cordón de plata, y cómo ese cordón puede romperse dejando atrás la conciencia de seres que también salieron de Dios, buscar mis libros *Los Ángeles del destino humano*, *Morir sí es vivir* y *Quiénes somos. Adónde vamos*.

celestial criatura. Esto fue una sensación plena, porque esta figura angelical le sonreía al momento que le transmitía un sentimiento de profundo amor, aun sin acercarse a él. Morehouse dice que percibió que ese Ángel –conclusión a la que él llegó después de describir la naturaleza de este maravilloso ser– lo amaba y seguiría amándolo sin importar lo que él, Morehouse, hiciera; no obstante, no podía acercarse porque su vibración era muy densa, ya que el trabajo que realizaba entonces no tenía la vibración de amor necesaria para tener a los Ángeles cerca. Morehouse concluye que sintió que el Ángel no podía entrar a su frecuencia porque él mismo invadía espacios prohibidos; pero, a pesar de todo, era amado profundamente y su libre albedrío era respetado.

Cuando se le pregunta sobre otro tipo de entidades, Morehouse agrega que también vio criaturas que tenían un aspecto muy bello; éstas se acercaban a él, querían participar y establecer una conexión, pero por una intuición extraña, pudo percibir que se trataba de entes malignos disfrazados de Ángeles; de inmediato, esos seres perdieron su aspecto agradable y se volvieron criaturas horrendas que lo atacaron a tal grado que, en una oportunidad, lo sacudieron, provocando en él un desprendimiento horrible mientras gritaba desconsoladamente. Gracias a que fue ayudado por la persona que lo monitoreaba, pudo salvarse de perder su conciencia y logró volver de aquel terrible trance.

Los Ángeles nos aman profundamente y nunca dejan de amarnos aun cuando nosotros no respetemos las leyes; ellos nunca nos juzgan ni nos condenan y siempre nos transmiten amor y aguardan el momento en que despertemos a ellos y permitamos que nos conduzcan por el camino correcto hacia Dios.

Seguramente existen "extraterrestres benevolentes", porque así como en la Tierra hay personas de elevada bondad, deben existir otros en distintos espacios del Universo. Lo extraño es que para ayudarnos recurran a las mismas prácticas que los "extraterrestres negativos", es decir, al secuestro, con el que practican dolorosos experimentos para "mejorar" a la raza humana y para explicar la relación existente entre ellos y los fenómenos que están sucediendo en el planeta. Tampoco se entiende por qué reina una capa de misterio sobre todo esto que "debe ser bueno". Es obvio que existen muchas cosas que no pueden ser explicadas como esperamos nosotros, seres humanos con una visión tridimensional limitada; no obstante, si es cierto que los "extraterrestres benevolentes" tienen una tecnología que supera a la de los "extraterrestres negativos", no tiene sentido que teman a los gobernantes corruptos y no se acerquen a nosotros de una forma más objetiva. Muchos autores clasifican por igual todas las manifestaciones no terrestres, tanto las que corresponden a las de Jesús, de la Virgen María y de los Ángeles, como los ataques paralizantes que realizan los demonios, los duendes, los extraterrestres y otras entidades cuya naturaleza se dificulta definir. La verdad de todo esto es que existen grandes diferencias entre cada una. Una de ellas radica en que los extraterrestres están limitados, necesitan movilizarse, generalmente en aparatos mecánicos, lo hacen a través de portales artificiales que se abren con tecnología especial, o bien por medio de rituales.

DUENDES Y EXTRATERRESTRES

Espíritus de la naturaleza o elementales

De acuerdo con las tradiciones folclóricas, los elementales o espíritus de la naturaleza son pequeñas entidades que trabajan con los diferentes elementos en el planeta. Originalmente, su función parecía apoyar la evolución del humano; pero en la actualidad –no se sabe si por el materialismo en que ha caído la humanidad o porque estas pequeñas entidades han sido suplantadas por entes extraterrestres que se ocultan tras sus formas–, en apariencia muestran más bien un lado oscuro que no favorece nuestro crecimiento espiritual. Originalmente, las sílfides correspondían al aire, los duendes a la tierra, las ondinas al agua y las salamandras al fuego. Los verdaderos espíritus de la naturaleza no se consideraban malos, porque no habían desplegado la inclinación hacia el mal. Los que se desarrollaban en lugares no contaminados aparecían diáfanos, alegres y bonitos, tenían el aspecto de las hadas que se aprecian en los cuadros y láminas, y su función era amalgamar las partículas para organizar las formas armoniosas en la naturaleza; por esto no se debía intervenir en su evolución. Tenían cierta

inteligencia, pero carecían de voluntad propia y con rituales podían plegarse a las órdenes del hombre. Con el tiempo, el hombre se fue aprovechando de ellos y a través de la magia los fue pervirtiendo al grado que, hoy en día, pocos son los que manifiestan su naturaleza original que era benigna. Ahora parece que se han vuelto pícaros, traviesos y hasta siniestros. No se sugiere establecer contacto con ellos porque aun los que se dicen inofensivos o bonachones pueden tener reacciones imprevisibles y peligrosas. Hay unos juguetones y traviesos, pero otros son verdaderamente temibles.

Su configuración externa se adapta a la región en que se desenvuelven; a voluntad pueden atraer las partículas para adoptar cualquier forma, pero siempre corresponderá a la vibración del lugar donde están. Los que se encuentran en lugares densos, donde se practique la brujería, son horrendos y perversos. Algunos se perciben en las casas y copian las características de los que viven allí. Por lo general, suelen manifestarse con la ropa de la época en que se presentaron por primera vez entre los habitantes de un lugar, como si se les dificultara llevar otro atuendo. En todos, su cuerpo no tiene la estructura interna como la del ser humano, por lo que no se les puede herir ni matar. Ninguno soporta la presencia del hombre, pues detectan su verdadera naturaleza que generalmente está emanando voracidad y pasiones bajas. Mediante rituales especiales pueden ser atrapados por el hombre y obligados a llevar a cabo trabajos sucios, mientras se van tornando verdaderamente monstruosos, con los ojos llameantes y con un aspecto horripilante, repulsivo y cruel. Algunos fueron venerados en el pasado como "dioses"; en ciertas culturas primitivas y sectas todavía son invocados con rituales mediante sonidos de percusión muy baja, humo, sangre y otros elementos. Muchos tienen las características de los extraterrestres llamados "grises", tanto

en el físico como en su conducta, por lo que, hoy en día, varios investigadores son de la opinión que tanto unos como otros representan lo mismo, pero ahora, sólo enseñan su lado negativo. Otros estudiosos piensan que probablemente los grises obligaron a los verdaderos elementales a retirarse y, desde hace mucho, los han estado suplantando.

Grises y duendes

Las leyendas de casi todas las culturas describen a la gente diminuta como seres con poderes sobrenaturales que aparecen y desaparecen en cuevas, atraviesan muros, inmovilizan, paralizan, secuestran y asaltan sexualmente a niños y adultos. Existe una gran variedad de ellos y su nombre varía según la región, pero en general sus características son semejantes y, curiosamente, como referimos antes, algunos coinciden con los pequeños entes ahora conocidos como extraterrestres grises; y otros tienen semejanza –tanto por sus acciones como por su aspecto– con los intraterrestres reptilianos: pie grande, mantis religiosa, chupacabras, hombre polilla (conocido en inglés como *mothman*) y demás entidades extrañas cuya procedencia se desconoce. A continuación mencionamos algunos del folclore de diferentes regiones:

- *Trolls*: según la tradición escandinava, son antagónicos al ser humano, someten a los niños y atacan a la gente sin razón alguna, por lo que es mejor mantenerlos alejados. Puede resultar sumamente peligroso establecer contacto con ellos porque intervienen de forma negativa en la vida de los que los invocan, aunque al principio aparentan ser inofensivos. Son guerreros sanguinarios, grandes y musculosos.

El troll es siniestro y sanguinario. Éste es su verdadero aspecto, antes que la mercadotecnia lo transformara en un engañoso duende juguetón.

Sin importar la forma con que se presentan, no son criaturas inofensivas, su naturaleza es perversa.

- Los *tylwyth teg* secuestran e imitan a los humanos crueles y perversos. Son bajos, delgados, de piel morena y pelaje oscuro, con ojos rojizos y orejas de animales. Tienen pequeñas garras, cola y cuernos. Existen algunos más lampiños, de tez clara y cola corta, pero, en general, parecen reunir las características de los "chupacabras".
- Los *changelings* que suplantaban y a veces robaban a los recién nacidos.

Changeling o ladrón de cunas. Una canción de cuna de las islas Hébridas, ubicadas al oeste de Escocia, se refiere a la expulsión de estos duendes: "Marchaos hadas fisgonas, ya vienen los lindos ángeles, duerme tranquilo mi bebé. Marchaos, hadas fisgonas, marchaos ladrones nocturnos, duerme tranquilo mi bebé".

- Entre los duendes hay muchas clases, algunos son verdaderamente tenebrosos. Los *boggans*, *boggarts* o *bog-ords*, *bogies*, caprichosos y dañinos, siempre hacen ofrecimientos, pero cobran caro. Se les presenta como ayudantes en el hogar, aunque en realidad son terribles y peligrosísimos, y si alguien les pone un nombre, cuando lo mencionan no se libran de las desgracias por venir. Los *redcaps* son brutales y asesinos. Su nombre "redcap" significa "gorra roja", aparece con este color debido, supuestamente, a que se mancha de sangre a la hora de devorar la carne de sus víctimas. Los sátiros secuestran y violan. Tienen patas de cabra y son relacionados con la lujuria. Los gnomos, traviesos e irresponsables; los trasgos malos y brutales; los *picts*, bajos y de color café, que luego se conocieron como *pixies* que deriva de *pict-sidhes*, nombre que se refiere a duendes tatuados por su afición a tatuarse como sus antiguos dioses. Los *pooka*, los *sluaghs*, musgos, faunos, *griffins*, *pucks*, *sprites*, *goblins*, los *uldras* noruegos, semejantes a los chaneques mexicanos que se usan para trabajos de magia negra. Los *kobolds* de Alemania rehúyen la luz, se relacionan con el fenómeno de *poltergeist*. Son crueles y sanguinarios.

Los uldras de Noruega se usan para trabajos de magia negra.

47

Los *kobolds* de Alemania rehúyen la luz, se relacionan con el fenómeno de *poltergeist*. Son crueles y sanguinarios, su aspecto es de reptil. A veces aparecen con una vara.

- Las gárgolas, conocidas también como "grotescos", nombre derivado de la palabra "*grotto*" (o cripta) que significa "criatura de la cueva", porque allí eran veneradas estas horrendas criaturas con aspecto demoníaco. La palabra gárgola deriva del griego *garizein* y del latín *gargarizare*, cuyo significado es "gárgara", porque cuando se comunican, las palabras se escuchan como si hicieran gárgaras con horribles sonidos. Hay una gran variedad; algunas tienen la lengua salida, por eso se usan sus imágenes como salientes para recoger el agua de lluvia en algunas casas. Su figura aún aparece decorando edificios y templos antiguos. Son criaturas de la cuarta dimensión aunque pueden ser vistos ocasionalmente en la nuestra. Hay quienes las invocan para protección, pero es lo mismo que invocar demonios, pues estos seres no dejan de serlo, a pesar de que eran conjuradas en las culturas antiguas del Medio Oriente y también por los romanos. Hay gárgolas marinas que habitan en aguas poco profundas.

Ilustración de gárgola.

- Los *brownies* de Escocia son los mismos *yumboes* del norte de África, los *choa phum phi* de China, los *tomte* de Escandinavia, los *dormovoi* de Rusia y los *heinzelmannchen* de Alemania.
- Entre las criaturas del mar están los peligrosísimos *ahuizotl*, de la región de Centroamérica. Las *ben-varrey*, nombre de una clase de sirenas de la Isla de Man, los *bunyips* o *kine pratie*, *wowee wowee* o *dongus* son monstruos marinos de Australia; los *kappa* lo son de Japón. También están las *lorelei* de Alemania, las 50 nereidas del Mediterráneo y los *kelpies* de Escocia. Dentro de este grupo están las sirenas, las ondinas, los tritones y muchas otras entidades marinas diseminadas por todo el mundo.

Verdadera imagen de un *brownie*, conocido también como "demonio familiar" porque le gusta posesionarse de las casas. Si se le invoca y no se atiende, puede traer mala suerte, desgracias y plagas.

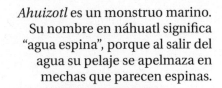

Imagen de un *brownie* para la comercialización.

Ahuizotl es un monstruo marino. Su nombre en náhuatl significa "agua espina", porque al salir del agua su pelaje se apelmaza en mechas que parecen espinas.

- Los *leprechauns* de Irlanda son perversos y peligrosos. Cuenta la leyenda que cuando san Patricio fundó la primera iglesia católica en Irlanda, los druidas —sacerdotes de los celtas— muy molestos enviaron a un ejército de *leprechauns* para destruirla, pero san Patricio los expulsó con la oración: "Espíritus inmundos, en nombre de Dios Todopoderoso, yo los expulso de aquí". San Patricio se relaciona también con el trébol, porque lo usó para explicar el misterio de la Santísima Trinidad.

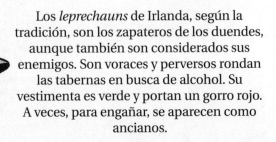

Los *leprechauns* de Irlanda, según la tradición, son los zapateros de los duendes, aunque también son considerados sus enemigos. Son voraces y perversos rondan las tabernas en busca de alcohol. Su vestimenta es verde y portan un gorro rojo. A veces, para engañar, se aparecen como ancianos.

50

• Íncubos y súcubos. Los íncubos son pequeños demonios machos que atacan sexualmente a las mujeres y los súcubos son demonios hembras que asaltan a los hombres. Ambos atormentan a sus víctimas durante el sueño, las inmovilizan y tienen relaciones carnales con ellas.

Un íncubo sobre una mujer dormida. *La pesadilla* es una pintura realizada por Johann Heinrich Füssli, conocido como Henry Fuseli (1741-1825). Los íncubos provocan la parálisis del sueño, que se refiere al estado catatónico: cuando la persona despierta y se encuentra sin poder moverse. En ese estado, aunque el individuo intenta hablar, sus cuerdas vocales no responden, los gritos se ahogan sin salir de la garganta. En ocasiones, cuando finalmente recupera las fuerzas, percibe a una entidad encima, o atrás sobre la cabecera, o cerca de la cama. Esta horrenda experiencia se conoce coloquialmente como "se subió el muerto".

Un demonio íncubo, tomado de *El mago* (1801), de Francis Barrett.

• Lilith. Según la tradición talmúdica, fue la primera esposa de Adán. Ella se rebeló contra Dios; es considerada la reina de las tortuosas y malignas *súcubus*. De acuerdo con la leyenda, ella se alimenta de los bebés recién nacidos. Se le relaciona con muchas figuras infernales, habitantes del submundo, entre ellas, las terribles *lamias*, seres de rostro de mujer y cuerpo de dragón que acumulan tesoros en cuevas. Tiene como distintivo un peine y a veces se describe con patas que terminan en pezuña hendida. Se le encuentra cerca de los ríos, manantiales y agua en general. Las historias de damas de blanco, de gris y de negro por lo común abundan en el folclore de muchos lugares, vistas cerca de ríos, lagos y agua, pero también en lugares apartados y solitarios. En México, es conocida la tradición de la Llorona, mujer que mató a sus hijos; en Centroamérica se le llama La Sucia, porque parece estar siempre bañándose y, generalmente, se le ve peinándose.

A Lilith, demonio hembra de la tradición judeocristiana, se le relaciona también con Inanna, la diosa sumeria de la guerra y el placer. Lilith es la madre de los *súcubus* y, según la leyenda, secuestra niños de sus cunas y los asesina.

Antes se creía que los ataques que aseguraban recibir los sacerdotes y monjas de la Edad Media eran fantasías sexuales por deseos reprimidos debido a la práctica de la castidad; después, según se desprende del libro *El martillo de las brujas*, se reconoció que efectivamente eran reales los entes nocturnos que atormentaban y extraían las energías vitales de sus víctimas. Hoy, aunque se intenta reducir estas desagradables experiencias a sueños eróticos y aceptarlas como un proceso natural y no como una acción diabólica, a la luz de la información actual sobre ataques sexuales de extraterrestres, se conoce que tanto las monjas, como los sacerdotes, los laicos e incluso hombres ilustrados del pasado, tenían razón al considerar que este sometimiento nocturno era obra de fuerzas oscuras y no de la imaginación. Con excepción de los que conforman los grupos satánicos, quienes han pasado por esta experiencia, incluso personas liberales y hasta prostitutas que supuestamente no se intimidan con actos brutales, declaran que no asocian esta agresión con una experiencia erótica agradable, sino con una monstruosa y aberrante violación sexual. Aun en los casos donde afirman haber sentido gozo durante el coito, al despertar, se sienten degradadas e invadidas por un vergonzoso complejo de culpa. Los que han podido percibir a sus atacantes mientras dormían, los describen como grotescas entidades infernales.[2]

---

[2] Pueden materializarse en nuestro mundo tridimensional, con cuerpos físicos y depositar esperma en las mujeres asaltadas, lo que durante algún tiempo negó el mismo san Agustín, experto demonólogo; pero después de la gran cantidad de testimonios recogida por los inquisidores, él junto con sus contemporáneos terminó por aceptar la realidad objetiva de

- *Basilisc.* Horribles entes que se alimentan de la sodomía y aberraciones sexuales.
- Elfos. Arrogantes, peligrosos y malditas criaturas. Vigilan y hostigan a los humanos para que tengan pensamientos malos, cometan acciones negativas y hagan brujería. Engañan, dan predicciones y oráculos falsos. El príncipe Nicholas de Vere (coautor con Laurence Gardner de *Genesis of the Grail Kings*), en su libro *The Dragon Legacy*, entre una serie de datos aparentemente ilógicos, afirma ser el descendiente directo de los dragones (que significa: seres que ven con claridad, una línea sanguínea satánica o luciferina), los verdaderos dueños del mundo, los únicos que tienen el derecho divino de gobernar al resto de la humanidad inservible; agrega que sus antepasados eran los elfos (de donde deriva el título de nobleza inglesa). De Vere afirma que por el hecho de tener la misma línea sanguínea de los dragones, es el Soberano Gran Maestro de la Corte Imperial y Orden del Dragón Real y, por medio de él, los dragones volverán a dominar el mundo. Habla extensamente de sus prácticas: alta magia negra, sacrificios humanos, incesto, canibalismo, vampirismo, consumo de *starfire* (sangre humana, especialmente la de la menstruación, para mantener activo el poder de la magia que corresponde sólo a los del grial o sangre real), etc. Según De Vere, La Corte del Dragón encuentra sus orígenes dentro de los templarios y sólo serán miembros los que pertenecen a esa línea sanguínea, los únicos que pueden realizar magia, porque todos los demás que intentan practicar este

---

estos entes infernales y su acción sobre los humanos. Según una antigua tradición, el anticristo nacerá de la violación de un íncubo a una doncella, creencia que conservan hoy algunos satanistas modernos.

arte serán considerados farsantes y sus pantomimas nunca lograrán los efectos, porque carecen de la herencia genética apropiada. Supuestamente, las figuras de elfos de orejas puntiagudas con aspecto bonachón (ahora tan de moda) tienen el propósito de preparar a la gente para cuando llegue el momento de salir de su escondite y tomar el control del mundo.

Con respecto a los duendes en general, todos aquellos considerados espíritus impuros son peligrosos; de allí la costumbre de dejarles objetos brillantes, comida, bebida, dulces y demás elementos que aplacan su furia y los distrae. Las personas que hacen ritos para obligarlos a realizar alguna función después se encontrarán atrapadas en sus redes, porque todos esos seres responden a un ente demoníaco superior que cobra caro el trabajo de sus subordinados.

Diferencia entre duendes y Ángeles en el Corán

En un artículo aparecido en internet Gordon Creighton hace una relación de las características de los seres que se mencionan en el Corán y establece una clara diferencia entre cada uno de los grupos que se manifiestan en nuestro planeta.[3] En primer lugar, describe a los Ángeles como mensajeros divinos que son seres de luz. En la segunda categoría sitúa a las entidades creadas antes que el hombre, las cuales en lengua árabe se conocen como *al-jinn* (genio), palabra cuya raíz, de acuerdo con algunos intérpretes, se traduce como "esconder u ocultar", expresión adecuada asimismo para los

---

[3] Véase la página electrónica http://bleujefe.com/BB/libers/jinn.htm.

extraterrestres, dada su condición misteriosa. En la tercera categoría se encuentran los hombres con cuerpos físicos compuestos por elementos del reino mineral y químico.

Aunque básicamente se interpreta que los Ángeles fueron creados de luz, los humanos de agua y tierra y los *jinns* de fuego, no parece ser muy clara la naturaleza de estos últimos, ya que a veces se puede interpretar que se trata de entes físicos, como los que hoy llaman "extraterrestres" que viajan en ovnis, pero otras veces se identifican como entidades que viven en lugares abandonados, en casas vacías, entre ruinas y cementerios; y como veremos enseguida, sus características son semejantes a las de los duendes, demonios o extraterrestres malos.

Algunas características de los *jinns*

- Son invisibles en su estado normal.
- Pueden materializarse y aparecer en el mundo físico, a voluntad.
- Pueden cambiar de forma, ya sea grande o diminuta.
- Pueden aparecer como animales.
- Son embusteros, se deleitan descarriando y engañando a los humanos con historias absurdas; como en casos donde se presentan en sesiones espiritistas, haciéndose pasar por figuras relevantes o como parientes fallecidos. En ocasiones son "canalizadores" que se manifiestan a través del canal o médium con información falsa revuelta con datos conocidos.
- Son adictos a secuestrar humanos.
- Se deleitan tentando sexualmente a los humanos. En la literatura arábiga abundan historias de este tipo, tanto de los *jinns* buenos como de los malos.

56

- Secuestran a sus víctimas y, al instante, pueden hacer que aparezcan abandonadas lejos de donde las recogieron.
- La tradición arábiga asegura que ha habido humanos favorecidos con poderes de los *jinns*. Los escogidos pueden convertirse en magos negros o blancos, según la calidad del *jinn* implicado.
- Tienen poderes telepáticos y capacidad de embrujar.
- La mayoría de los seres humanos están bajo el dominio de los *jinns*, según Sura 6:128: *"Jinns*, habéis seducido a la mayoría de la humanidad".
- Se mantienen cerca de los fumadores, porque el humo de los cigarrillos es uno de sus nutrientes.
- Si alguien se compromete con ellos a cambio de favores, después tendrá que aceptar las consecuencias, las cuales pueden ser enfermedades, muerte de seres queridos y mala fortuna, en general. En apariencia existen *jinns* buenos y malos y algunos pueden lograr la salvación eterna, pero la mayoría son demonios conocidos como *shaytans* (Shaytana es demonio femenino), para los que ya no existe esperanza de existencia eterna.
- Los humanos pueden defenderse de los *jinns* y evitarlos por completo si fabrican un campo electromagnético en su derredor, elevando sus pensamientos a Dios por medio de la oración. La palabra que se utiliza para describir esta acción es *dhikr* que significa "recordar a Dios".

Relación de duendes con niños desaparecidos

Sólo en Estados Unidos se estima que desaparecen anualmente alrededor de un millón y medio de niños, según datos de

1983, provenientes del Departamento de Salud y Servicios Humanos (Department of Health and Human Services). Sin embargo, esta cifra se elevaría enormemente si existieran estadísticas reales de los desaparecidos en los países latinos. Si estos datos se divulgaran, quizá la población se interesaría más por colaborar para que, de alguna manera, se publicara masivamente el hecho y se exigiera que este problema sea una prioridad en los planes gubernamentales, o por lo menos que no sea tema ignorado en las campañas publicitarias de los políticos.

En el libro *Our haunted planet*, John Keel se refiere a las oleadas periódicas de gente desaparecida, siendo los niños los que forman el mayor número. Existe una gran cantidad de leyendas en todas las culturas –hoy consideradas mitos– de pequeñas criaturas (duendes, trolls, pucks, etc.) que seducen, ponen en trance y roban niños. Keel recuerda el caso del flautista de Hamelin, Alemania, que durante la Edad Media atrapó en sus redes a ciento cincuenta niños que se esfumaron misteriosamente. Hoy, desafortunadamente, esta historia es un cuento de los hermanos Grimm que los niños leen con deleite, sin sospechar que pudiera ser el registro de un dato histórico. Asimismo Keel nos recuerda el caso del joven francés que en 1212 escuchó voces que le indicaron reunir 50 mil niños para las Cruzadas, los cuales salieron a combatir a los infieles y nunca se volvió a saber de ellos. En ese tiempo se dedujo que habían sido secuestrados por traficantes de esclavos. Todos estos relatos transmitidos por el folclore de diferentes lugares, aunados a los registros de desapariciones misteriosas del siglo antepasado, confirman que no es un mal de esta época, sino que se ha estado esfumando gente de manera misteriosa, desde los albores de la historia.

Granjas con criaderos de niños

La naturaleza cruel de algunos humanos también es evidente, como es el caso de las granjas de niños. Este tipo de datos no se publican en los medios masivos, y en el caso de que suceda, esta información aparece como una pequeña nota insertada en la sección menos leída de un periódico. No obstante es necesario que se conozcan para que comprendamos la urgencia de elevar nuestro pensamiento de amor hacia Dios, pidiéndole que despierte a la humanidad que cada vez parece estar más indiferente al dolor ajeno.

Jim Keith[4] cita textualmente en su libro *Mind Control and Ufos: Casebook on Alternative 3* algunos artículos aparecidos en la prensa de Honduras (en el periódico *El Tiempo*), de Francia (en *Le Monde*), de Inglaterra (en *The Guardian*), relacionados con granjas humanas encontradas en Honduras, Guatemala y México, que sirven de criaderos de engorda de niños a los que posteriormente, con cruel saña, se les sacan los órganos para vender a familias pudientes. Cerca de san Pedro Sula, en Honduras, se hallaron cadáveres de niños a los que les habían extraído los órganos. En Guatemala se localizó otra granja con bebés, cuya edad fluctuaba entre los once días y los cuatro meses; la finalidad de tenerlos ahí era vender sus órganos a familias adineradas de Estados Unidos y de Israel para sus hijos que requerían de algún trasplante. Pagaban 75 mil dólares por cada niño, según informó el director de la granja que confesó después de ser arrestado. En El Salvador se encontró un grupo de niños secuestrados

---

[4] La extraña muerte de Jim Keith (1949-1999) hace suponer a varios teóricos de la conspiración que seguramente había puesto el dedo en la llaga en varios temas, ya que falleció después de que fue llevado al hospital para una intervención quirúrgica por una simple fractura de rodilla al caerse de un escenario en un festival en Reno, Nevada.

para revender en Estados Unidos. En México desaparecen alrededor de 20 mil niños al año, presuntamente para sustraerles los órganos. Muchas desapariciones suceden en la frontera norte con niños de todas las edades, desde recién nacidos hasta jóvenes de 18 años. Toda esta información y más ha aparecido en acreditados periódicos en el mundo, pero no tiene cobertura en los medios masivos, por razones obvias.

Otro tema del que se quejó Keith, que no se muestra en los medios, es el relativo a los experimentos que se realizan con fetos vivos. En el *Journal of Endocrinology and Metabolism* de 1973 y 1976, se publicó que 54 fetos de 10 a 25 semanas aún con vida fueron destazados sin anestesia para quitarles los órganos sexuales y las glándulas adrenales a unos, y perforarles el corazón a otros. Igualmente, la publicación *Child & Family Magazine* de 1970 publicó que en Finlandia se llevaban a cabo experimentos con fetos abortados aún con vida. Les cortaban la conexión nerviosa y luego les retiraban el cerebro, el hígado, los pulmones y riñones para hacer pruebas; igual sucedía en el Centro Médico de la Universidad de Rochester, así como en la Universidad de Columbia. En la industria cosmética también se usan fetos humanos, entre otras prácticas los sumergen, aún con vida, en solución salina para el estudio de la respiración cutánea, o bien les abren el pecho para observar cómo funciona el corazón mientras aún late con vida. En fin, existe un sinnúmero de experimentos deshumanizados con fetos vivos; por ejemplo, sumergirlos en solución de azúcar mientras se les introduce sangre por los cordones umbilicales, someterlos a electrochoques, etc. Según un médico, estos experimentos se realizan en bebés vivos ya formados con pies, manos, boca, nariz, orejas y ojos, todo sin anestesia.

Similitud entre duendes, reptiles y grises

Después de la relación presentada sobre los duendes y demás criaturas invisibles, se desprende que poseen un parecido corpóreo con los extraterrestres, conocidos como grises y otros. Pueden encontrarse elementos adicionales que hacen pensar que todos son los mismos, pero con diferentes nombres.

1. En las leyendas concernientes a los duendes, las personas secuestradas, cuando eran devueltas aparecían con marcas y cicatrices semejantes a las de los abducidos por extraterrestres hoy.

2. Los íncubos y los súcubos de la Edad Media hacían exactamente lo mismo que los extraterrestres, que violan a los abducidos. Se puede concluir que los extraterrestres negativos de hoy igual que los demonios, duendes y vampiros de las mitologías, asaltan sexualmente, hacen daño, matan ganado y roban niños. El comportamiento de los ovnis, igual que el las burbujas de los duendes del pasado, sigue pareciendo mágico frente a la física conocida y la conducta de sus tripulantes, en general, no ha variado. Según John Keel en *UFOs Operation Trojan Horse*, "las manifestaciones de los ovnis, en general, parecen ser sólo pequeñas variantes del antiguo fenómeno demonológico".

3. Los duendes paralizaban a sus víctimas y las levitaban hacia el país de las hadas (Fairyland) o "País de nunca jamás" (Neverland). Un ejemplo moderno de este fenómeno es el de Betty Andreasson, quien, según relata Raymond Fowler en los libros que cubren la investigación de este caso, fue víctima de

abducciones desde su más tierna edad; posteriormente, bajo hipnosis, recordó que los extraterrestres grises la habían transportado, flotando por los aires, a un lugar que parecía estar hecho de prismas de colores. Parte del viaje lo hizo caminando con zapatos de cristal. Entre las experiencias que recuerda se menciona cuando la sometían a crueles experimentos, insertándole agujas en la nariz y en el ombligo. De igual manera, muchas víctimas de asaltos por demonios reportaron que les insertaban agujas. Betty y Barney Hill, en épocas modernas, fueron unas de las primeras víctimas en publicar que los extraterrestres les clavaron agujas. En la actualidad esta información es un episodio que aparece en casi todos los casos de abducción.

Cada víctima coloca la experiencia dentro de su marco de referencia. En la Edad Media no se conocían las jeringas ni las sondas, y los dibujantes hacían trazos sobre los datos que les proporcionaban las víctimas de lo que percibían durante los secuestros: tormentos recibidos de entes con características reptilianas que las atravesaban con estacas y tubos. Los abducidos de hoy reportan las mismas torturas, sólo que los instrumentos usados son de la tecnología que en nuestros días se puede entender. En el pasado se referían a demonios menores haciendo el trabajo para los demonios de más poder. Hoy se conjetura que se referían a los grises e insectoides que están subordinados a los extraterrestres reptiles.

Demonios torturando a sus víctimas, del *Kalendrier des Bergiers*, siglo xv. Grabado de la Edad Media donde se muestra a demonios atravesando a víctimas con varas. Es una posible percepción antigua de lo que hoy hacen los extraterrestres: introducir sondas en los genitales, estómago y otras partes del cuerpo humano. Jim Sparks, en su libro *The Keepers*, reporta experiencias similares cuando con una vara, los extraterrestres, le presionaban los testículos para que expulsara semen.

Según la descripción de Jim Sparks, una vara utilizada para extraer semen. Observe el parecido con las del grabado anterior (*Kalendrier des Bergiers*), similar también a la vara viril que menciona Bulwer Lytton en el tercer capítulo de *La raza futura* y con la de varios otros abducidos que, igual que Sparks, también fueron controlados con un elemento parecido.

Grabado de dos reptiles portando una vara, vistos por Angelina, víctima de obsesión sexual, implantada artificialmente por extraterrestres, según su relato en el libro *Love Bite*, de Eve Lorgen, cuyo caso describimos en el libro *Batalla cósmica*.

4. *Fairy Ring* (*Anillo de hadas*) es una banda circular de hierbas que presuntamente dejan los duendes. Fenómeno muy semejante a los círculos de pasto seco rodeados de hongos –organismos que se asocian con los duendes– que aparecen después del despegue de un ovni y donde se han visto pequeños grises rondando.[5]

5. Muchos demonios parecen duendes y, tanto unos como otros, se ajustan a la descripción de los grises: reptiles, insectoides, mantis religiosas y varias razas extraterrestres. En las imágenes que incluimos a continuación se puede apreciar esta similitud.

Copia de pintura de san Wolframio donde se ve cómo obligan al demonio a sostener el libro de oraciones. Observe el parecido con extraterrestres tipo mantis religiosa, así como con los *kobolds* de Alemania, de la categoría de duendes.

---

[5] Para ver fotografías de estos círculos, ir al sitio: www.answers.com/topic/fairy-ring, o bien a www.ciencia-ovni.com.ar/lashuellastantemidas1.htm.

Mantis religiosa, raza extraterrestre que parece estar en la misma categoría de los reptiles. Aparentemente son los que hipnotizan a las víctimas de abducción una vez que comienzan los experimentos.

Copia de grabado antiguo, donde se ve a un demonio secuestrando víctimas. Nótese el extraordinario parecido con la raza reptil, responsable de tantas abducciones en el presente. Según reportes, existen siete diferentes tipos de razas de reptiles, entre ellos, los dracos que tienen bases intraterrenas en nuestro planeta, en Venus y en otros dentro y fuera de nuestro Sistema Solar.

Copia de una ilustración por el zulú, Credo Mutwa. Representa un *chitauri*, reptil de clase guerrera, que ha asolado a la humanidad desde el comienzo de su historia; véase *Tales from the Time Loop* y otros libros de David Icke).

65

Un caso muy sonado sucedió en Kelley-Hopkinsville, Kentucky, Estados Unidos, donde en 1955 fue vista una entidad semejante al demonio Ronwe.[6] El demonio Ronwe era considerado el instructor del alfabeto demoníaco. También aparece con una vara de control, semejante al elemento de dolor tan usado por extraterrestres en la actualidad.

Demonio Ronwe con características semejantes al extraterrestre de Kelley-Hopkinsville.

Copia de la viñeta que aparece en el libro *Is E.T. here?*, de Robert Trundle, donde se describe un extraterrestre visto en 1955 cerca de Hopkinsville, Kentucky. Note el parecido entre el demonio Ronwe, atacante nocturno y el extraterrestre de Sirio A.

---

[6] Esta imagen fue extraída del portal www.donaldtyson.com, que corresponde a un grabado de Jacques Albin Simon Collin de *Plancy's Dictionnaire Infernal*, 1863.

Copia de un grabado antiguo que representa un ataque nocturno a una niña. En el pasado, se llamaban demonios a las entidades nocturnas que atacaban a sus víctimas mientras dormían. Observe la similitud entre éste, el demonio Ronwe y extraterrestre de Hopkinsville.

Extraterrestre de Sirio A que semeja grabados anteriores (demonio atacando niña y ET visto en Hopkinsville).

Belzebú, según el *Diccionario Infernal* de Collin de Plancy (1863).

6.   Belzebú es el príncipe del infierno; su nombre usualmente se traduce como el "Señor de las Moscas", aunque debiera traducirse como "Señor de la Tierra", porque rige sobre todos los que inflingen dolor y son responsables de derramamiento de sangre, como asesinatos, guerras, abortos, etcétera. En el Antiguo Testamento se menciona "Baal Zevuv" como uno de de los demonios más antiguos, dios de los filisteos. Se relaciona con las plagas y, en contra-

posición a los nueve coros de Ángeles celestiales, forma parte de uno de los nueve grupos de Ángeles caídos. En la Cábala pertenece a la segunda orden de demonios de la esfera de Chokmah, debajo de Satanás y Moloch, pero superior a Lucifer.

Sargatanas.

7. Sargatanas, de *Le veritable dragon rouge* (1822), representa una polilla que corresponde a un demonio de casta inferior del ejército infernal.

Entidad extraterrestre.

En el libro *Blue Blood, True Blood* de Stewart Swerdlow,[7] se muestra la figura de una entidad extraterrestre con las características de Belcebú y Sargatanas. Ésta mide aproximadamente ocho pies de estatura y se manifiesta básicamente en estado etéreo.

---

[7] Mencionado en el caso Montauk, en el libro *Batalla Cósmica*, de la autora.

8.   El hombre polilla. En *The Mothman Prophecies*, traducido como *El mensajero de la oscuridad* (aunque sería más adecuado *Las profecías del Hombre Polilla*), John Keel narra los avistamientos del hombre polilla, un monstruo alado con ojos rojos que fue visto en las áreas de Charleston y Point Pleasant, en West Virginia, Estados Unidos, entre 1966 y 1967 (existen reportes de que ha seguido apareciendo en fechas recientes como septiembre de 2007). Su aparición se asocia con avistamientos de ovnis. Observe el parecido de esta figura con el demonio Pazuzu.

Hombre polilla (extraterrestre). Fotografía de la escultura de Mothman (hombre polilla) ubicada en Point Pleasant, hecha por el escultor Robert Roach. Mide 12 pies de alto y es de acero inoxidable; véase http://upload.wikimedia. org/wikipedia/commons/ thumb/5/51/Mothman_ statue_2005.JPG.

Demonio Pazuzu.

9.   Pazuzu. Demonio sumerio de la pestilencia. Es ente de mal agüero, su figura aparece en la película *El exorcista*. Dado que los participantes de la cinta sufrieron accidentes extraños, se corrió la voz de que probablemente él mismo se encargó de las escenas paranormales y experiencias tenebrosas que se grabaron, como el giro de la nuca de la protagonista.

Entre las experiencias que Jim Sparks relata en su libro *The Keepers*, los extraterrestres lo obligaron a aprender varios símbolos que parecían corresponder a una lengua extraña; también tuvo que asimilar la versión simplificada. Le enseñaron a manipular mentalmente figuras de pirámides, cubos, esferas y otras formas que ponían delante de él para lograr que reprodujera hologramas de mujeres y situaciones que le producían euforia y placer sexual. Los extraterrestres parecían fascinados con la energía que estas experiencias emitían, Jim cree que la absorbían e incrementaban con su propia energía. En las abducciones se dio cuenta de que también secuestraron a su esposa Teresa, aunque ella no recordaba las experiencias y se volvía agresiva cuando Jim las mencionaba. Después de cuatro o seis abducciones mensuales durante su vida, Jim fue perdiendo el horror que le producían las experiencias y poco a poco empezó a sentirse más cómodo en presencia de sus secuestradores. En un principio los percibía como extraterrestres grises, pero con el tiempo, una nueva raza que parecía ocultarse tras un holograma con características humanas se encargó de dirigirlo. Después, él pidió que le mostraran su verdadero rostro y, aunque le advirtieron que podría asustarse, él insistió, prometiendo que sabría resistir cualquier visión. El holograma con que se cubrían se desvaneció y Sparks pudo ver que eran enormes reptiles de piel verdosa con escamas. A diferencia de la primera raza carente de emociones

que originalmente abducía a Jim, ésta mostró sentimientos relacionados con su interés por la ecología. Entre varias cosas, le confirmaron que sí tenían tratos con el gobierno estadounidense y le advirtieron del peligro de la extinción del planeta por la irresponsabilidad humana.

El holograma se desvaneció y aparecieron unos enormes reptiles, la verdadera identidad de los extraterrestres que originalmente se habían presentado con aspecto humano (copia de ilustración de *The Keepers*).

10. Las historias folklóricas de muchos lugares hacen referencia a duendes voladores que roban niños. En la actualidad, la gran mayoría de los abducidos, después de una hipnosis regresiva, reportan que desde su más tierna edad sufrieron secuestros por entes que los levitaban y llevaban a bordo de un plato volador. Las leyendas de duendes volando en esferas luminosas son semejantes a los relatos de grises en naves esferoides.

11. Los demonios con los que tenían relaciones las brujas controlaban a los duendes, considerados demonios de casta inferior. Esta estructura jerárquica semeja a los extraterrestres reptiles que tienen dominio sobre los grises.

12. Parte importante en el folclore de duendes es que generalmente le daban una bebida espesa a los secuestrados, episodio que reportan varios abducidos que se vieron obligados a ingerir un extraño brebaje.

13. Los íncubos sometían sexualmente a las mujeres y los *gremlins súcubus* atacaban a los hombres. Los sacaban de su recámara por las noches. Muchas víctimas de extraterrestres reportan que, mientras son sometidas sexualmente, hay reptiles que parecen "demonios" que están como espectadores mientras se consuma la violación.

14. Según los reportes antiguos, los *súcubos* recogían semen de víctimas masculinas y luego impregnaban a las mujeres abducidas. Santo Tomás de Aquino escribió: "Si a veces nacen niños del coito con demonios, no es por el semen que emiten o del cuerpo que asumen, sino por medio del semen tomado de algún hombre para ese fin. Ya que el mismo demonio que actúa como súcubo para el hombre se convierte en íncubo para la mujer". Se dice que Merlín fue hijo de Satanás (un duende) y una mujer. Las mitologías griega y romana están llenas de cruzas entre "dioses" (extraterrestres) y humanos. Actualmente, existen un sinfín de testimonios de víctimas masculinas que reportan la forma en que los extraterrestres han estado recolectando su semen.

El martillo de las brujas (*Malleus Maleficarum*),[8] escrito en 1486 por los monjes dominicos Heinrich Kramer y Jacobus

---

[8] Este libro se puede bajar de internet en www.malleusmaleficarum.org/downloads/MalleusEspañol1.pdf.

Sprenger, fue usado como manual durante la Inquisición para determinar la relación de los humanos con los demonios. Si en los párrafos que transcribimos a continuación cambiáramos la palabra "demonio" por "extraterrestre" y sustituyéramos la expresión solemne de aquella época con el vocabulario de hoy, podríamos llevarnos una gran sorpresa:

> ...engendrar un niño es un acto de un cuerpo vivo, pero los demonios no pueden dar vida a los cuerpos que adoptan, porque la vida, en términos formales, sólo procede del alma, y el acto de engendrar es el de los órganos físicos que poseen vida corporal. Por lo tanto, los cuerpos que se adoptan de esa manera no pueden engendrar ni procrear. Pero puede decirse que esos demonios adoptan un cuerpo, no para infundirle vida, sino para conservar, por medio de ese cuerpo, el semen humano, y para pasar el semen a otro cuerpo, el demonio puede reunir y utilizar a voluntad el semen humano que pertenece al cuerpo...

Aquí se comprende que los demonios o extraterrestres no pueden producir vida si no es mediante la célula que ya tiene insuflada la esencia de vida, que sólo proviene de Dios padre. La profecía relacionada con el anticristo, que nacería de la copulación del demonio con una mujer, es probable que se refiera al resultado de la unión de una mujer con un "extraterrestre":

> San Agustín, en "Sobre la Trinidad III", dice que el demonio reúne en verdad semen humano, por medio del cual puede producir efectos corporales... pueden trasladar el semen que han reunido e inyectarlo en los cuerpos de otros... Los demonios van por la tierra reuniendo todo tipo de simientes y trabajando con ellas pueden difundir varias especies...

En la actualidad existen muchos testimonios de mujeres inseminadas artificialmente por extraterrestres, así como relatos de testigos que se han encontrado con grises reuniendo muestras de flora y de fauna en diferentes zonas del mundo. El primer caso reportado de Satanás violando sexualmente a una víctima fue en el juicio de Artois. El escritor Vignate (1468) hizo una crónica del juicio. Ahí se mencionó que el órgano sexual de Satanás era helado como hielo, semejante a lo que describen algunos abducidos por extraterrestres, especialmente en relación a los insectoides:

> También verá que el demonio conoce los pensamientos de nuestros corazones; que en forma esencial y desastrosa puede metamorfosear los cuerpos con la ayuda de un agente; que pueden trasladar los cuerpos de un lugar a otro y alterar los sentimientos exteriores e internos en cualquier medida concebible; y que le es posible modificar el intelecto y la voluntad del hombre...

Una de las peculiaridades de los extraterrestres es modificar su apariencia para engañar. Otra constante en las abducciones es la forma en que ellos trasladan el cuerpo de la víctima a su nave, sin que la víctima pueda hacer nada al respecto. El demonio podía asumir cualquier forma, ya sea femenina o masculina; a veces aparecía como un horrendo hombre reptil con cuernos, un sátiro o un macho cabrío. En el pasado se sabía que eran reales las entidades que asaltaban sexualmente a sus víctimas y les pusieron nombres: súcubos e íncubos; los mismos sacerdotes, teólogos y filósofos reconocían la veracidad de los hechos.

> Pues según Dionisio hay en ellos una locura natural, una feroz concupiscencia, una desenfrenada fantasía, como

se advierte en sus pecados espirituales de orgullo, envidia y cólera. Por este motivo son los enemigos de la raza humana: racionales de mente, pero razonan sin palabras; sutiles en maldad, ansiosos de hacer daño; siempre fértiles en nuevos engaños, modifican las percepciones y enturbian las emociones de los hombres, confunden a los vigilantes y en los sueños perturban a los durmientes; provocan enfermedades, engendran tempestades, se disfrazan de Ángeles de luz, siempre llevan en torno el infierno; a las brujas les usurpan para sí la adoración de Dios, y por este medio se efectúan encantamientos mágicos; tratan de obtener el dominio sobre los buenos y molestarlos hasta el máximo de su poderío...

Esta frase resume parte de las características negativas propias de los extraterrestres, especialmente los muchos casos donde los abductores han querido aparentar ser Dios. Jim Sparks, escritor de *The Keepers*, relata que en una de sus abducciones al tratar de oponerse, el extraterrestre le dijo: "Esto no le agradará a Dios", pero Sparks, muy molesto le advirtió que no se atreviera a insinuar que tenía alguna relación con Dios. Esto fue suficiente para que ya no se usara esa táctica en las abducciones subsiguientes.

...a los elegidos se les entregan como tentación, y siempre se encuentran al acecho de la destrucción de los hombres... (Se puede) afirmar que en ocasiones los hombres pueden ser engendrados por medio de íncubos y súcubos... Es creencia muy general, cuya veracidad muchos confirman por experiencia propia, o al menos de oídas, por haber sido experimentada por hombres de indudable confianza, que los sátiros y los faunos (que por lo general se denominan íncubos) se aparecieron ante mu-

75

jeres lascivas y trataron de obtener y obtuvieron el coito con ellas. Y que ciertos demonios (que los galos llaman dusios) intentan en forma asidua, y lo logran, esta actividad repugnante, cosa que confirman tantos testigos dignos de crédito, que sería insolente negarlo... Y no cabe duda de que saben bajo qué astros es más vigoroso el semen, y que los hombres así concebidos estarán siempre pervertidos por la brujería...

Según encuestas realizadas, hay más abducciones durante determinadas fases de la Luna y aspectos planetarios, que son ciclos en que los demonios de antaño se manifestaban más, lo que hace suponer que estas fechas coinciden con la apertura de algún portal dimensional que permite la entrada a más entes oscuros. "Casualmente", los días que hay más avistamientos son las mismas fechas que las brujas y brujos ocupan para hacer sus "trabajos" (entre ellas, especialmente Luna llena y nueva).

Pero cuando se dice que los demonios no pueden dar vida porque ésta fluye formalmente del alma, es cierto; pero en términos materiales, la vida nace del semen, y el demonio íncubo... Puede lograrlo por medio del coito. Y el semen no brota tanto de él, ya que es el de otro hombre recibido por él para tal fin. Pues el demonio es el súcubo del hombre y se convierte en íncubo de una mujer. Asimismo absorben las simientes de otras cosas para engendrar distintas cosas, como dice san Agustín. Y ahora podría preguntarse, ¿de quién es hijo el niño así nacido? Resulta claro que no del demonio, sino del hombre cuyo semen se recibió... Pero cuando se infiere que el demonio puede recibir e inyectar semen de manera invisible, ello también es cierto; pero prefiere ejecutarlo de manera visible, como un súcubo y un íncubo...

Probablemente, los híbridos producidos por extraterrestres sean el resultado de la inseminación en una mujer con semen sustraído de un individuo de una raza que sí tiene alma.

En muchas investigaciones se muestra con claridad que ciertos demonios, por alguna nobleza de su naturaleza, rehúyen acciones tan repugnantes... Los demonios, inclusive sin adoptar un cuerpo, pueden operar transmutaciones en el semen...

Aquí se entiende que se están refiriendo a los extraterrestres "benevolentes". En cuanto a los aparatos en los que se trasladan, debido a que en aquella época no se conocían los ovnis, éstos eran fácilmente confundidos con cuerpos celestes como vemos en el siguiente párrafo. Respecto de los cuerpos celestes, que los diablos también podían mover, ya que eran capaces de mover cuerpos de un lado al otro, pues los astros están más cerca de ellos en la naturaleza.

Mefistófeles

El doctor Johannes Fausto, conocido como el doctor Fausto, un gran mago del Medioevo, estudió escritos de magia negra del antiguo Egipto y aprendió cómo atrapar y obligar a un ente infernal a prestar sus servicios. A su evocación acudió primero misteriosamente un perro negro que después se transformó en un espíritu maligno que se presentó como "Mefistófeles". Este demonio o "espíritu familiar" le dio al doctor Fausto mucho poder y le sirvió incondicionalmente durante muchos años, pero como sucede con casi todos los magos, su final fue desastroso ya que una mañana apareció muerto con una daga clavada en la espalda, lo que se pensó como una obra del propio Mefistófeles. Es probable que el demonio no lo apuñalara personalmente, pero con seguridad influyó en alguien para que realizara ese trabajo. Según Manly P. Hall, la obra *El doctor Fausto* del alemán Johann W. Goethe (1749-1832), aunque se cree que trata acerca de un personaje ficticio, narra la historia de Fausto, un mago que realmente vivió durante el siglo XVI y escribió un libro a partir de sus experiencias con los espíritus.

Aunque aparentemente ha desaparecido la demonología de la Edad Media, existe suficiente evidencia para pensar que subsiste hoy en día, sólo que con nombres diferentes. La magia negra también continúa practicándose, pero ajustada a los tiempos actuales y usando otros calificativos. Manly P. Hall, en su libro *Secret Teachings of all Ages*, escribe que esto se puede ver en especial en las dinámicas de ventas y en otros métodos metafísicos para lograr sustraer del Universo lo que se desea. Las denominaciones han cambiado, pero la naturaleza es la misma: mover energías para atraer algo, lo merezcamos o no, y es esto exactamente lo que hacen los hechiceros.

Grabado de Mefistófeles, según el grimonio *Magia Naturales et Innaturalis* (1502); fuente: http://www.donaldtyson.com/mephisto.html.

Mefistófeles y Yoda.

Texe Marrs, en *Codex Magica*, descubre la notable semejanza que existe entre el Mefistófeles del libro de Manly P.
Hall y Yoda, el maestro de la cinta *The Return of the Jedi*,
de George Lucas. Puede ser que este parecido no sea una
casualidad, sino que haya sido intencionalmente con el fin
de introducir algún tipo de programación en la mente de los
espectadores para que acepten como "maestro" a un ente
oscuro. En el libro *The Music of Time*, Preston B. Nichols,
quien trabajaba como ingeniero de sonido para George Lucas
en su película *Star Wars*, asegura haber visto a dos psíquicos concentrándose en la cámara mientras filmaban. Ellos
estaban sobreponiendo información oculta en la película (lo
mismo que Nichols hacía cuando comenzó a poner mensajes subliminales en la música de grupos de rock). "The force" fue un concepto que se incorporó hasta ya avanzada la
película, y Nichols menciona que, si se observa cuidadosa-
mente el filme, se verá que no siempre está sincronizado el
sonido de los diálogos con el movimiento de la boca de los
actores. Esto se debe a que hubo cambios una vez termina-
da la película. Según Nichols, todas las películas de Lucas
están cargadas de mensajes esotéricos y supone que, como

las películas de *Star Wars* supuestamente son recuentos de sueños que tuvo Lucas, puede ser que éste sea víctima de un programa de control mental conectado con el Proyecto Montauk (al cual me he referido en el libro *Batalla cósmica*: "Extraterrestres implicados en situaciones que afectan negativamente el planeta").

En mi libro *Quiénes somos. Adónde vamos*, menciono el libro *The Gods of Eden* (*Los dioses del edén*), en el que su autor William Bramley, "intentando encontrar el motivo de por qué la humanidad, pese a que desea vivir en paz, parece que irremisiblemente es arrastrada hacia la guerra", encontró –para su sorpresa– que una constante en los conflictos entre los seres humanos son los avistamientos de ovnis, por lo que deduce que algunos de estos objetos, cuya presencia es encontrada desde el comienzo de la historia de nuestro planeta, parecen influir de manera negativa en la humanidad. En su libro trata también el tema de las plagas y hace referencia a la obra de otro autor llamado Johannes Nohl, quien en 1926 escribió *The Black Death, a Chronicle of the Plague* (*La peste negra, una crónica de la plaga*) y concluye que las grandes plagas que han azotado a la humanidad parecen haber coincidido siempre con la aparición de "cometas", de allí la creencia que estos fenómenos en el cielo presagiaban desgracias, pues generalmente, según sus investigaciones, existe una desafortunada relación entre estas calamidades y los "cometas", siendo estos últimos, de acuerdo con sus conclusiones, naves tripuladas por seres de avanzada tecnología. Refiere Bramley que, de acuerdo con sus investigaciones, en el pasado existieron muchos reportes sobre "cometas" que esparcían una espesa niebla sobre pueblos enteros y explica, además, que existe una gran coincidencia entre la llegada de estos "cuerpos celestes" y la aparición de extraños hombres pálidos y cadavéricos, vestidos de negro, de "demonios" y

otras siniestras figuras voladoras en los campos de trigo de las comunidades europeas. Las criaturas recorrían los campos portando un raro artefacto cuya forma semejaba una guadaña que emitía un ruido silbante durante todo el tiempo que duraba lo que, en apariencia, era una siega; lo extraño es que el trigo no caía mientras ejecutaban la maniobra. Las visitas eran siempre seguidas de un brote de plaga. Las horrendas criaturas vestidas de negro era vistas con regularidad llevando lo que parecían largas "escobas", "guadañas" o "espadas" que usaban para "barrer" o "tocar" las puertas de las casas. Después de estas visitas, los habitantes de dichas casas caían enfermos a causa de la plaga, por lo que a partir de estas experiencias se relacionó a la muerte con la figura de un esqueleto o demonio vestido de negro portando una guadaña para segar a la gente; aunque, de acuerdo con las deducciones de los autores ya mencionados, es muy probable que lo que hacían era esparcir veneno o gases bacteriológicos y los movimientos que se interpretaron como el recortar la avena o el trigo correspondían en realidad al acto de regar aerosoles para enfermar al pueblo. Los médicos de esa época afirmaban que la peste negra no era transmitida de persona a persona, sino adquirida por respirar la extraña niebla que invariablemente precedía a los brotes. Una gran cantidad de los casos relatados era acompañada por fenómenos semejantes a los que, según la Biblia, se relacionan con las diez plagas de Egipto (Éxodo 7:14 a 13:16). Calamidades parecidas se mencionan también en el primer libro de Samuel 5: 6, 5: 9, 5: 11-12, etc.; por lo que Bramley deduce que el Antiguo Testamento con certeza hablaba de infecciones producidas por agentes biológicos esparcidos intencionalmente en el aire.

La siguiente imagen corresponde a una ilustración publicada en 1557, donde se observa un "cometa" sobrevolando

los cielos de Arabia en 1470. Según la descripción de los testigos, el cometa semejaba una viga de madera puntiaguda, aunque el dibujo más bien parece ser un cohete espacial con numerosas ventanas. Es probable que muchos otros "cometas" avistados en la antigüedad tuvieran características similares a éste.

Ahora observe la similitud que guardan las siguientes dos imágenes:

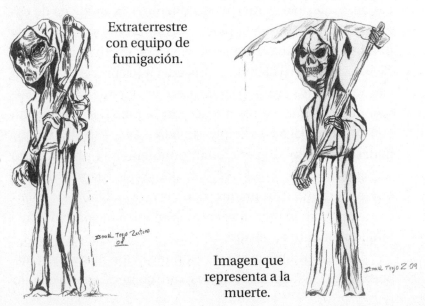

Extraterrestre con equipo de fumigación.

Imagen que representa a la muerte.

Ritos

Los ritos para atrapar elementales han existido siempre; sin embargo, es difícil descartar su efectividad, ya que si no se obtuvieran resultados después de tanto tiempo, ya no se practicarían. Los libros antiguos enseñan ejercicios para apresarlos, en ellos aconsejan no mirarlos directamente porque puede muy peligroso, incluso letal. Es probable que esto se deba a que su materialización se compone de energía electromagnética que irradia dosis masivas de rayos x, rayos gamma y rayos ultravioleta, que producirían efectos que, en la actualidad, se conocen como conjuntivitis, inflamación de los ojos y otras señales semejantes a las que reciben quienes tienen un encuentro cercano con un ovni.

Algunos rituales, aparentemente inofensivos, que se practican con profusión hoy en día, también son transmitidos por estas mismas entidades que engañan diciendo que son seres de luz. De hecho, los mismos extraterrestres han dicho a algunos de sus secuestrados que son responsables de la proliferación de los rituales que se practican en la actualidad.

Los verdaderos Ángeles no responden a rituales raros, porque para comunicarse con ellos se sigue la misma forma que cuando elevamos nuestro pensamiento a Dios, a Jesús y a la Virgen. El estado de conciencia de amor es el único ritual que se necesita. El hábito de prender velas, poner flores, agua bendita y escuchar música suave y dulce sirve para armonizar el espacio donde estamos; nos ayuda a que tengamos un mejor ambiente para acercarnos al mundo espiritual. Nada de esto requieren los Ángeles, pero saben que es parte de la purificación del lugar y para que nosotros nos sintamos mejor, por eso lo aceptan. Aun así, si no hay nobleza en nuestras intenciones y si nuestra petición no es digna, los Ángeles nunca se aproximarán. El hecho de acercarnos

al mundo espiritual es sólo poner allí nuestra atención para hablar con Dios y sus mensajeros celestiales. Cuando se hacen ritos extraños, diferentes al amor puro y a la comunicación mental con el mundo espiritual, es probable que se logre el objetivo, pero serán otras entidades las que se encargarán de hacerlo realidad; todo esto tiene un coste excesivo, que puede implicar desgracias familiares, obstáculos en la vida y otros infortunios que con el tiempo se presentarán. No vale la pena mover energía extraña que nos comprometa con entidades densas, porque lo que requerimos podemos obtenerlo pidiendo con humildad a Dios, quien de inmediato envía a sus mensajeros para atendernos.

Lo que parece quedar claro –como expresamos anteriormente– es que muchos de los entes que hoy se manifiestan provocando dolor son los mismos que en la antigüedad se conocían como "demonios", sólo que hoy han podido ascender a la categoría de "científicos espaciales", usando el nombre de extraterrestres. Como ya vimos, según lo han declarado ellos mismos a algunas de sus víctimas, la proliferación de métodos ocultos como la brujería, el satanismo, los rituales, la ouija, etc., se debe a su acción.

Supuestas bases intraterrenas con brujos extraterrestres

En el portal www.geocities.com/Athens/Atlantis/8820/base2.html#ARGENTINA se puede encontrar una lista de las supuestas bases extraterrestres que están establecidas intraterrenamente en nuestro planeta. Ahí se describe la zona donde está ubicada cada una, su propósito, espacio, cantidad de seres que la habitan, así como naves y elementos con que cuentan.

Según esta información, en México existen alrededor de 44. Se dice que en el estado de Guerrero, específicamente, está ubicada una base en la Sierra Madre del Sur: área Sierra Campo Morado, área Chilpancingo y Filo de Caballo. Su propósito central es la brujería (hechicería). En ese lugar se entrenan y financian diferentes cultos. Enseñan a curar con el uso de la energía, como si "atrajeran energía del cosmos"; también trabajan con los sueños para que los entrenadores puedan comunicarse con la gente, manipulando mentalmente a sus víctimas. Los brujos entrenados en ese sitio dominan grandes áreas de la población y mantienen a los campesinos bajo su control. Los extraterrestres quieren que la gente sea ignorante, lo que logran con estos cultos y ritos. Esta base es pequeña, ya que sólo existe espacio para adiestrar a 80 personas, pero aún así no olvidan su objetivo: propagar la brujería y la práctica de los rituales. Disponen de mecanismos de implantes, aparatos de láser para producir apariciones y muchos otros elementos que sirven para sus propósitos. A sus víctimas las secuestran cuando están bajo los efectos de una droga y, una vez entrenadas, parecen adquirir poderes sobrenaturales que usan para tener influencia y poder sobre los políticos y sobre el común de los seres humanos.

Por eso pónganse la armadura de Dios, para que en el día malo puedan resistir y mantenerse en la fila valiéndose de todas sus armas. Tomen la verdad como cinturón y la justicia como coraza; tengan buen calzado, estando listos para propagar el Evangelio de la paz. Tengan siempre en la mano el escudo de la fe, y así podrán atajar las flechas incendiarias del demonio. Por último, usen el casco de la salvación y la espada del Espíritu, o sea, la Palabra de Dios.

Efesios 6:13

Aparte de lo descrito anteriormente, también estamos expuestos a otros factores negativos –producto del hombre, pero supuestamente instigados desde los ámbitos ocultos– que pueden alterar nuestros espacios y nuestro organismo. Entre ellos están los mensajes subliminales sonoros, ocultos detrás de algunas interpretaciones musicales, o los mensajes visuales en los cuadros y otros objetos. Este es otro motivo para recurrir a la oración y purificar nuestro hogar a diario.

MENSAJES SUBLIMINALES

Los mensajes subliminales son sugestiones que sólo percibe el subconsciente –la mente subliminal–, su finalidad es persuadir a quien los ve o escucha para que se orienten hacia el consumo de lo que se publicita, para que apoyen determinada propaganda o bien para que no opongan resistencia a una orden. Se pueden ocultar en sonidos y en imágenes. Estos mensajes atacan la libertad individual porque quien los escucha o los ve no tiene la opción de rechazarlos. Cuando están encubiertos detrás de la música o sonidos se conocen como "mensajes subliminales auditivos", y cuando se incorporan de forma disimulada en una fotografía, en las portadas de discos o revistas, en un cuadro o en el diseño gráfico de anuncios de periódicos, revistas, pósters o en cualquier tipo de imagen, se les llama "mensajes subliminales visuales". También pueden estar escondidos en pinturas, en diseños de revistas, de libros, anuncios espectaculares, internet, etc. Este tipo de señales pueden estar en una imagen que se proyecta de forma tan rápida en la pantalla de cine o en proyecciones en televisión que no se perciben conscientemente, pero la mente incons-

ciente o profunda sí la determina y almacena. Los mensajes subliminales se hacen repitiendo palabras clave y frases, sonidos, colores, símbolos o imágenes. Los mensajes auditivos son más perniciosos que los visuales porque ocultan mejor los mensajes.

La palabra subliminal deriva del latín *sub* que significa "bajo" y *limen* "límite" o "umbral" y se refiere a lo que se envía para ser alojado debajo del umbral de la conciencia de quien lo escuche o vea. Es una señal estructurada para pasar por debajo de los límites normales de percepción. El mensaje subliminal es diferente al mensaje obvio del que se sirve la publicidad legal, como los comerciales cuya acción se puede ver a simple vista; por ejemplo, una mujer comiendo sensualmente un helado no es un mensaje subliminal porque lo que hace puede ser registrado por la mente consciente. El mensaje subliminal está hecho para que la mente consciente no lo perciba. Por el impacto emocional que producen, las palabras más usadas dentro de esta categoría son las que implican sexo y muerte.

Este tipo de sugestiones son usadas por muchas empresas que pagan grandes sumas de dinero para que aparezcan en sus envases y comerciales, por lo que sería absurdo pensar que no producen resultado, ya que no arriesgarían su prestigio si no lograran algún beneficio. Es lógico pensar que han estudiado muy bien que estos estímulos producen un efecto sobre el comportamiento humano y pueden influir, aunque no determinar, la conducta, lo cual depende del grado de conciencia de cada individuo. Cuando el estímulo se ve, no es subliminal; sin embargo, hay casos donde se usa tanto el estímulo visual como el subliminal, esto es: Puede ser que en un anuncio aparezca una persona en actitud sensual ofreciendo un producto y, de manera oculta, se inserten sugestiones dirigidas a la mente inconsciente, ya

sea por medio de la música con código auditivo encerrado o con adornos visuales disimulados. Los mensajes subliminales auditivos también se utilizan para detonar algo en el subconsciente que hace que los que ya están programados respondan de manera automática y sientan la urgencia de adquirir el material. Esto lo vemos abiertamente en las portadas de discos de grupos satánicos, pero también aparecen en otras que corresponden a los aparentemente cantantes o grupos populares "sanos". No es accidental que en las portadas lo que prevalece son las imágenes oscuras, brumosas, o con símbolos velados o grotescos.

La forma de estimular visualmente es con palabras escritas o dibujos aludiendo a temas morbosos que no se pueden percibir a primera vista. En general deben señalarse para que no se determinen conscientemente, pero el subconsciente sí los determina. Los mensajes sobre temas de sexo incluyen órganos sexuales, el coito, la promiscuidad, la infidelidad, y están dirigidos para que el que los perciba aspire a adquirir el producto que se anuncia para satisfacer sus deseos sexuales. Se ha visto que el tema de la muerte estimula a la gente a consumir por el temor a no tener suficiente tiempo de vida, o porque muchos adictos, internamente, buscan acabar con su existencia y apresuran su autodestrucción. Es por esto que se insertan dibujos de calaveras, espectros, máscaras, cabezas degolladas que, además de lograr el objetivo de venta de un producto, se relacionan con el aspecto oscuro de venerar y servir a las entidades del mal. Este tipo de imágenes se observan en la ropa y accesorios de una gran parte de cantantes populares que, a sabiendas o no, al usarla activan un detonante en muchos de sus fans, quienes a la vez copian la moda y, aunque inconscientemente, hacen lo mismo con otras personas de mente débil. Las tendencias hacia el culto satánico, la brujería, el vampirismo y demás se propaga

con mucha rapidez, porque los diseñadores saben muy bien cómo enmascarar el mensaje para conducir a los jóvenes hacia el ocultismo, la depresión y el suicidio. Aunque los mensajes ocultos se usan en la mercadotecnia para el público en general, los subliminales en las canciones populares y en la moda, generalmente, se orientan hacia los adolescentes.

Mensajes subliminales visuales

Figura de una mujer desnuda sobre la cabeza de un hombre.

Al ver diagonalmente el rostro, se observa que está formado con la palabra *liar*, mentiroso.

Figura de una mujer joven de perfil y una anciana. En la joven su rostro forma la nariz de la anciana: la oreja es el ojo de la anciana. El cuello forma la boca y la barbilla de la anciana.

Músico y rostro de mujer.

Es bastante difícil creer que los mensajes subliminales aparecen por casualidad, así como querer negar su existencia porque son demasiadas las evidencias de lo contrario; además, si no existieran ni se usaran, no sería una materia que se imparte en muchos centros de estudios dentro de la carrera de diseño gráfico, ni habría leyes que los limitan, pues cada día más países están reglamentado este tipo de propaganda como delito grave con sanciones para quienes la empleen. Por la corrupción de muchos sistemas de gobierno y porque tanto ellos mismos como los medios de comunicación son los que la utilizan no se habla abiertamente de ella. Existe mucha información dirigida a minimizar su eficacia; sin embargo, lo cierto es que cada día se utiliza más y cada vez menos gente está al tanto de este medio de manipulación.

Los mensajes subliminales se ocultan ya sea por motivos comerciales o para controlar mentalmente a un grupo de personas o a una población entera. Esto es un hecho y no importa que algunos productores de discos digan que este tipo de mensajes no son detonadores de parte del caos que hoy se ve en la juventud, como el alcoholismo, la drogadicción, la rebeldía, el libertinaje, los crímenes, el satanismo, la promiscuidad, etc. Tampoco es válido aducir que ocultar mensajes sólo es una moda y se hace porque a los jóvenes les gusta el tema escondido tras el sonido.

El poder de la música

La influencia que tiene la música sobre la humanidad se conoce desde la antigüedad. En China, 2000 años a. C., el emperador Chum podía juzgar el estado de conciencia de una población de acuerdo con el tipo de música que escuchaba. Según Platón (428-347 a. C.), "cuando las formas de la música

cambian, las leyes fundamentales del estado cambian con ella". En su obra *República*, habla de la influencia de la música sobre la vida política y moral. Por su parte, Vladimir Ilich Ulianov, Lenin, (1870-1924), dirigente revolucionario ruso y líder del partido bolchevique, decía: "Una manera fácil de destruir una sociedad es a través de su música". También, de acuerdo con estudios publicados en la revista *Prevention*, en su número correspondiente a junio de 1989, en el campo de la medicina se ha visto que los pacientes que escuchan música de alta vibración, tranquilizadora, durante y antes de una operación, han tenido una reducción de ansiedad, menos dolor, menor necesidad de sedantes y medicamentos y su recuperación se acelera.

El doctor John Diamond, pionero en la medicina alternativa y autor de varios libros, entre ellos *Music and Sound, Mother and Love,* explica que el hombre funciona con base en ritmos como la respiración, el ritmo cardíaco, el pulso, el lenguaje y el acto de caminar. Cuando se escucha música, el cuerpo responde según el sonido que se percibe. Si la música es densa, afecta negativamente, mientras que cuando do se trata de música de resonancia alta, aligera el espíritu. La música de frecuencia alta tiene el poder de curar, por eso muchos terapeutas la usan para tratar y sanar enfermedades físicas y mentales.

Otro investigador, el doctor Clyde L. Nash Jr., asegura que música como la de Vivaldi o Mozart mitiga la tensión en la sala de operaciones, ayuda a los pacientes a relajarse y al enfermo en el proceso de recuperación. Investigadores de la Escuela de Enfermería de la Universidad de Los Ángeles (UCLA), así como del Centro Médico Bautista en Atlanta, Georgia, Estados Unidos, han visto que los bebés prematuros aumentan de peso más rápido cuando son expuestos a la música suave y relajante. Se llevó a cabo un experimento en el Memorial Regional Medical Center en Tallahassee, Florida, exponiendo a un grupo de bebés nacidos prematuramente, durante una hora y media, a la música suave, y a otro grupo no se les puso esa música. El primer grupo permaneció 11 días en cuidados intensivos y el segundo grupo se quedó 16. El doctor Raymond Bahr, jefe de la unidad de cuidados coronarios del Hospital St. Agnes en Baltimore, asegura que media hora de música suave y relajante produce los mismos efectos que un Valium de 10 miligramos.

Entre los efectos positivos de la música suave y relajante (sin instrumentos de percusión), se hallan: bajar la presión de la sangre, el metabolismo de base, el ritmo de la respiración y el estrés; asimismo ayuda en la producción de endorfinas, agiliza la recuperación, reduce el riesgo de infección y controla el ritmo cardíaco.

Según un estudio realizado por la Universidad de Stanford, "la música es uno de los estímulos más poderosos que existe para evocar sensaciones en el cuerpo humano, gracias a que los nervios auditivos son los que más predominan dentro de todos los sentidos humanos. Aun en sus formas más simples, la música es capaz de suscitar diferentes estados de ánimo en quienes la escuchan".

El doctor David Tame, en su libro *The Secret Power of Music: The Transformation of Self and Society through Musical Energy* (*El poder secreto de la música: la transformación de uno mismo y de la sociedad a través de la energía musical*), explica que la música del vudú –que se originó para acompañar los rituales satánicos y orgías– al llegar a América, con variantes, se convirtió en el jazz y el blues, y el rock n'roll es una fusión de las anteriores con la música country y western. El término rock n'roll fue acuñado por un disc-jockey llamado Alan Freed, que comenzó a tocar la música en su programa radiofónico y le dio el nombre que los negros

usaban para describir el sexo hecho en el asiento de atrás de un coche. Aunque el libro de Tame ha sido rebatido porque no apoya mucha música popular y tampoco a algunos compositores de música clásica, como Stravinsky, es un estudio que brinda una perspectiva y una comprensión más profunda de la música.

Según Tame, la música influye en nuestras emociones. Las notas atonales, así como otras modificaciones radicales, son malsanas y no deben considerarse música. Los acordes consonantes y disonantes a intervalos diferentes producen un efecto en el pulso, la presión sanguínea y la respiración. La música influye sobre la digestión, la circulación, la nutrición, la respiración y sobre el sistema nervioso, porque el cerebro posee estructuras anatómicas y circuitos cuyas funciones implican la percepción y ejecución de la música. Algunos ritmos pueden causar enfermedades como la "epilepsia musicogénica" que consiste en convulsiones que se presentan al escuchar determinada música. El ritmo llamado "anapéstico" (que algunos denominan ritmo triádico o infernal) usado por muchos grupos populares está formado por dos golpes breves y uno largo, seguido de una pausa, lo que corresponde a un orden invertido del ritmo natural cardíaco y arterial del ser humano. Ese patrón sonoro produce rabia, ira, violencia y alteración en la mente y en las funciones naturales del cuerpo físico.

El poder de la música es muy conocido, por esto se usa en grupos para enviar mensajes de unión social o mantener sectores unidos, tal es la función de los himnos nacionales. Se considera asimismo una forma de transmitir historias o leyendas, como las canciones folclóricas y los corridos mexicanos, o aquellos mensajes prohibidos por el entorno sociopolítico, como en el caso de los trovadores, etc. La música influye directamente en las células y en los procesos biológicos de la vida. La música del rock no solamente

detiene el crecimiento de las plantas, sino que cuando se toca durante mucho tiempo, la planta muere. El doctor T. C. Singh, de la Universidad de Annamalia, en India, ha podido demostrar que la música clásica y la del violín producen un crecimiento veloz en las plantas y las semillas de éstas producen plantas más grandes y de mayor follaje. La música de vibración baja produce el efecto contrario. De igual forma el investigador Cleve Backster, con la poligrafía, hizo interesantes estudios sobre la reacción de las plantas estimuladas por la música.

Las notas usadas en la música de percusión baja, por sí solas, alteran el cuerpo físico y la conducta humana; si a éstas se agregan letras denigrantes y se incluyen mensajes subliminales negativos, no es de extrañar que gran parte de la juventud de hoy sea irresponsable, rebelde, deprimida, con tendencia suicida y se encuentre involucrada en drogas y crímenes. Los mensajes subliminales se almacenan en la parte del subconsciente, aunque no le guste la canción a quien la escuche. Los mensajes surten efecto incluso cuando quien los escuche o vea no crea en ellos.

En la actualidad, muchos psicólogos, para conocer el estado mental de sus pacientes adolescentes, prestan atención al tipo de música que escuchan, porque cada tipo, independientemente del enfoque general que ya mencionamos, parece que tiene un propósito particular. Por ejemplo, el rock promueve la rebeldía, el libertinaje, la evasión por medio de las drogas y la separación familiar; el rap está orientado a la agresividad, al asesinato, a la obscenidad, a sobajar a la mujer; el heavy metal es la expresión de maldad total, con descaradas declaraciones de adoración al demonio y a sus fuerzas infernales. Además de enfocarse al satanismo, también lo está a la necrofilia, al canibalismo, al vampirismo, al incesto, al vandalismo, al odio, a la venganza, la depresión,

la ansiedad, el suicidio, el asesinato y a desencadenar todo tipo de pasiones bajas. Estos mensajes pueden estar en cualquier tipo de música: rap, reggae, rock, baladas, salsa, boleros, merengue; algunos investigadores aseguran que muchas disqueras ya los incluyen en alguna música clásica y en la *new age* instrumental, así como la de sonidos de la naturaleza.

A manera de muestra, aquí presento algunos de los mensajes ocultos que se repiten continuamente en la música popular que escuchan adultos, adolescentes y niños: "El demonio es un dios", "Hoy tendrás pesadillas", "No vale la pena vivir", "¡Ve y suicídate!", "Consume drogas", "Obedece sólo a Satanás", "¡Sólo conmigo estarás bien!".

Además de los mensajes ocultos que afectan el subconsciente, hay que incluir las consecuencias negativas que produce escuchar la música a todo volumen. Durante la década de 1960, con la llegada de los Beatles, la música comenzó a tener un nivel de sonido ensordecedor, cadencia hipnótica y ritmo relacionado con la magia negra y complementada con sustancias alucinógenas para alterar la mente.

Aún así, hay profesionales de la salud que no prestan atención al peligro de este tipo de música y a veces, cuando se presenta un joven deprimido, le dicen a sus padres que no deben alterarse porque su hijo escucha la música rock, porque ésta es sólo una forma de expresión y no se debe ver como algo perjudicial. Una enfermera que labora en un centro de rehabilitación para adolescentes perturbados habla del peligro de la música en los jóvenes. Aclara que no se trata sólo del ritmo estridente y rebelde que provoca adicción en ellos, sino que también absorben la filosofía del odio, la rebeldía hacia cualquier autoridad, la anarquía, la violencia, el sexo, las drogas y la muerte. Un joven deprimido que escucha esta música es como echarle gasolina al fuego, pues se alienta su depresión.

En los casos de intento de suicidio en jóvenes, los reportes policíacos descubren la tendencia del joven a escuchar música satánica (como la de los Rolling Stones). Generalmente, estos jóvenes tienen las paredes de su cuarto con pósters de sus estrellas favoritas de rock, usan playeras con estampados grotescos, calaveras y otras figuras alusivas. Cuando estos símbolos son usados por cantantes, es casi seguro que están involucrados en el satanismo y lo están promoviendo. En el cuarto de los jóvenes con tendencias al suicidio, a la apatía, la depresión, y a cometer crímenes sin sentido, se suele encontrar —además de discos con mensajes subliminales— parafernalia satánica, como libros y revistas que abordan ese tema; no obstante las evidencias, no se le da importancia, porque las declaraciones "oficiales" de los médicos aseguran que no perjudican, sino que son fases por las que pasan los jóvenes. Cuando un joven ya está involucrado en este tema y se le intenta explicar el peligro, generalmente es contraproducente y se vuelve más encerrado en sí mismo y menos comunicativo. La solución es orar permanentemente por él, pidiendo ayuda celestial. De esta manera, con seguridad encontrará el apoyo necesario, ya sea a través de alguna persona capacitada que sepa cómo llegar al corazón del joven y ser escuchada, o porque el joven reacciona al haberse despertado algo en él y comienza a percibir el verdadero amor de sus seres queridos. En los hospitales mentales, hay muchos jóvenes que están allí sólo porque los padres no se molestaron en protegerlos contra el consumo de basura mental promovida por la música satánica. Muchos asesinatos están relacionados con la fascinación por la música heavy metal. Un 60 por ciento de los jóvenes drogadictos declaran ser aficionados a ese género musical.

Recuerdo el caso de una señora que llegó a verme con su hijo, un joven de alrededor de 16 años. La madre estaba

angustiada porque el joven siempre se veía apático y deprimido, sin querer estudiar ni trabajar. Al preguntarle si escuchaba música rock, su madre me contestó que era tal su afición, que una vez en la madrugada, sus audífonos se quedaron sin pilas y literalmente comenzó a azotar la cabeza contra la pared mientras gritaba desesperado.

Con respecto a los niños, tampoco ellos están a salvo contra los ataques y bombardeos al subconsciente por medio de los mensajes subliminales; pues aun estas inocentes criaturas quedan a merced de lo que se promueve abiertamente, ya que muchos cantantes infantiles han escogido ese giro porque es lo que les reditúa y no necesariamente lo hacen por amor a los niños.

Con la llegada de la televisión en los años cuarenta, apareció un medio para influir de forma masiva en la mente humana. Se han hecho estudios que muestran que la televisión induce a un estado de trance que, con el tiempo, se vuelve permanente. Llega tanta información a los televidentes en el poco tiempo que permanecen sentados que entran en un estado de letargo. Según estadísticas en Estados Unidos, un niño norteamericano en 10 años, entre los 5 y 15 años ha pasado de 10 mil a 15 mil horas ante la televisión, que es más que lo que pasan en la escuela. En ese tiempo, ha visto nada menos que 14 mil muertes violentas a través de la televisión. A ello hay que sumar estupros, escenas fuertemente eróticas, etc.; aun las caricaturas están repletas de violencia. Aunado a esto, está la facilidad que tienen los niños de escuchar música a toda hora, en la calle, en el radio, por los distintos aparatos de sonidos, el internet, en fin. Estudios de la American Medical Association (AMA) demuestran que los jóvenes de entre el séptimo y doceavo grado en Estados Unidos han escuchado 10 500 horas de música rock, que es un poco menos que lo que pasan en clases desde kínder hasta High School. Esto explica por qué existe la explosión del satanismo, el uso de drogas y suicidios entre los adolescentes.

Cuando una persona escucha la letra oculta en la música, está indefensa porque no puede analizarla y rechazar los mensajes subliminales porque sólo los capta el subconsciente y los almacena en la mente, pasando por debajo de la barrera del discernimiento común.[9] Lo subliminal invade el espacio debajo de nuestro razonamiento, que es diferente a si la canción tiene una letra que podamos entender y contradiga nuestra formación moral, porque de esta manera tenemos la oportunidad de rechazarla conscientemente. De acuerdo con las demostraciones realizadas por el doctor Masaru Emoto, se ha visto que nuestro subconsciente puede traducir el significado de palabras dichas en cualquier idioma, por lo que alguien que escuche mensajes subliminales –no importa en qué idioma estén ocultos– siempre podrán ser interpretados por el subconsciente. Hay algunos cantantes que ignoran que sus canciones tienen mensajes ocultos, aunque la mayoría sí lo sabe; sin embargo, en general esto no les preocupa mucho, porque se vive en una sociedad donde lo importante es tener éxito, sin importar las consecuencias.

La forma de sobreponer los mensajes

Se pueden insertar señales subliminales grabadas en un volumen más bajo que lo que se percibe conscientemente. Entrar a

---

[9] Para tener más información de los estudios realizados sobre el efecto de la música en la juventud, ver las páginas electrónicas:
http://clearinghouse.missouriwestern.edu/manuscripts/325.asp,
http://www.rincondelvago.com/mensajes-subliminales_1.html y
http://jorgearayas.tripod.com/id21.html.

un estado alterado de conciencia es cuando el lado derecho del cerebro toma el control y se segregan encefalinas y beta-endorfinas, que son químicamente iguales al opio. Esto mismo sucede la mayor parte del tiempo que se ve la televisión. En mensajes auditivos, las sugestiones subliminales no están ocultas detrás de la pista que se escucha conscientemente, sino que son parte de la pista. Esto se logra mediante un sistema digital que permite que cada pista original de voz sea implantada en una banda de frecuencia más angosta que está incluida dentro de la pista que objetivamente se oye. A esta técnica se le conoce como *vocoding*, que significa "codificación de la voz" (*voice coding*) y, además de la tecnología especial, las sugestiones son grabadas a un nivel de sonido que por lo general sería muy audible, pero se procesa de manera que el consciente difícilmente comprende lo que escucha, mientras el subconsciente comprende con claridad palabra por palabra.

Una manera de hacerlo consiste es encimar frases grabadas al revés sobre la pista de la canción. Cuando se reproduce el disco o cinta de manera natural, estas palabras montadas se escuchan como ruidos o sonidos distorsionados, pero cuando se reproduce la cinta al revés, se pueden entender los mensajes ocultos. La mente subconsciente capta el mensaje enmascarado sin necesidad de reproducir la cinta a la inversa. Se usan palabras de doble sentido o se unen las sílabas finales de una palabra con la o las primeras de la siguiente; se utilizan palabras que tienen intercaladas entre sus letras otra palabra. Aleister Crowley, que se auto nombraba "la Bestia 666", un mago negro estimulado por el ente negativo que llamaba su ángel guardián, pidió a sus seguidores que practicaran la Ley de la Inversión, escribiendo y hablando hacia atrás; es decir, poner mensajes que se comprendan tocando discos fonográficos al revés.

Un ejemplo sobre cómo se acostumbra al público a que perciba de manera agradable una figura que es desagradable, lo encontramos en *La Bella y la Bestia*. Otro caso es el uso del vocabulario invertido en *Alicia en el país de las maravillas*, historia que cuenta la llegada de una niña a un mundo maravilloso al caer en un pozo profundo donde las cosas están inversas y se habla al revés.[10]

Debido a que Aleister Crowley supuestamente fue el instigador del satanismo en esta época y es considerado maestro de la mayor parte de los grupos de rock satánico, en la música popular se abusa de la alteración de palabras como de los palíndromos, calambures, anagramas, etcétera.[11]

---

[10] El autor de éste y otros cuentos para niños fue Lewis Carroll, seudónimo de Charles Dodgson, quien además de abusar de la inversión de palabras, de absurdos y contradicciones en sus libros, es relacionado con la pederastia y otros crímenes.

[11] Palíndromo es una palabra o frase que leída de derecha a izquierda o viceversa indican lo mismo. Algunos ejemplos de palindromo son: oro, ojo, anilina, recocer, reconocer. Unos ejemplos de frases palindrómicas son: "A mamá Roma le aviva el amor a papá y a papá Roma le aviva el amor a mamá", "Así Mario oirá misa", "Amo la pacífica paloma", "Anita lava la tina", "Yo soy", "alá, yo soy de Mahoma, el dios, oídle a Mohamed: yo soy Alá", "¡Ah, Satanás, amas a Natasha!", etc. Por su parte el anagrama es una palabra cuyas letras alteradas tiene otros significados; una palabra es anagrama de otra cuando ambas tienen las mismas letras en un orden diferente. Pueden usarse como claves, como las letras del nombre Jesucristo: "es crujitos", "es juros tic". Isabel es "belisa", "lesbia"; Daniel es "nélida". El siguiente anagrama es un anagrama pictográfico en latín enviado por Galileo a Kepler: "Macula rufa in Jove est gyratuy mathem…", lo que Kepler tradujo al español como: "En Júpiter hay una mancha roja que gira matemáticamente". Capicúa se refiere a lo mismo pero con números, como: 2002, 1001, 1441, 666, etc. Paragrama es un anagrama imperfecto por una letra, como reina y ruina, Micaela y Camila, etc. Calambur es una falsa separación de las sílabas para decir una cosa por otra, por ejemplo, se cuenta que Quevedo le quiso decir a la reina que era coja, sin que ella se diera cuenta de que su intención era ofenderla: "Entre el clavel y la rosa, su majestad es-coja", Góngora hablando de Lope que era su enemigo dijo: "A este Lopico, lo pico".

Muchos jóvenes rebeldes no creen en Dios, pero sí veneran a las fuerzas involutivas. Los grupos de rock más violentos declaran abiertamente que siguen a Satanás y hasta hacen rituales y ofrendas en algunas de sus presentaciones. Se comenta que algunos cantantes populares, especialmente de rock, cuando están por lanzar un disco nuevo, invocan fuerzas diabólicas para tener la asistencia del mismo número de demonios como de discos que saldrán al mercado, y así cada copia sea entregada por un demonio a un consumidor. Algunos grupos hacen sus ofrendas de una manera más solapada; otros ofrecen a sus guías satánicas una o varias víctimas en sus conciertos, lo que explica el derramamiento de sangre o muerte de uno o varios de los concurrentes en sus presentaciones. Esto se considera un sacrificio a las entidades de las tinieblas. Los compromisos establecidos con las entidades del mal explican por qué existe tal cantidad de cantantes sin talento con una carrera meteórica, proliferando cada vez más. Pero a veces, la caída es estrepitosa porque las fuerzas del mal requieren de más ofrendas y no siempre todos los improvisados tienen la oportunidad o el carisma de satisfacerles atrayéndoles más adeptos, por esto vemos en muchos casos cómo algunos "ídolos" terminan sometidos por la droga, el alcohol y con una vida desbaratada, mucho antes de lo que se imaginaron.

Es evidente que detrás de lo que sucede con la música para la juventud existe un plan ideado para ir eliminando la práctica de los valores tradicionales y robotizando a la población, lo cual se va cumpliendo de acuerdo al ritmo estructurado. Supuestamente, son las mismas entidades oscuras quienes han inspirado determinadas notas atonales para que se vaya desgastando la protección de las neuronas de la persona que continuamente esté sometida a su ritmo, abriendo una "puerta dimensional" a través de la cual pueden enviarle voces y mandatos.

Para escuchar los mensajes subliminales

Ya existen programas especiales para escuchar los mensajes subliminales en las cintas; en caso de no obtener ninguno, se puede hacer manualmente dándole vuelta a la cinta del casete, procediendo de la siguiente forma, según la información intransmitida en el sitio http://www.santuario.com.ar/paginas/subli_explic.html:

1. Quitar los cinco tornillos.
2. Quitar cubierta de plástico.
3. Dar vuelta al revés los carretes con la cinta colocándolos hacia arriba según la imagen 2.
4. Colocar nuevamente sin mover los carretes, de modo que la cinta quede invertida como en la imagen 3.
5. Colocar la cubierta nuevamente cerrando el casete y atornillando.
6. Con un lápiz girar manualmente la cinta primero hacia uno de los dos lados y luego hacia el otro, hasta que quede como la imagen 1.
7. Comprobar que no se haya enredado o cortado la cinta y luego escuchar. Así descubrirá los mensajes ocultos.
8. En caso de que la música esté en un disco compacto o un MP3, se puede pasar a una cinta y seguir los pasos ya indicados, o bien usar un programa de computadora designado para invertir el sonido.

FIGURA 1

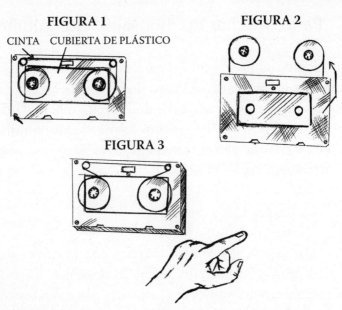

CINTA CUBIERTA DE PLÁSTICO

FIGURA 2

FIGURA 3

Pasos para escuchar un mensaje subliminal grabado (copia de una ilustración). Fuente: *Semanario de Berazategui*, núm. 448, versión digital. Fuente: http://santuario.com.ar/paginas/subli_explic.html.

El mensaje subliminal en la música es el que está oculto, no se percibe conscientemente al estar escuchando la letra de la canción o el sonido instrumental. Cuando se trata de música vocalizada, se dice que los mensajes están al revés porque sólo se escuchan cuando se gira el disco en sentido contrario. Para ver anuncios subliminales ir al sitio web http://www.poleshift.org/sublim/index.html.

Cómo protegerse de los mensajes subliminales negativos en la música

A continuación transcribiremos algunas recomendaciones según aparecen en el portal http://www. santuario.com:

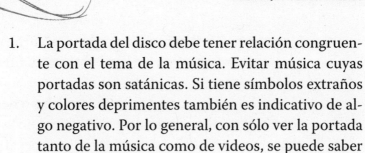

1. La portada del disco debe tener relación congruente con el tema de la música. Evitar música cuyas portadas son satánicas. Si tiene símbolos extraños y colores deprimentes también es indicativo de algo negativo. Por lo general, con sólo ver la portada tanto de la música como de videos, se puede saber si algo no está bien.

2. Analizar y comprender la letra en forma normal. Evitar las canciones cuyas letras son confusas o en idiomas que no se conozcan. En estas se encuentran indicadores que nos llevan a sospechar si está enmascarado algo extraño.

3. El tema de la canción no debe ser ofensivo ni denigrante; se deben evitar las canciones que tengan mensajes o que son sospechosamente exitosas de un día para otro a pesar de su baja calidad de interpretación. La repetición es una de las armas más efectivas del mensaje subliminal. Si la letra de las canciones se repite continuamente, está transmitiendo un mensaje que valdría la pena investigar.

4. Comprar música de cantantes que no provocan escándalos y que no estén involucrados en el satanismo o en la brujería. Cultivar el conocimiento de diferentes tipos de música y autores, sin fanatizarse por los ídolos del momento ni dejarse llevar por la publicidad. No tener miedo a ser diferente.

5. Es importante considerar el ritmo usado en la canción. La música de percusión, el heavy metal, rock y otros géneros más que corresponden a los acordes señalados anteriormente producen efectos negativos tanto físicos como mentales en el organismo, por lo que quien quiere cuidarse deberá estar pendiente de este detalle.

6. El volumen. Cualquier música que se escuche con exceso de volumen perjudica el aparato auditivo y facilita la penetración de los mensajes.

7. El que escucha la música es quien debe tener el control y no al revés; es decir, se sugiere no escuchar música que obsesione o que altere negativamente la conducta.

8. Nunca dormir con auriculares puestos para escuchar ningún tipo de música, ni escucharla bajo los efectos de drogas, alcohol o habiendo permanecido muchas horas sin dormir de forma adecuada. Esto baja las defensas ante los posibles mensajes.

Puede encontrar más información sobre este tema en la página que mencionamos anteriormente www.santuario.com. En cualquier buscador puede investigar sobre los mensajes directamente en las canciones de cada cantante. Se puede introducir la frase "mensajes subliminales canciones populares".

Preston B. Nichols, mencionado anteriormente, conocido mayormente por sus libros sobre Montauk (la base militar en Long Island), en los que aborda temas relacionados con viajes en el tiempo, la manipulación de la realidad, el control mental y otros proyectos clandestinos, en otro de sus libros *The Music of Time*, además de estos temas, abunda en el tema de la ingeniería de sonido, la física oculta, la radiónica, los sonidos etéreos y los mensajes subliminales; ahí se refiere a algunos músicos involucrados en el programa de control mental que se llevaba a cabo en la Base de Montauk. También habla de su propia participación como ingeniero de sonido en distintas grabaciones de música desde principios de la década de 1950. El control mental por medio de la música, como hemos visto, es un tema clásico, pero en este libro, Nichols narra cosas increíbles, como que la canción

"Sky High" fue grabada en el futuro y traída al presente. Describe la tecnología de control mental usada en discos como el *Twist* de Chubby Checker; asimismo se puede leer sobre su trabajo con los Beatles, los Rolling Stones, los Beach Boys y otros grupos que usaron mensajes subliminales en las grabaciones de sus discos. Hace una perfecta descripción de la técnica de control mental usada en la propaganda musical.

Explica que descubrió que sólo con la mente, sin necesidad de mecanismos externos, podía introducir mensajes en cintas mientras se estaban grabando; para probar esto, ocultó un número telefónico dentro de una cinta únicamente concentrando allí sus ondas mentales, ese número fue especialmente contratado para este experimento. La sugestión subliminal en la cinta que se grababa daba la orden a los escuchas de la música que hablaran al teléfono incrustado subliminalmente. Cuando salió a la venta el disco, el número de teléfono que se había contratado para este propósito sonó miles de veces. Nichols también fue supervisor del sonido de la película *Star Wars* de George Lucas, tal y como se ha comentado en este espacio. En esos estudios de grabación, fue testigo del trabajo de dos psíquicos contratados para concentrarse en incorporar formas de pensamientos a las grabaciones de la película. Todo esto para enviar los mensajes que Lucas quería y adicionalmente para que la gente regresara a los cines una y otra vez a ver la película.

Se comenzaron a introducir mensajes subliminales en la música, según Nichols, no sólo para incrementar las ventas, sino para cosas más siniestras. Asegura que de los discos en cuya grabación participó como técnico, uno de cada dos llegaba a ser de los diez más vendidos. Esto no se debía al sonido en sí mismo, sino a los mensajes subliminales. En este libro de Nichols presenta otros datos interesantes, como la descripción que hace de las siglas ihs (Iesus, Hijo Salvador),

y cómo las empleó como símbolo sagrado de protección en su equipo para filtrar la negatividad en algunas de sus producciones musicales.

Siglas de IHS como protección.

Mensajes subliminales positivos

Existen también los mensajes positivos dentro de alguna música instrumental. En este caso, el mensaje no se oculta tras la pista que se escucha de manera consciente, sino que es parte de ella. Esto se hace por medio de un sistema digital que permite que cada pista original se imprima en una banda de frecuencia más angosta. Este sistema se usa como sistema terapéutico, de autohipnosis para dejar de fumar, para adelgazar, para relajarse, etc. En Estados Unidos, se usan mensajes dentro de la música ambiental con el fin de frenar a los ladrones y, de acuerdo con las estadísticas, en las tiendas que emplearon este método, encontraron que los robos se habían reducido en un porcentaje de hasta el 58 por ciento. Los mensajes que se imprimen son del tipo: "Si robas irás a la cárcel", "No robes", frases que aunque se expresan en negativo son captadas con su intención positiva por la mente subliminal; y de hecho, son semejantes a los mensajes que se ocultan dentro de las cintas de superación o para dejar adicciones, del estilo de: "No me gusta el tabaco", "Desde hoy ya no fumaré", "No comeré comida chatarra", etc.; aunque

sabemos que en la actualidad también se imprimen frases como: "Me alimento sanamente", "Tengo el peso que deseo", "Estoy libre de adicciones", etcétera.

Juguetes

Si las maldiciones emitidas sin intención pueden afectar a los que están al alcance de sus ondas vibratorias; de la misma manera, las entidades malévolas invaden los hogares a través de programas de televisión, de la música que se toca aunque no se le preste atención, de los videos, los juegos electrónicos, etc. En el caso de las caricaturas, llama la atención la forma en que a los niños se les inculca cómo llamar a las fuerzas oscuras para que se posesionen de su cuerpo ofreciéndose a alguna entidad para, supuestamente, recibir su poder mediante la posesión (*v. gr.*, las caricaturas de Yu-gi-o).[12] Con bastante frecuencia se exhiben películas "infantiles" donde se enseña cómo ser ocultistas y practicar todo tipo de magia. Antes, los niños soñaban con ser personajes que les permitieran proteger a la humanidad, como bomberos, doctores, soldados (cuando se creía que este último oficio estaba relacionado con salvar vidas), hoy, sin embargo, cada vez hay un número mayor de niños que quieren ser magos o brujos con poderes sobrenaturales para tener control sobre los demás.

---

[12] Hay caricaturas donde los personajes abiertamente invocan a Satanás; existen otras donde el nombre que se usa es equivalente en otra lengua.

Cómo ayudar a los niños

Es importante hablar con la realidad a los pequeños, así como también es necesario inculcarles la devoción a su Ángel de la guarda. Es conveniente que estén conscientes de la realidad del mundo espiritual y decirles que cuentan con este apoyo. Algunos puntos que se pueden considerar son:

1. Explicarles que lo semejante atrae lo semejante, por lo que si se tienen figuras grotescas en un espacio, ese espacio se convertirá en nido de las entidades astrales reales de la imagen. Las figuras feas atraen pesadillas y experiencias feas. Contrariamente, las figuras que se identifican con el amor, la protección y el asesoramiento desinteresado se manifiestan en los espacios donde se tiene algo que los representa. Las figuras angelicales dan paz al alma y tranquilidad a la hora de dormir. Es importante hablar con la realidad a los pequeños y decirles que no necesitan de entes oscuros para ser poderosos, que sólo Dios tiene el poder, y nos ha puesto a un Ángel para que lleguemos a la comprensión de esa realidad. Que nuestro Ángel guardián, ser espiritual, nos ama desinteresadamente y no requiere de ningún ritual para protegernos y guiarnos celestialmente. Él hace eso por encargo divino, y el único requerimiento es que lo deseemos.

2. Estar conscientes de que sólo las entidades del mal son las que usan energía ajena, y si alguien se ofrece para que un ente tome posesión de su cuerpo, se le está abriendo la puerta para que eventualmente le succione toda su energía. Que los entes densos después cobran muy caro a quien se compromete

110

con ellos. Muchos padres de familia no le dicen la verdad a los pequeños porque temen asustarlos por decirles sobre las fuerzas involutivas, pero si consideramos que estas entidades, todos los días, a todas horas, están haciéndose publicidad a través de las caricaturas, de las películas de niños magos, a través de juguetes y demás, los pequeños ya no se espantarán con nada, por lo que es de suma importancia explicarles por qué se está presentando lo grotesco como agradable.

3. También hay que intentar desviar la atención de los niños respecto de juguetes de monstruos y saurios que ahora están de moda, pues el hecho de que se quiera presentar como atractivos a los engendros con los que hoy se deleitan los niños, esto debe tratarse de un plan estructurado, que según varios estudiosos de este tema, es para que llegado el momento en que las entidades del mal sean visibles, los pequeñines los acepten como amigos.

4. Hay que enseñarles a los niños a decir NO a las fuerzas oscuras, sin prestar atención a ciertas filosofías que hoy se difunden respecto a que a los niños no se les debe enseñar la palabra "no" porque altera algo en sus neuronas o procesos mentales. Mucho de lo que presenciamos hoy en día, parece indicar que existe una gran confabulación para que los niños caigan en las redes del mal sin oponer resistencia, sin defender sus derechos. Es cierto que la mente capta sólo algunas cosas que se dicen, pero cuando se trata de las entidades oscuras, ellas comprenden muy bien cuando les decimos NO, especialmente cuando en nombre de Jesús se les

dice que "No pueden estar en nuestro espacio".[13] Algo curioso: en los casos de exorcismos y liberaciones, narrados por algunos autores a los que nos referiremos más adelante, las entidades malignas, sean de la naturaleza que sea, llámense demonios, duendes o extraterrestres, no resisten el nombre de Jesús. Refieren casos donde algunas personas con adherencias de entidades desencarnadas decían que sería bastante difícil ayudarles, porque eran ateas y no creían en el poder de Jesucristo, sin embargo, se sorprendieron al darse cuenta de que los demonios sí conocen el poder del nombre de Jesús y tiemblan y se enfurecen cuando lo escuchan. Los mismos médicos confiesan que no se explican por qué tiene tanto poder este divino nombre. Otra cosa que llama la atención es que, en su mayoría, los autores que practican exorcismos y liberación hablan de la importancia de protegerse invocando a san Miguel Arcángel y a sus Ángeles celestiales.[14]

---

[13] En una experiencia de visualización remota, una entidad siniestra transmitió al visualizador que los entes negativos pueden llegar a nuestra mente y acechar, pero si se les rehúsa la entrada deben alejarse, porque cuando el ser humano ejerce su autoridad y prohíbe a los entes acercarse a su espacio, emite una energía electromagnética que los derriba.

[14] La liberación es como una especie de mini-exorcismo que antes era practicada por los carismáticos y pentecostales. Hoy, también algunos médicos la realizan y sugieren que tanto la liberación como el exorcismo, que han sido descartados por estar relacionados con lo "religioso", deberán ser evaluados dentro del campo de la ciencia, pues cada vez se vuelve más difícil dejar de tomar en cuenta la gran cantidad de casos presentados por médicos, donde no todos los síntomas de los pacientes pueden encasillarse dentro de los términos conocidos como: personalidad múltiple, esquizoide, psicosis, bipolaridad, esquizofrenia, histeria, síndromes psíquicos, conductuales, enfermedades disociativas, trastornos mentales, etc. Aun algunos de estos casos son tratados como enfermedades mentales, a la luz de los descubrimientos de médicos aventurados en su campo, y deberían ser revisados y reclasificados.

También alertan sobre el peligro de llevar a cabo un trabajo de liberación sin protección angelical, pues es literalmente imposible tener un resultado positivo si no cuentan con este apoyo.

5. Debemos enseñarle a los niños que no deben temer a ser diferentes; porque precisamente los que son *diferentes* hoy son los que harán la *diferencia* en el futuro. El mundo necesita de seres que piensen por sí mismos, no por lo que se les obliga a creer, no importa qué tan bonito se presenten esas creencias en la televisión o en otros medios. Se necesitan seres que sean íntegros, honestos y dignos, sin compromisos con las fuerzas oscuras, sino con un interés genuino en compartir y traer luz y amor a la humanidad. De este puñado de futuros hombres y mujeres *diferentes* dependerá la salvación del planeta. Que comprendan que se ha condicionado la mente humana para que piense y acepte como verdad lo que unos pocos deciden, y este condicionamiento lo comienzan desde la más tierna edad de las víctimas. Antes, los controladores actuaban de forma más solapada, pero ahora han invadido casi todos los medios y su ataque es directo contra los niños porque saben que si alguno comienza a pensar por sí mismo, puede no formar parte del rebaño de zombis que necesitan para continuar el control y dirigir a las masas hacia las fuerzas del mal. Los niños deben conocer la importancia de ser librepensadores y no formar parte de la manada dormida que acepta como verdad cualquier cosa que se declare oficialmente, que se repite continuamente en la televisión y en otros medios de comunicación. No porque algo

se publicite mucho indica que es verdad o que haga bien.

Los juguetes de ahora representan entidades maléficas: robots que se transforman en monstruos, dinosaurios, extraterrestres y reptiles humanoides. Durante los cientos de horas que los niños juegan con estos juguetes, están interactuando con estas entidades, induciéndoles a pensar que es normal considerar a estas figuras diabólicas como amigos y seres protectores. La finalidad de lanzar estos juguetes al mercado es preparar al niño para que gustosamente acepte a los entes que están representados en ellos cuando llegue el momento en que el planeta entre al campo vibratorio que quite el velo de nuestros ojos y veamos en realidad lo que existe en las dimensiones de baja densidad, que son espacios habitados por seres reptiles, vampiros, demonios, alienígenas y cruces como hombres araña, hombres lagarto, etcétera.

Videojuegos

Un ex miembro de la Orden de la Golden Dawn afirma que los fabricantes de juegos de videos se asesoran por verdaderos magos negros, no por improvisados. Los juegos traen instrucciones precisas de los rituales y métodos para acceder a los planos densos y comunicarse con entidades poderosas del bajo astral. Entre los concursantes de los videojuegos, los magos negros buscan a los más hábiles porque son presas fáciles para ser reclutados en grupos satánicos donde podrán practicar objetivamente lo que ensayaban en esos juegos. Lo mismo se puede decir de los juguetes infantiles que representan verdaderas criaturas infernales.

El juego "Dungeons and Dragons" (Calabozos y dragones) es un juego satánico cuya finalidad es que los participantes pierdan su identidad y dejen de tener sentido humanitario. El juego está estructurado para minar el autocontrol y fomentar un desprecio hacia la vida humana. Comienzan a jugarlo niños desde los 10 años, los cuales deben alinear sus sentimientos con el temor, la degradación, la violencia, el sadismo, el sexo, la tortura, el dolor, el suicidio y la muerte. Este juego ha conducido a muchos jóvenes jugadores a asesinar a miembros de su familia, a amistades y suicidarse. Sin duda es una entrada al satanismo. El inventor del juego, E. Gary Gygax, describe que fue un sofisticado proyecto de la Universidad de Stanford en la década de 1960. En una entrevista dijo que era un simulacro de guerra de Stanford, en donde había seis personas dirigiendo la promoción. Aparentemente, la familia de Gary Gygax, originaria de Grecia, se trasladó a Suiza donde hoy existen cuatro castillos Gygax en los alrededores de Berna, lo que hace suponer que promueven las prácticas ocultistas de la tradición familiar.

Los videojuegos para niños y jóvenes son peligrosos pues existen los combates entre diferentes grupos, mentalmente, los jugadores le dan poder a los que pertenecen a su "equipo" para aniquilar a sus adversarios en el juego. Estos juegos llegan a romper la percepción de la realidad de los chicos. Existen estadísticas de crímenes violentos y suicidios perpetrados por adictos a estos juegos, así como también algunos casos que se involucran en el satanismo. Entre estos juegos están todos los violentos que se juegan en las consolas XBox, Play Station, Nintendo, etc., especialmente el juego "Calabozos y dragones" y también la tabla de la ouija.

Si analizamos de manera imparcial la cantidad de publicidad que existe promoviendo el mal, es difícil no llegar

a la conclusión que realmente hay un plan oculto para conducir a la humanidad hacia el caos. Si las fuerzas negras, llámense demonios o extraterrestres negativos no estuvieran detrás de todo esto, no es lógico que proliferara tanto el culto hacia ellos.

"Crop circles" o círculos de cosecha... ¿son mensajes subliminales?

Los círculos de cosecha, llamados *crop circles* en inglés, aparecen de la noche a la mañana y se conocen con varios nombres, entre ellos: "agroglifos", "agrogramas", "círculos de trigo" o "círculos de granos". Se les llama de esta manera porque básicamente comenzaron a presentarse sobre sembradíos de maíz, de avena y de trigo, aunque también se han visto sobre arena y nieve. Existen reportes de estos círculos desde hace algunos siglos, pero en tiempos modernos, aparecieron primero en Inglaterra, luego en Canadá, Estados Unidos, Australia, Rusia, India, Alemania, Brasil y muchos otros lugares. A principios de la década de 1970 comenzaron a verse con mucha regularidad esos círculos concéntricos sencillos. Con el paso del tiempo, a partir de los años noventa, esas figuras se volvieron más complejas, tomando la forma de pictogramas complicados y formas matemáticas y geométricas.

Muchos investigadores de ovnis creen que estos círculos son mensajes de los extraterrestres que en el pasado inspiraron los petroglifos encontrados en cuevas alrededor del planeta y erigieron estructuras en diferentes partes, como las pirámides de Egipto, la del Sol y la Luna en México, y que ahora están dejando estas señales porque están a punto de regresar. Algunos que están de acuerdo con esta teoría suponen que son símbolos relacionados con la escala diatónica porque se ajustan a las proporciones que se encuentran en los intervalos de la escala mayor musical, sonido conocido como la música de las esferas.[15] Esta teoría ya fue probada en un diseño que recién había aparecido; una vez que se tocaron las notas fue avistada una nave espacial sobre el círculo. En vista de esto, referente a uno de los círculos aparecidos, que de acuerdo con la Cábala representa un glifo que activa el portal entre esta dimensión y la siguiente donde se manifiesta la divinidad, otro investigador explica que también puede ser un portal entre un reino intangible y el físico y que, acertando a las notas, podría detonar la apertura de algún portal; lo que le hace recordar los relatos bíblicos de energías tanto positivas como negativas, activadas con el sonido de una trompeta. La apertura de este portal tal vez se refiera a que los seres humanos podrán ver lo que sucede en otros planos. En el Apocalipsis existen algunos versículos que parecen sustentar que llegará un tiempo en que desaparecerá la barrera entre el mundo espiritual y el físico, lo que de alguna manera podría interpretarse como que los seres humanos percibirán lo que sucede en los espacios intangibles.

Algunos místicos modernos opinan que los círculos son huellas del tiempo multidimensional; es decir, seres que están en otra dimensión espacio-temporal envían patrones de pensamiento para avisarnos que están interactuando con nosotros.

Una versión diferente señala que los círculos de los campos de cosecha no necesariamente proceden de extraterrestres, porque aquí en la Tierra ya existe la tecnología para hacerlos. Entre los programas de la milicia estadounidense

---

[15] Diatónica es la formación de una escala a partir de las distancias de tono y semitono. Es la más conocida y usada. La mayoría de ellas está formada por siete notas, pero las hay también de seis u ocho.

está el proyecto *Bluebeam* que involucra muchos fenómenos sobrenaturales que hoy angustian a la población mundial; debido a que, en teoría, el propósito principal de dicho proyecto es convencer a la gente de que el mundo está siendo invadido por extraterrestres, existe la probabilidad que también ellos sean responsable de los *crop circles*, los cuales pueden hacerse usando láser de gran intensidad para generar y proyectar rayos de luz ultravioleta. El aire, ionizado con estos rayos, actúa como conductor de energía capaz de formar los círculos y, ocasionalmente, crear las esferas luminosas color naranja que reportan algunos testigos al ver sobrevolando los *crop circles* mientras se están formando. El doctor Michael Wolf, autor de *The Catchers of Heaven*, explica que en un principio algunos círculos fueron formados por extraterrestres, pero ahora son en su mayoría hechos por militares del Strategic Defense Initiative (SDI) con armas de rayos láser.

Otra función que se pretende con el proyecto *Bluebeam* en el futuro será proyectar con láser en el cielo de diferentes partes del mundo imágenes de ovnis, de Jesús, de Mahoma, de Buda, de Krishna, etc. Así, cada grupo, pensando que su salvador ha llegado, creará un magno conflicto religioso, "obligando" a los controladores a entrar en acción y a imponer el "nuevo orden mundial". Las imágenes en el cielo estarán acompañadas de mensajes transmitidos con ondas de extrema baja frecuencia (ELF, *Extreme Low Frequency)*, de muy baja frecuencia (VLF, *Very Low Frequency*), de baja frecuencia (LF, *Low Frequency*) y ondas de microondas que captaría el cerebro humano. Las personas con microchips recibirán directamente los mensajes desde un satélite. Mucha gente al captar los mensajes creerá que es Dios quien se está comunicando, cuando realmente serán los manipuladores. Según algunos investigadores, los "controladores", empleando esta sofisticada tecnología, ya tienen mucho tiempo enviando sus mensajes a los "canales" asegurándoles que son elegidos para transmitir información de "hermanos espaciales" o seres del pasado, del futuro o de otras dimensiones.[16]

Jim Keith, autor de *Mind control and Ufos: Casebook on Alternative 3*, quien murió en circunstancias extrañas, citó a diferentes investigadores para apoyar la teoría de que Estados Unidos posee como parte de su arsenal equipos basados en el rayo láser, capaces entre otras cosas de producir diseños sobre las cosechas. Keith menciona un artículo escrito por Harrer y Dobbs en el periódico *The Spotlight*, en el que estos autores aseguran que sus fuentes les informaron que esta arma láser se desarrolló durante la primer guerra contra Irak y forma parte del proyecto secreto del Pentágono, conocido como AOC (Army Optical Countermeassures) con "pistolas de alta frecuencia que pulsan 10 joules de rayos de poder 100 veces por segundo y pueden incinerar un ojo humano de forma instantánea". En cuanto a la formación de los círculos trigales, Keith refiere que en el boletín ecológico *Amargi*, el autor Otter G'Zell sugiere una probable explicación que involucra a los militares y se refiere a la propuesta de Jacques Velasco, director de GEPAN (Groupe d'Etudes des Phenomenes Aeros Patiaux Non-Identifies), agencia oficial de investigación de ovnis del gobierno francés, conocido hoy como SEPRA, quien señaló la gran cantidad de instalaciones militares en el área de los sucesos y subrayó que en una tercera parte de Wiltshire, Inglaterra, zona de círculos de cosecha, el acceso está prohibido al público y restringido inclusive para vuelos de naves no militares. Es muy signifi-

---

[16] Se sugiere leer los artículos de Rayellan Allan y en el libro de Angelico Tapestra, *The Universal Seduction*.

cativo que los *crop circles* en Inglaterra, así como los de Estados Unidos, Canadá y Nueva Zelanda están apareciendo precisamente en reservaciones militares. Velasco cree que los círculos son el resultado de pruebas adelantadas del armamento de *Star Wars*, probablemente creado con un rayo infrarrojo o energía de microondas dirigida desde espejos en el espacio hasta el campo de cosecha en la Tierra. Esta hipótesis de Velasco, continúa Keith, sería también la razón por la que los granjeros afectados protestan poco; lo que sugiere que posiblemente son compensados por los daños. Esta misma teoría explicaría también por qué casi ninguno de los biólogos profesionales de Inglaterra se ha molestado en visitar los sitios a pesar de que Oxford, Cambridge y otras universidades prestigiosas están a muy corta distancia de donde aparecen los círculos de cosecha.

Los detalles de la mecánica empleada para formar los diseños, como es el pliegue en la base del tallo de la planta se debe a la explosión del nodo inferior del tallo, evidentemente, por la vaporización del agua que contiene pues una vez suprimida de su estructura rígida, se desploma. Las fibras se rompen durante este proceso y continúan conduciendo agua y nutrientes a través del nodo colapsado, de modo que la planta sigue con vida aun después. Este efecto puede ser explicado con microondas sintonizadas a una frecuencia que permite que el agua se evapore.

Otro dato relevante viene de un granjero que asegura haber sido testigo de la formación de uno de los círculos. Dice que parecía como si una mano gigantesca se posara de forma repentina sobre la cosecha, rotando con rapidez mientras la doblaba, formando un espiral plano. El proceso era semejante a un espiral de piezas de dominó colapsando. Este efecto sería el esperado de un rotativo rayo máser dirigido desde arriba. Los láser de microondas que ahora se

llaman "masers" (Microwave Amplifaction by Stimulated Emision of Radiation) fueron diseñados algunos años antes de los láser de luz visibles.

Un reporte significativo que Keith considera como evidencia importante proviene de un piloto planeador que fue arrastrado por el viento sobre un área restringida de Wiltshire. Pudo observar un reflejo de su planeador flotando en el aire ante él; mientras navegaba más cerca se encontró girando dentro de un enorme, pero invisible, reflejo de superficie cilíndrico suspendido verticalmente en el aire.

El artículo aparecido en la revista *Amargi* ofrece una reproducción hipotética de un dispositivo militar ultra secreto capaz de crear los más intrincados "crop circles" con rayos láser o de microondas sobre paisajes rurales desde el espacio exterior, pero también de un arma devastadora e impersonal; por lo que Keith concluye que si los círculos de cosecha son el resultado de pruebas de armas militares, pueden haberse vuelto más sofisticados porque si en un principio eran sólo el resultado de ensayos para probar la precisión de las armas mencionadas, y comenzaron a llamar la atención, posteriormente, es posible que hayan enviado lo que parece ser patrones místicos para distraer a la gente con los "ovnis extraterrestres" y desviar su atención de lo que realmente son: diseños creados en pruebas de armas militares. Esto explicaría por qué los círculos originales fueron simples impresiones circulares o círculos concéntricos y, con el paso del tiempo, se volvieron más frecuentes y más elaborados, con configuraciones de arcos, triángulos, círculos y líneas, imitando los sigilos antiguos de grupos ocultistas.

Goro Adachi, en su portal, describe la relación entre el diseño trigal del "extraterrestre" con un disquete de un portal de internet, así como con el disquete con mensajes que se envió a bordo de la nave espacial Voyager que se lanzó

en 1977 y fue dirigida a alguna civilización extraterrestre en el espacio. Adachi encontró que en el portal "Watcher" aparecía una gráfica antigua muy semejante al tan conocido *crop circle*. Inclusive, se puede ver el efecto de la sombra en la cabeza del "extraterrestre", lo que hace suponer que el diseño es el mismo logo que en 1996 creó Ultra Tech, una compañía consultora iniciada por los dueños de la página. En la página se hablaba básicamente de Marte, y en especial de Cydonia, lugar donde aparece el rostro de Marte. Todo esto hace suponer que existe una conexión entre el glifo del círculo de cosecha y la controversia Cydonia/Odissey, lo que refuerza las conjeturas de que el glifo no se refiere a un mensaje "extraterrestre" del espacio, sino a una inteligencia terrestre, aparentemente asociada con Ultra Tech, que posee tecnología suficientemente sofisticada como para formar el complicado diseño en poco tiempo. Lo curioso es que el mensaje (de posible origen terrestre) aparenta prevenir contra la misma avanzada tecnología terrestre.

Una vez que se comparan los dos diseños, se percibe con claridad que el círculo de cosecha parece haber sido sacado del logo de Ultra Tech; lo que hace todo esto más sospechoso es que poco tiempo después de que apareció este círculo de cosecha se dio a conocer la historia de una excavación ilegal realizada hacía tres años antes en un lugar cerca del pueblo de Nebra, Alemania Oeste, donde se encontró un disco de oro. El disco, conocido como "disco solar", fue estudiado y sometido a la prueba del carbono en el Instituto de Investigaciones Arqueológicas en Halle. Finalmente, cuando se dio a conocer el hallazgo, el director del Instituto declaró que era una de las representaciones del cosmos más genuinas descubiertas hasta hoy y que el lugar donde fue desenterrado probablemente había funcionado como un observatorio astrológico alrededor del año 1600 a. C. Aparentemente, el disco tiene tanta importancia como Stonehenge en Inglaterra o como las pirámides de Egipto.

Logo de Ultra Tech creado en 1996.

Círculo trigal aparecido en 2002 al oeste de Winchester, Hampshire, Reino Unido. Ilustración tomada del portal de Goro Adachi: http://www.goroadachi.com

El diámetro del disco mide aproximadamente 30 centímetros y es similar al disquete del círculo de cosecha, así como al disquete dorado Seti que llevaba el Voyager. La cercanía de las fechas de la aparición del círculo de cosecha (entre el verano y el otoño de 2002) y el logo que apareció antes, hace sospechar que hay algo más que lo que se publica sobre los círculos de cosecha.

La asociación del Sol con el "disco solar" parece estar también en el glifo "extraterrestre" que, de forma peculiar, el ángulo de 30° conecta la línea de la fisura con el Sol, como el ángulo que corresponde al movimiento del Sol en dos horas; la eclíptica (aparente ruta del Sol en el cielo) se divide astrológicamente en segmentos de treinta grados. Siguiendo con esta hipótesis, los 360° del disco (una rotación completa) corresponderían a un año y, con un movimiento como el de las

manecillas del reloj, geométricamente la fisura marca con precisión el comienzo de diciembre.

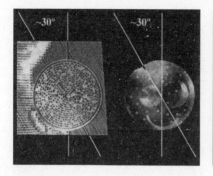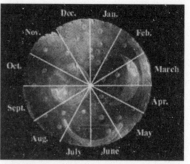

Disco solar encontrado en 1999.

La opinión de Adachi es que la advertencia del mensaje del "extraterrestre" se refiere a la falsedad del Tercer Reich. El disco, encontrado en 1999, está elaborado en oro laminado, tiene una figura del Sol, 32 estrellas y la Luna creciente. Lo más sobresaliente del disco es que parece ser un grupo de estrellas de las Pléyades como se vería en el equinoccio de otoño. La forma del objeto que aparece con una guadaña en la base del disco semeja el barco solar que, según la creencia de los faraones, conducía las estrellas a través del cielo. Se cree que existe otro disco con las características celestes durante el equinoccio de primavera. Los científicos piensan que originalmente el disco se recubría con huevos podridos para producir una reacción química en la superficie de bronce, de modo que el fondo del disco tuviera un color morado simulando la noche, donde resaltaban las estrellas hechas de lámina de oro.

Otra versión de la función de los círculos de cosecha se refiere a que son puertas estelares creadas por el servicio secreto, manipulando la rejilla terrestre por medio de física hiperdimensional desde Montauk, en conjunción con los reptiles y los grises, pero ahora controlados desde el Área 51 y otras zonas ubicadas en los estados de Utah y Colorado, que se conectan intraterrenamente con otros puntos del globo.

Estos círculos también se interpretan como un arma que el gobierno estadounidense usa para alterar la genética de los habitantes desde la rejilla morfogenética, porque así como el ser humano tiene centros energéticos, también la Tierra tiene sus chacras y, si se penetran ciertos puntos de la red terrestre, se puede afectar a toda la población. En la base secreta de Pine Gap (Australia), en teoría, el gobierno de Estados Unidos tiene muestras de sangre de casi toda la población mundial, por medio de las cuales puede radiónicamente afectar a todos los habitantes del planeta. Con esa sangre puede escudriñar el alma de la persona (este es uno de los grandes misterios de la sangre). Asimismo puede, a través de la sangre, bombardear enfermedades para reducir la población y/o controlarla mentalmente. De acuerdo con esta versión, usando la información de Pine Gap, desde BroockHaven National Labs, son proyectados los agroglifos que corresponden al lenguaje del hiperespacio vía satélite, y cada diseño es un mensaje subliminal dirigido a un grupo genético en particular para alterar su ADN.[17] Así, los rayos enviados desde los satélites viajan por las "ley lines" o las líneas geománticas (tema del siguiente capítulo), que son las bandas de energía que rodean la Tierra, y luego son radiados hacia la superficie terrestre para alterar el ADN y afectar toda vida en el planeta. Supuestamente, con esto afectan de forma directa los genes reptiles que existen en los seres humanos para fijar allí sus programas, porque la humanidad se programó para activar en ella las características reptiles y, en apariencia, ese tiempo ya está aquí. Al lograr esto se

---

[17] El hiperespacio tiene un lenguaje mental compuesto de color, tono y símbolos. Todos pueden acceder a este lenguaje porque forma parte del patrón mental de la humanidad. Es una energía que penetra todas las cosas.

les facilitará controlar a la población mundial, ya que estará manejando la misma frecuencia. La idea es crear una raza robótica que sea controlada intergalácticamente. Pero los seres humanos podemos defendernos de estas intrusiones si elevamos nuestro pensamiento hacia Dios, manteniendo un estado de conciencia separado de la vibración de estos entes; y así, unidos a la mente de nuestro divino creador, se refuerza nuestro campo electromagnético, por lo que no pueden intervenir en nuestro espacio, pues si vibramos en el amor de Dios podemos rechazar asedios negativos.

Algunos investigadores sugieren que pueden ser detonadores del subconsciente para afectar a las personas que han sido secuestrados por extraterrestres o han sido víctimas de algún tipo de programa de control mental. Esto sugiere que los círculos son, como hemos visto, mensajes subliminales estructurados para afectar el ADN. Lo cierto es que nadie sabe a ciencia cierta qué función tienen estos diseños que aparecen en las cosechas, porque en realidad, si los "hermanos espaciales" quisieran comunicarse con los seres humanos, es seguro que con su sofisticada tecnología, con su inteligencia extraterrestre y sus deseos nobles de compartir con los humanos, podrían encontrar una forma más sencilla de mandar mensajes que, por lo menos, unos cuantos pudieran descifrar correctamente. Estos círculos parecen más bien rompecabezas que mantienen distraída a la población, mientras los responsables se ocupan de urdir algo siniestro.

Tocante a los mensajes subliminales, la finalidad de lo que vemos está dirigida a reducir el número de la población mundial, lo que se va construyendo gracias a promover estilos de vida, como la separación familiar. Esto también se hace por medio de programas cómicos de familias que no soportan a sus hijos, o matrimonios sin hijos, o bien hijos que se mofan de sus padres.

Ante esto, podemos leer lo que dice san Pablo. Él insta a cada uno a revestirse de toda la armadura de Dios y preservar la oración:

> Pues no nos estamos enfrentando a fuerzas humanas, sino a los poderes y autoridades que dirigen este mundo y sus fuerzas oscuras. Por eso pónganse la armadura de Dios, para que en el día malo puedan resistir y mantenerse en la fila valiéndose de todas sus armas. Vivan orando y suplicando. Oren en todo tiempo según les inspire el Espíritu...
>
> *Efesios 6:12-18.*

ENERGÍAS SUBTERRÁNEAS Y DIOSES PELIGROSOS

Un tema que a primera vista parece no tener relación con el contenido de este libro se refiere a las emisiones telúricas, de las cuales algunas son consideradas no auspiciosas para el ser humano, pero parecen ser fuente de energía para otros seres, incluyendo a los extraterrestres, así como las naves que ellos tripulan. Este tema es la geobiología; al referirnos a él, resalta la necesidad de tocar temas concernientes a los portales energéticos, vórtices, líneas geománticas y otros elementos relacionados que, aunque no todos están contaminados *per se*, son puntos esenciales que utilizan los extraterrestres para influir de manera negativa en nuestra vida. Sin embargo, con nuestra voluntad y acción positiva podremos actuar sobre ellos para lograr que sus emisiones sean benéficas.

Portales energéticos

Los portales dimensionales son túneles que conducen a otro plano de existencia. Existen positivos y negativos. En los

positivos fluyen energías de amor y crecimiento y por sus vórtices pueden manifestarse seres que transportan bendiciones. Por los portales negativos acceden entidades oscuras con vibraciones del mal. Los portales o ventanas se activan de forma natural en determinadas fechas, por lo que se dice que sus vibraciones son cíclicas. Sin embargo, tanto los positivos como los negativos se pueden activar y formar nuevos mediante la voluntad del hombre. Los positivos se abren y pueden permanecer así cuando se mantiene un estado de conciencia de amor emitido a través de pensamientos, sentimientos, palabras y acciones nobles, a través de la oración, la entrega devocional y la práctica de las virtudes. Las ceremonias religiosas, la oración del rosario, las representaciones celestiales, el agua bendita y las bendiciones continuas producen vórtices que favorecen la entrada constante de situaciones benéficas en nuestra vida. Si nos esmeramos, podemos convertir nuestro hogar en un centro energético de vibraciones positivas que, eventualmente, abrirán puertas para que seres divinos se manifiesten trayendo mensajes de paz, esperanza y amor. Los portales negativos se abren con la práctica de rituales de magia negra, y cuando se maneja un estado de conciencia irresponsable.

Algunos portales negativos son locaciones donde se perciben eventos paranormales; se conocen como lugares embrujados, malditos o encantados porque de forma simultánea suceden muchas cosas: avistamientos de ovnis, aparición y evaporación de entidades dimensionales, fenómenos *poltergeist*, desaparición de gente y de animales, luces, fuegos misteriosos y, a veces, una gran cantidad de moradores cercanos al lugar muestran síntomas de locura, delirios, esquizofrenia y otros males. Son lugares que se relacionan con fantasmas, demonios, elfos, monstruos, extraterrestres y demás entes extraños. Estas zonas se conocen como *puertas, ventanas, portales, fisuras* o *entradas estelares* o *dimensionales* negativas que fueron cerradas en el pasado por seres positivos, pero después, a través de ritos satánicos, se rompieron los sellos protectores. Se especula que en el presente muchos conflictos bélicos se deben a la rivalidad entre grupos que quieren apoderarse de ellas. Todos los portales negativos, aun los que parecen "naturales", se abrieron a fuerza de vibraciones densas, ubicados particularmente donde tuvo lugar una excesiva radiación de energía de temor. Puede ser un sitio que se usó para sacrificios humanos, de animales o cualquier tipo de ceremonias de magia negra, o donde hubo guerras, como un campo de batalla; en general, cualquier zona que emana vibraciones de muerte: cementerios, rastros o mataderos.

Probablemente, muchos se abrieron en el pasado aprovechando vórtices que ya existían; sin embargo, por la gran cantidad de individuos que en la actualidad, de manera irresponsable, están realizando ritos y ceremonias extrañas, existe un gran número de perforaciones en casi todo el campo etérico del planeta, que son fisuras adicionales por donde entran los entes que habían sido recluidos en los abismos por los seres que nos protegen. Los rituales para invocar a esos seres de la oscuridad están repletos de magia sexual, encantamientos y evocaciones a entes del mal, usando, además, los sacrificios: palabras, colores y símbolos[18] con determinada vibración para producir los efectos requeridos, y ya sea que se hagan de forma individual o por

---

[18] Los símbolos, palabras y colores usados para evocar entidades, también se encuentran propagados en los medios de comunicación para que la gente, a fuerza de verlos y escucharlos, los perciba como "normales" y empiece a usarlos a diario. Así se vuelven cómplices indirectos, enviando detonadores al subconsciente de quienes los ven o escuchan. En apariencia, el fin es conducir al humano a someterse a entes negativos.

algún grupo ocultista, el resultado afecta de forma negativa todo el planeta.

Autores como Fritz Springmeir, David Icke y otros, así como víctimas como Cathy O'Brian, Arizona Wilder, Stewart Swerdlow y muchas más se expresan extensamente sobre lo que ahora mismo está sucediendo respecto a este tema. Existe un caso muy sonado y registrado donde, con base en rituales de magia sexual de la inspiración de Aleister Crowley, se invocó a Babalón, la mujer escarlata que cabalga la Bestia 666. Esto se hizo en Desierto de Mojave, en 1946, fecha en que supuestamente se abrió un portal mayúsculo en el espacio-tiempo por donde continuamente entran entes de la oscuridad.

Extraterrestres y portales

Muchos estudiosos sobre este tema aseguran que un enorme portal energético que hace algún tiempo comenzó a activarse se localiza en la región del Medio Oriente, entre Irak, Irán y Afganistán. Es un lugar donde al parecer está el Ashtar Stargate, sitio por donde llegaron los annunaki de Nibiru hace 3678 años aterrizando en Irak, y por donde, en teoría, regresarán para el año 2012. Los que controlen la zona podrán asociarse con los extraterrestres negativos que tienen prohibido el acceso a nuestra dimensión; de allí la urgencia de crear conflictos en esa región, porque con suficientes sacrificios humanos (la guerra es pretexto para derramar la sangre que requieren las entidades para movilizarse) se agilizará la apertura. Son varios grupos los que quieren apoderarse de este portal.

George Otis, evangelizador protestante, llama a esta puerta dimensional "10/40" (10° norte y 40° al norte del Ecuador), y dice que parece ser una ventana siniestra donde

habitan los demonios más peligrosos del planeta, a los que culpa de la extrema pobreza en que viven los habitantes de esa zona. Otis se apoya en las novelas de Frank Peretti y en las conclusiones de Peter Wagner, protestantes fundamentalistas. Aunque su interés parece estar enfocado a que los habitantes tengan oportunidad de mejorar sus condiciones de vida cuando se conviertan a su fe, no deja de llamar la atención el hecho de que existen muchos grupos atraídos por motivos diferentes a la misma región de Irak, Irán y Afganistán, que es conocida como *portal dimensional*, *puerta*, *ventana* o *entrada* de fuerzas oscuras; pero este es sólo uno de los tantos portales que se encuentran situados en diferentes regiones del mundo. Otro muy importante está ubicado en las montañas del Cáucaso.

Algunas puertas estelares parecen estar cerca de bases militares, como el caso de Roslyn, al sur de Edimburgo, Escocia, uno de los lugares más enigmáticos del planeta y considerado sagrado desde 700 a. C. por la presencia de los druidas (sacerdotes celtas) y, posteriormente, con la famosa capilla Roslyn, construida por el caballero templario, William St. Clair, en el año 1443. A todos los misterios relacionados con Roslyn se han unido muchos avistamientos de ovnis y de "extraterrestres", por lo que algunos investigadores creen que la capilla es una puerta interdimensional que seres espaciales usan para entrar de su galaxia a nuestro mundo, porque, aunque otros suponen que su misterio deriva del mito de que allí están enterrados los evangelios originales, el arca de la alianza, la piedra filosofal o el santo grial –especialmente popularizado después de la novela de Dan Brown *El código Da Vinci*–, más bien parece ocultar una clave secreta para entrar y salir a otra dimensión.

Se ha llegado incluso a sugerir que algunos de los cubos que adornan los muros de Roslyn están tallados con

diseños que corresponden a partituras musicales que, si se llegaran a tocar correctamente, podrían romper el sello de clausura del portal, pero con riesgo de que permita la entrada de entes malignos que acabarían con la humanidad y el planeta tal como lo conocemos ahora.

> ...Sin embargo, cuídate hermano, pues el hombre serpiente aún vive, en un lugar que se abre en ciertas épocas aquí en el mundo. Sin ser vistos, ellos caminan entre ustedes, saben de los lugares donde se ejecutan los ritos mágicos, una vez más a medida que el tiempo pasa, ellos vuelven a tomar la apariencia de los hombres.
> ...No te metas en el reino de las sombras, pues seguramente ahí aparecerá el mal...
> *"Tabla VIII", de Las tablas esmeralda de Trismegisto*
> *o Thoth, el Atlante.*

Portales dimensionales: similitud entre abducciones y experiencias cercanas a la muerte

El doctor Kenneth Ring, profesor de psicología de la Universidad de Connecticut y autor de varios libros sobre experiencias cercanas a la muerte, después de estudios comparativos entre un grupo de personas con experiencias cercanas a la muerte, y otro de personas abducidas; ha llegado a la conclusión (igual que otros varios investigadores del tema) que existen portales por donde todos los que salen del mundo físico deben atravesar. Son caminos que deben recorrer los que tienen un viaje astral, los que fallecen y todos los que entran a otra dimensión, ya sea con drogas o rituales, o bien cuando tienen pesadillas. Es también el conducto que usan los extraterrestres para entrar y salir de nuestro mundo y por donde

conducen a las personas que secuestran. Este espacio, túnel, camino, puente, río, trayecto, vía, plano, subplano, sendero o como se le llame, según cada cultura o filosofía, puede ser recorrido en barca, carro, nave o flotando y está poblado de entidades al acecho, semejante a una carretera con asaltantes prestos a atracar a los desprevenidos.

Las "cuevas" o rutas extrañas por donde los duendes y demonios conducían a sus víctimas son portales dimensionales de la misma naturaleza. Son también el sendero iniciático que tenían que recorrer los candidatos para ascender en grado dentro de las sociedades ocultas. En este caso, a los aspirantes se les suministraba una bebida, elixir o droga y luego eran aislados o puestos en un ataúd, donde entraban en trance y se enfrentaban a peligrosas entidades que los interceptaban en el camino. Muchos morían en el intento. Este camino es el mismo que recorren los chamanes, pero ellos sí saben cómo prepararse para lidiar contra los atacantes. Los jóvenes que consumen drogas generalmente no saben que pasarán por esta vía, desconocen a lo que deberán enfrentarse, por eso se escuchan tantas historias de drogadictos que se quedaron espantados en un horrible "viaje".

Los brujos y magos negros entran voluntariamente a estos lugares para hacer tratos con entes acechadores y recibir favores a cambio de ofrendas y sacrificios de sangre; al final de su vida, en el momento de abandonar el mundo material, son atrapados por las entidades con las que se comprometieron. Éste es también el sendero peligroso del mundo de Assiah, donde habitan los demonios, según la Cábala.

De acuerdo a los cabalistas, después que Dios hizo emanar los diez Sephiroth, los usó como carro o trono para descender hasta los hombres. Antiguamente se le llamaba viajero del Mercabah a una secta de judíos místicos que

florecieron del siglo I a. C. hacia la Edad Media; oraban y ayunaban hasta llegar al éxtasis y de esta manera ascendían en alma a los siete cielos o mansiones llamadas "hechaloth" o "hekhalot", hasta llegar al glorioso Trono de Dios que descansa sobre el Mercabah. Los iniciados en esta secta eran conocidos como "Yorde Mercabah" o viajeros al mundo sobrenatural. Durante el viaje entonaban palabras de poder, usaban talismanes mágicos y encantamientos para lograr la ayuda de los Ángeles, ya que a su paso salía toda clase de demonios y espíritus maléficos tratando de bloquearles el camino. Para pasar por las puertas celestiales, guardadas por impersonales y celosos vigilantes debía el iniciado recitar determinadas palabras, la contraseña adecuada. Si faltaba en las mágicas enunciaciones, además de frustrársele la entrada, recibía daños físicos y mentales, y en algunos casos hasta la muerte le aguardaba.[19]

Algunos abducidos reportan haber pasado por una especie de túnel y llegado a otro plano iluminado. En algunos casos, sienten que es como el momento del alumbramiento (la experiencia del renacimiento o *rebirthing*), porque perciben líquido en el túnel, pero no es el recuerdo de la experiencia de pasar del vientre de la madre al mundo material, sino un hecho real. Se podría decir que la experiencia del nacimiento es un reflejo de ese tránsito de una dimensión a otra, de la misma forma que dormir es un ensayo diario de la muerte.

La era científica ha conducido al ser humano a una cada vez mayor inmersión a la materialidad, por lo que ya no cree que es un ser espiritual por naturaleza y tiene dificultad para comprender que existen mundos invisibles para los

---

[19] Del libro *Manual de Ángeles*, vol. 1, de esta misma autora.

sentidos físicos; por esto se siente más cómodo al transferir los conceptos de Ángeles y demonios a seres que están más en sintonía con la época, que son extraterrestres buenos y extraterrestres malos. Los testimonios nos demuestran que posiblemente los extraterrestres que secuestran y someten a experimentos dolorosos en contra de la voluntad de las víctimas (cosa que hacen los "positivos" y los "negativos") son las entidades que en el pasado se llamaban demonios, y hoy se presentan con formas más asimilables para continuar controlándonos. En el caso de experiencias con seres verdaderamente benevolentes, los que se manifiestan con cuerpo espiritual y transmiten consuelo, protección, apoyo y amor, también han existido desde nuestro origen, pero son seres diferentes a los que causan dolor. Ellos no se alegran de los padecimientos por los que pasa la humanidad ni quieren verla sufrir las consecuencias, porque aun en el caso que el daño que sufre el planeta se hubiera producido por la irresponsabilidad humana, ellos nos conducen con amor para superar cualquier situación.

La mayor parte de información recopilada sobre experiencias cercanas a la muerte se refiere a relatos sobre lugares celestiales a los que se llega después de morir; y la idea generalizada es que no importa la forma de conducirse en la Tierra, puesto que todo mundo al final de la vida llegará al cielo. En vista de esto, varios doctores, considerando que no era congruente que tuvieran el mismo destino todas las personas, tanto las que se esfuerzan por llevar una vida digna y noble, como los criminales desalmados, se dieron a la tarea de hacer sus propias indagaciones, en las que encontraron que algunos investigadores que registraron vivencias positivas se enfocaron sólo en ésas y descartaron las que no cuadraban, porque no les interesaba transmitir información que podría afectar psicológicamente a sus lectores.

Las entidades acechan en los pasadizos hacia los otros planos (Lámina de Gustav Doré).

Cuando el individuo está protegido, podrá cruzar hacia la otra dimensión sin ser atacado, porque recibirá asistencia angelical (Lámina de Gustave Doré).

El cardiólogo Maurice S. Rawlings es uno de los médicos que estudia otros casos, aquellos que hablan de la realidad del espacio antivida lleno de entidades oscuras. En su libro *To Hell and Back* recopila algunas experiencias cercanas a la muerte de pacientes suyos que, mientras los resucitaba, comenzaron a gritar desesperados porque veían entidades demoníacas acechándolos y arrastrándolos por un túnel oscuro sin posibilidad de oponer resistencia. Las investigaciones del doctor Rawlings –así como las de otros doctores que se han abocado a esa tarea– confirman la existencia de este conducto que corresponde a uno de los planos densos. En varios casos, el enfermo reportó lo que parecía una luz al final del túnel, pero a medida que se acercaba se daba cuenta de que se trataba de lengüetas de fuego que lo arrasaban como si se tratara del infierno.

Los vórtices

Los vórtices son masas de energía con una depresión en el centro, provocada por su constante rotación. Estas fuerzas espirales, en el nivel etéreo, se perciben como energía coagulada que parece fluir de forma mágica, como un remolino con movimiento ascendente. Existen muchos tipos de vórtices, pero aquí nos referiremos a los que se forman cuando se libera la energía acumulada en las líneas geomagnéticas o redes planetarias, que se describirán más adelante. Los vórtices positivos producen bienestar y están en zonas donde existe una gran concentración de energía producida por magnetismo, o por otras razones naturales combinadas con las vibraciones que los asistentes dejan allí cuando éstas corresponden a sentimientos de amor, de fe y de fervor. Cuando se reúnen estos factores, el lugar se vuelve un centro de elevada frecuencia donde se podrían presenciar "milagros", curaciones espontáneas y conversiones, porque se transforman en puertas dimensionales por las cuales seres de amor entran a nuestro espacio. Sin embargo, cuando estos espacios son usados para realizar ritos oscuros, se vuelven lugares malditos y puertas por las que entes del mal entran al planeta.

Existen vórtices donde hay anomalías gravitacionales y producen un entorno que desafía la gravedad, distorsiona la luz, espanta animales, deforma el crecimiento natural de las plantas y altera el estado normal de las personas. Muchos están relacionados con las líneas Hartmann, Curry y otras (de las que hablaremos después) que rodean el planeta formando patrones. Los vórtices más conocidos son las que corresponden a la Gran Pirámide de Egipto y a Stonehenge en Inglaterra; pero existen por todo el mundo, como el de Mount Shasta y cuatro más en Sedona, Arizona, entre otros. En este tipo de vórtices, donde las líneas se cruzan, con tecnología especial puede distorsionarse su flujo para ser usado de forma negativa, por lo que se especula que es la razón por la que sobre muchos se encuentran construidas bases militares y centros donde se manejan ondas extremadamente bajas para la práctica del control mental y experimentos genéticos, como ocurre en la Base Montauk, en Long Island, Nueva York, la que, según algunos investigadores, está asentada sobre una retícula geomántica muy importante.

Vórtices milagrosos

El agua "retrata" y guarda todo lo que ha sucedido y sucede en el planeta porque interpreta cada átomo de la Tierra. Algunas aguas subterráneas, en su recorrido, pasan por lugares donde existen minerales curativos y luego desembocan en un punto donde liberan vibraciones positivas. La desembocadura puede ser un manantial, una fuente, un río o una cascada, que con el paso del tiempo, llega a ser considerado "milagroso" y visitado por gente que busca beber de su agua, o bañarse allí para gozar de sus beneficios. De esta manera, el agua de estos lugares va reuniendo la conciencia de amor de grupos de personas que los visitan, y si en un principio sólo se buscaban por sus propiedades, al paso de los años se convierten en santuarios, como ocurre con muchas iglesias marianas, especialmente aquellas construidas sobre puntos estratégicos. La fe, la esperanza, la devoción y el amor noble de los asistentes pueden transformar cualquier lugar en sagrado y convertirlo en centro de veneración, abriendo puertas por las que se podrán percibir figuras de seres de amor que transmiten sus emanaciones de pureza.

Cuando el recorrido de las aguas subterráneas pasa por cementerios, campos de batalla o cualquier escenario de

muertes violentas, las imágenes que guardan corresponden a seres atormentados que pueden ser proyectadas durante ciertos ciclos. El agua que atraviesa estos lugares recoge una gran cantidad de energía contaminada y, cuando es emitida hacia la superficie, produce una descarga venenosa que afecta todo lo que está en determinado radio de acción, ocasionando alteraciones negativas en las personas que viven allí o están cerca. Esta acción negativa se incrementa si adicionalmente se toman estos lugares para practicar la magia negra.

Ciclos

Una peculiaridad es que los vórtices de energía parecen activarse en determinados ciclos que por lo general coinciden en un día específico de la semana. Según algunos investigadores es el miércoles y en fechas que usualmente son el 24 o el 10. Otra consideración es que se relacionan con los ciclos de la Luna —fases que se aprovechan para rituales mágicos—, de donde deriva la leyenda del hombre lobo mientras hay Luna llena, porque esa es la fecha de mayor entrada de entidades del bajo astral. Existen muchos otros, como el de cada nueve años y medio; todos corresponden a fechas en las que entran vibraciones al planeta procedentes de fuentes ultraterrestres. De allí los ciclos astrológicos, las celebraciones religiosas, la coincidencia en apariciones religiosas y otros eventos constantes, como los días 13, que están relacionados con algunas apariciones marianas: las de la virgen de Fátima, el 13 mayo; su segunda aparición, el 13 junio; la tercera, el 13 de julio; la quinta, el 13 septiembre y la sexta, el 13 de octubre. También la virgen Rosa Mística se festeja el 13 de junio. Es probable que la petición de la Virgen de rezar

el rosario cada día 13 sea para contrarrestar las vibraciones discordantes que en esa fecha entran al planeta. Dado que hoy existe tecnología capaz, incluso, de distorsionar las energías positivas, y de la existencia de grupos satánicos que recogen esa energía y la revierten negativamente; se sugiere que –especialmente en esas fechas– siempre que se eleven oraciones para fines nobles, se diga mentalmente:

> Dios mío, te ruego, en nombre de nuestro señor Jesucristo y por obra y gracia del Espíritu Santo, que no se cambien mis intenciones de amor, y que mis oraciones produzcan el fin que deseo. Gracias, Padre mío. Así sea.

De esta manera, podremos estar seguros de que no podrán sufrir alteración, pues el ser humano tiene un potencial extraordinario y, con invertir sólo un minuto más, podrá tener la garantía de que su energía seguirá la trayectoria digna para la que pensó.

La geobiología

La geobiología es reconocida como una ciencia; ésta se imparte en universidades en Suiza, Alemania, Rusia, Francia y España, entre otras. De hecho, en un cantón de Suiza, como un servicio público, los habitantes disponen de la asesoría de un geobiólogo antes de iniciar la construcción de su casa o edificio. La geobiología (de *geo*, "tierra", y *bio*, "vida") es un método que analiza la influencia que las energías terrestres tienen sobre todos los seres vivos, tanto del reino mineral, vegetal, animal como del humano. Basa su estudio en el conocimiento de que la Tierra está inmersa dentro de una serie de redes magnéticas formadas por líneas de energía o

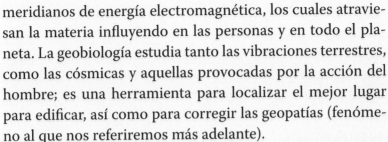

meridianos de energía electromagnética, los cuales atraviesan la materia influyendo en las personas y en todo el planeta. La geobiología estudia tanto las vibraciones terrestres, como las cósmicas y aquellas provocadas por la acción del hombre; es una herramienta para localizar el mejor lugar para edificar, así como para corregir las geopatías (fenómeno al que nos referiremos más adelante).

Según el estudio de la geobiología, las energías cósmicas, al hacer impacto sobre la Tierra, la envuelven formando diferentes tipos de rejillas geomagnéticas que se conocen también como redes, retículas, tejidos o mallas. Son diseños etéricos que se perciben como tramas de líneas irregulares, responsables de los ajustes de la corteza terrestre. Existen varias redes y cada una tiene su propia resonancia que mueve las corrientes en la superficie terrestre. Estas mallas o redes han sido conocidas desde hace milenios, pero en épocas recientes, fue el científico, barón Gustav Freiherr von Pohl, quien comenzó a especular sobre ellas. En 1929, investigando por qué había tanta incidencia de cáncer en la villa Vilsbiburg, Bavaria, Alemania, trazó un croquis ubicando las aguas subterráneas del lugar, luego lo comparó con un mapa de Vilsbiburg que tenía marcadas las zonas donde habían fallecido 54 personas de cáncer, y pudo evidenciar que todos los decesos habían ocurrido sobre vetas que él había localizado y señalado. También se dio cuenta de que muchas otras enfermedades y muertes de animales, plantas y árboles estaban relacionadas con estas energías que las aguas subterráneas emitían hacia la superficie de forma muy poderosa cuando la Luna estaba en cuarto creciente y llena. Estas líneas no son físicas, por lo que cualquier información respecto a ellas, en general, ha sido motivo de comentarios sarcásticos por parte de algunos arqueólogos.

La red Hartmann

En la década de 1950, el doctor Ernst Hartmann redescubrió otra red de radiaciones que ascienden hasta la ionósfera como cortinas. Este hallazgo lo logró cuando –igual que Von Pohl en 1929– empezó a investigar por qué sucedían más muertes en determinadas habitaciones de su hospital; tras confirmar el peso de las energías telúricas en los pacientes, escribió: "Estoy dispuesto a mostrar a los más escépticos, zonas determinadas capaces de producir cáncer... Les presentaré también pacientes que se han librado de dolores y enfermedades tras apartarse de la influencia de estas zonas telúricas. La salud y el bienestar de los seres humanos están íntimamente ligados a la tierra en que viven y sus radiaciones".

La red descubierta por este médico alemán lleva su nombre: Red Hartmann o Red H., la cual es la más conocida en Occidente. Es una malla conformada por líneas o franjas que, dependiendo del lugar, miden entre 21 a 30 centímetros de anchura cada una y descienden de norte a sur con una separación que puede llegar a dos metros. Las que corren de este a oeste están más distanciadas, pudiendo variar de 1.90 a 2.50 metros. Los espacios que se hallan entre las líneas se conocen como "zonas neutrales" porque no tienen perturbaciones y son las áreas positivas en una casa y terreno. Blanche Merz, en su libro *Pirámides, catedrales y monasterios*, explica que en ciertas regiones del Himalaya se modifican los espacios entre las franjas que van de norte a sur, llegando a encontrar separaciones de hasta 3.50 y 4.10 metros, que permite más áreas auspiciosas para construir. En estas zonas, las franjas este-oeste mantienen su distancia de 2.50 metros.[20]

---

[20] Es un lugar donde está asentado un monasterio de hombres dedicados a la oración y la meditación, que confirma que la oración y pensamientos elevados influyen positiva y objetivamente en nuestro entorno.

Las intersecciones de estas líneas se conocen como "nudos" o "cruces" y son, básicamente, los espacios más dañinos para la salud, si se permanece sobre ellos durante períodos largos, por lo que se deben evitar a la hora de dormir, descansar, leer, estudiar o trabajar. Cuando los nudos están altamente cargados, con sólo poco tiempo de permanecer en ellos pueden producir somnolencia, incomodidad, alergia o cansancio. Se vuelven dañinos si se asocian otros factores, como vetas de agua subterránea, túneles, minas, desagües en el subsuelo y radioactividad del terreno. Si adicionalmente tienen la influencia de otras redes, su impacto puede ser mayor. La zona del cuerpo expuesta a un cruce de esta naturaleza será la más afectada, porque las energías, donde convergen, incidirán y minarán el organismo hasta que se desarrolle una enfermedad degenerativa. Los achaques corresponden a la exposición a estas vibraciones. Estos cruces existen en todo el planeta, por lo que están en cada casa, edificación y terreno, y es probable que la mayoría de las camas, escritorios y también varios pupitres de escuela estén ubicados sobre alguno. Estos puntos nocivos, son llamados "geopatías".

Otro alemán, Manfred Curry, encontró una red distinta formada por franjas de alrededor de 15 centímetros de anchura orientadas diagonalmente y separadas por unos 85 centímetros. El cruce de las líneas Hartmann con las de Curry produce anomalías que pueden aumentar su peligro, en especial si existen los elementos ya mencionados. También, el doctor Peyré, en 1937, descubrió otra red de energía telúrica orientada magnéticamente. La separación entre las líneas de Peyré oscila entre los siete y los nueve metros. Es considerada una red solar porque capta energía cósmica. Su localización no es fácil, siendo la Hartmann la más detectable.

Cuál es la función de estas redes

En cuanto a la función de las líneas o redes energéticas que rodean el planeta, existen muchas versiones; algunas son como sigue: matrices cósmicas de energía que interconectan la Tierra con el espacio, mallas energéticas que hacen la función de antenas para pistas de aterrizaje para naves espaciales, o para que puedan navegar en vuelos cerca de la Tierra, emisiones de energías curativas, conductos de fuerza mágica o psíquica, franjas magnéticas para orientar a los animales, radiotransmisores neolíticos o mapas chamánicos para viajes astrales. Es probable que funcionen para todo lo mencionado y para más que aún no se ha descubierto.

La geomancia

La geomancia (nombre que los chinos dan a la geobiología) analiza las energías sutiles basándose en la observación de los astros y la localización de las corrientes vitales debajo de la Tierra. Explica la forma en que las emisiones vibratorias afectan a las plantas, los animales y las personas, además trata de encontrar el método más eficaz para aprovechar estas energías cuando son positivas y evita aquellas que son negativas, para que no influyan de manera problemática en la vida y en el entorno de los habitantes. Los chinos consideran que los paisajes forman el cuerpo de los dragones, las corrientes de agua representan su flujo sanguíneo, los picos de las montañas su espina dorsal y los pozos, sus ojos. Los dragones del aire controlan los eventos atmosféricos y los del agua ejercen control sobre los ríos y fuentes. Las corrientes internas fluyen como meridianos del cuerpo y se conocen como líneas del dragón. Los dragones de la Tierra se alteran

cuando se perfora el suelo para cavar minas, se rebanan montañas para hacer carreteras, se construyen vías de ferrocarril o se bloquean pozos. Turbar a los dragones es desastroso. Antiguamente, los que se dedicaban a la geomancia aconsejaban dónde construir una casa para no violentar las líneas o centros de poder y cómo vivir a una distancia segura de vibraciones alteradas. Las líneas de un dragón perturbado pueden enviar energías densas a través de las redes geománticas y contaminar todo lo que esté cerca.

La geomancia es un punto esencial previo para establecer la ubicación de los muebles en una casa u oficina.

Qué son las geopatías

Los lugares alterados telúricamente, los que están ubicados sobre nudos o intersecciones de líneas geománticas, son llamados zonas geopatógenas o geopatías (ahora también conocidos como geománticas). Son los puntos donde se localizan más emisiones de radiaciones energéticas electromagnéticas que dañan la salud física y mental, siendo las corrientes de aguas subterráneas las conductoras más comunes. Las zonas geopatógenas corresponden a aquellas zonas donde no se debe permanecer muchas horas al día, por lo que –como vimos antes– no debe estar allí la cama, el escritorio o cualquier mueble que se use durante mucho tiempo, porque cada una de las células del ser humano actúa como una pila eléctrica que cuando está en presencia de frecuencias no auspiciosas, responde con enfermedades o con emociones negativas. Se considera que las geopatías afectan las células del sistema inmune y, al minar la fortaleza del cuerpo, pueden ser la causa de los abortos espontáneos, reumatismo, fatiga crónica, estrés, cáncer, alzheimer,

epilepsia, asma, problemas cardíacos, insomnio, pesadillas, enfermedades crónicas, terminales, y en general, desequilibrio psíquico y físico. Asimismo, cuando se trata de puntos con muchos factores negativos adicionales, como por ejemplo el paso de esas energías por un cementerio o por un lugar donde se han practicado rituales satánicos, un campo de batalla, la geopatía puede convertirse en un portal que propicia la entrada de entidades demoníacas, responsables de las posesiones, suicidios, depresiones y otros trastornos. Según el tiempo de exposición y la intensidad de las radiaciones, serán los malestares que podrían aparecer, así como la gravedad de éstos. Las geopatías se elevan del subsuelo a miles de metros por lo que su secuela afecta todos los pisos de un edificio. El efecto de las radiaciones sobre el cuerpo es acumulativo y pueden pasar varios años antes de que aparezcan los síntomas de algún padecimiento producido por estar expuesto más tiempo que el debido en una zona geopatógena. Durante las noches, se incrementan las radiaciones telúricas y es cuando el cuerpo –mientras duerme– queda más vulnerable a estas vibraciones.

Las personas que se interesan un poco en la geobiología, lo primero que aprenden es cómo evitar esas zonas geopatógenas para dormir, para trabajar y también conocer, según el rendimiento de los niños en la escuela, si su pupitre está precisamente sobre un punto negativo. Las enfermedades difíciles de diagnosticar o que no responden al tratamiento médico es probable que se deban a una geopatía, por lo que –sin dejar la medicina recetada por el médico–, se sugiere consultar a un geobiólogo competente.

Las zonas donde existen geopatías envían ondas que se elevan, sin diseminarse, a menos que coincidan con alambrones en el colado de un piso o se encuentren debajo de un colchón de resortes. Es difícil evitar el alambrón o las

varillas del piso; pero, en cuanto a la base del colchón, se sugiere que sea de madera, porque el metal actúa como un pararrayos que hace que allí desemboquen las radiaciones. Generalmente, el solo hecho de mover la cama de lugar podrá remediar un malestar crónico o dar signos de mejoría en enfermedades graves. Un buen geobiólogo radiestesista no necesita ir al lugar para localizar los problemas, lo puede hacer a distancia.

Conocimiento milenario

El conocimiento de la influencia de las energías telúricas sobre el ser humano ha existido por milenios y es la razón por la que, en la antigüedad, se procuraba vivir en armonía con la naturaleza, respetando sus leyes, conociendo que hay zonas propicias sobre las que se puede vivir sanamente y otras que deben evitarse. Nuestros antepasados, tanto en las culturas orientales, como las celtas, las americanas y en general las de todo el planeta, sabían cómo identificar las redes terrestres y contaban con personas encargadas de seleccionar el lugar para edificar. Cuando su intención era fundar una ciudad, dejaban pastar ovejas durante unos meses, después estudiaban su hígado, y según el resultado, decidían si era un lugar propicio para establecerse. En la actualidad, la forma para conocer los lugares apropiados para vivir es por medio de los medidores de frecuencia Bovis, o con la radiestesia. Algunos estudios científicos indican que las personas con características psíquicas son candidatas viables para percibir las energías de un lugar y, según las encuestas, por lo menos una tercera parte de la población mundial tiene esas facultades; las otras dos terceras partes, carentes de este don, desechan la información como alucinaciones de mentes enfermizas.

Como vemos, en el pasado se conocían muchas maneras para aprovechar el beneficio de las líneas y cómo evitar las perniciosas, por esto muchas ciudades y monumentos fueron trazados a partir de ellas. En algunos pueblos antiguos se marcaban los puntos específicos, ya sea por su energía de alto o de bajo nivel, y sobre ellos se dejaron señalizaciones que siguen una línea que se conoce como Ley Lines o líneas geománticas: sobre puntos con vibraciones elevadas se levantaban santuarios dedicados a armonizar la mente, el cuerpo y el espíritu con la tierra. En los cruces de energía nociva, se ponían *menhires* que son rocas alargadas colocadas de manera vertical, círculos de piedra y *dólmenes* formados por grandes bloques de piedra enterrados verticalmente y cubiertos con otra piedra plana horizontal. Según algunas teorías, esto se hacía tal y como hoy se aplican agujas de acupuntura para desahogar los contaminantes energéticos y convertirlos en energías positivas. Se les llama "guardianes" o "custodios" a los templos edificados sobre los puntos densos, porque su función original fue impedir el acceso de serpientes venenosas o demonios; entidades a las que los orientales llaman "nagas malignas" (serpientes malignas) que, en algunas culturas, las consideran los dioses de la Tierra. Son los entes a los que se ofrecían sacrificios y ofrendas para mantenerlos apaciguados; costumbre que aún subsiste en algunas regiones.

Dólmenes.

Menhires.

Los *menhires* son rocas alargadas colocadas de forma vertical. Los *dólmenes* son grandes bloques de piedra enterrados de la misma manera y cubiertos con otra piedra plana horizontal. Tienen la función de agujas de acupuntura clavadas en puntos geopatógenos sobresalientes, por lo que sirven de guías y marcas para saber precisamente la ubicación de las rutas geománticas. La mayoría de los investigadores están de acuerdo en que, en general, están colocados sobre la intersección de corrientes de agua subterránea. *Menhir* y *dólmen* tienen sus raíces en las lenguas bretonas y celta, *Men* significa piedra, *hir* es largo y *dol* significa meseta.

Los *menhires* son megalitos colocados verticalmente en puntos estratégicos y succionan la energía, por lo que las perso-

151

nas que permanecen cerca de ellos durante mucho tiempo quedan desvitalizadas, requiriendo varias semanas para restablecerse.

Cómo se alimentan las redes negativas

Estas líneas son consideradas el sistema circulatorio de la Tierra y reúnen toda la energía que se descarga sobre el planeta, luego la emiten hacia la superficie por medios "naturales", a través de las fallas geológicas: por el magma de las erupciones volcánicas y, como vimos antes, por las aguas subterráneas. Curiosamente, en las últimas fechas han aparecido muchas fotografías de ovnis sobre los volcanes en erupción; pero no están limitados a estas salidas únicamente, porque existen testimonios de avistamientos de extraterrestres y naves espaciales en la mayoría de los vórtices negativos. Los lugares por donde se descargan se conocen como "salidas", "vórtices" o "chimeneas" que pueden ser también "artificiales", como las tuberías de agua en el subsuelo, cloacas, túneles, minas, pasos a desnivel o puentes elevados. Las líneas que recorren zonas cargadas con energía densa, que han sido escenario de crímenes violentos, suicidios o locaciones que reúnen partículas producidas por la muerte, como son los cementerios, campos de batalla, rastros y mataderos, así como los hospitales y lugares donde se practica el aborto, las cárceles o donde existe el maltrato como en algunas instituciones mentales, o asilos para ancianos o para niños abandonados, violados o que reciben atención nula o irresponsable y en general, los lugares donde existen o han existido víctimas de ultraje y sufrimiento, en su desembocadura emitirán vibraciones negativas. Estas líneas, como vimos antes, forman la Red Curry, la Hartmann y varias otras

que se cargan también con las emisiones desechadas por el uso de aparatos eléctricos, por las radiaciones que emiten los cables de alta y media tensión, las antenas de telefonía celular, las torres de microondas, antenas de radio, de televisión; submarinos nucleares, estaciones eléctricas, generadores, basureros, especialmente de desechos químicos, pozos petroleros, vías del tren y, en general, todas las energías que contaminan los espacios en el medio ambiente; como también las energías de extremadamente baja frecuencia (ELF), emitidas desde Haarp y otras instalaciones similares.[21]

Lugares sagrados

En el apartado "Vórtices milagrosos", se expuso que éstos se forman con las energías positivas naturales del planeta y por el estado de conciencia de amor de los habitantes del lugar, porque el conjunto de energía positiva en una locación la convierte en un lugar sagrado. Cuando entramos a un espacio así iluminado, casi todos, de forma automática, cambiamos nuestra conciencia, esa energía que dejamos se va uniendo a la de otros miles de seres que lo visitan y se conjunta formando una bóveda espiritual que nos inspira y reconforta. Este tipo de energía se encuentra en muchos templos, iglesias, mezquitas o en cualquier lugar donde se ora, se medita y se está en comunión con Dios. Si además el templo o lugar de veneración está asentado sobre un vórtice positivo natural, esta condición es un factor adicional para que exista una mayor concentración de energía de amor que repele a las entidades oscuras.

---

[21] Ver el libro *Batalla cósmica*, de la autora; también se recomienda los portales: http.//www.carnicom.com y www.rense.com/general59/aerosolandelectromag.htm.

153

Todo en nuestro planeta emite radiaciones que pueden alterar o equilibrar nuestro organismo físico, etéreo, astral, mental y espiritual. Si las emisiones son positivas, corresponden a lugares donde quisiéramos permanecer mucho tiempo porque nos hacen sentir bien, tranquilos y armonizados; como en el campo, donde la naturaleza es virgen; o cerca de un lago o un mar sereno, donde están presentes los factores que hacen que sea un espacio naturalmente apacible y hermoso. También hay edificaciones que, aunque no estén rodeadas de vegetación, irradian paz, sosiego y tranquilidad, debido a que las personas que las frecuentan llegan con un estado de conciencia elevado, con el pensamiento puesto en Dios.

Aun en los lugares sagrados se encuentran energías negativas, muchas veces son detectables y atraen sólo a los que vibran en su frecuencia; sobre esto, Blanche Merz, entre varios ejemplos, cita el caso de la iglesia de Morans, al sur de Francia, de la que textualmente dice: "Las medidas realizadas sobre el pórtico son significativas. Se enfrentan aquí dos fuerzas antagónicas. A la derecha, al entrar, se encuentra la influencia positiva del ángel, con la alta vibración de 10 mil unidades.[22] A la izquierda, está el aspecto negativo,

---

[22] En su libro, Merz describe cómo se miden las vibraciones con detectores especiales para cada elemento: para la radiactividad del lugar se emplea el contador Geiger. Para detectar la red Hartmann, usa el lóbulo-antena, y para la intensidad del lugar se utiliza el biómetro del físico Bovis, con longitudes de onda ångström (una unidad ångström es igual a una diezmillonésima de milímetro). Lo mismo puede hacerse con el péndulo y las varas, aunque los tecnócratas prefieren aparatos que ellos consideran más confiables que los que usan en la radiestesia. Para más información pueden visitar varios portales en internet, como el de David Cowan y otros: http://www.leyman.demon.co.uk/Site%20Map.html, http://www.mariano-bueno.com, http://www.gea-cs.org/geobiologia/fluctuaciones_geobio.html, http://www.domobiotik.com/med.htm, http://www.vivendumes/articles/geobiología.doc. Una medida apropiada es de seis mil a

con la aparición de un animal satánico, que hace bajar bruscamente la vibración a dos mil unidades". La explicación a esta insólita entrada de una iglesia cristiana, la recibe Merz de un sacerdote: "La persona que se dispone a entrar en la iglesia y que va a pasar por el porche de las dos cualidades pertenece a una u otra cualidad. Se sentirá atraída hacia el lado que corresponda mejor a su propia vibración. Pero esto quiere decir también que cada uno hallará su lugar, ya que, una vez en el interior, entrará a formar parte de la unidad. Se sentirá a gusto a su nivel y preferirá mantenerse siempre en el mismo lado, en una parte lateral o incluso oculto tras una columna". Este ejemplo también sirve para ilustrar la idea milenaria que identifica a la figura del Ángel con las fuerzas de amor o con vibraciones positivas; mientras que en nuestra cultura, las ondas negativas son representadas con la serpiente, el dragón o con una figura diabólica, todas aquellas imágenes que roban energía a las personas de la cultura occidental. De igual forma se refiere Merz al monasterio de Romainmôter en Suiza, que data del año 450, donde la puerta de entrada tiene esas mismas dos figuras: la de la derecha es el Ángel con 10 mil unidades y a la izquierda está el animal con dos mil unidades. Sobre este punto, Merz observa que en los templos budistas también se hallan zonas negativas y positivas, aunque no tienen ningún símbolo

---

siete mil unidades ångström o unidades Bovis. En los lugares donde existen energías densas puede haber vibraciones de dos mil unidades, lo que hace que sean lugares no convenientes para el ser humano. Cuando estamos en sitios que emiten ondas arriba de las siete mil unidades, nos llenamos de energía y podemos recuperar nuestro equilibrio. En los espacios con ondas debajo de las seis mil unidades, los que habitan allí manifiestan desarmonía, puede ser afectada su resonancia magnética y predisponerlos a padecer alguna enfermedad. La espiritualidad, la oración y las vibraciones de amor elevan la frecuencia del lugar, pudiendo llegar hasta las dieciocho mil unidades o más.

para marcar la diferencia, como en los santuarios cristianos, porque el budismo no representa lo negativo.

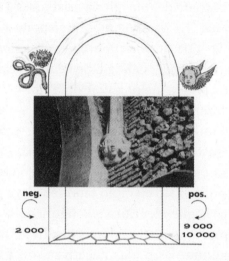

Algo muy significativo en los lugares sagrados, como vimos anteriormente, es la existencia de agua subterránea benéfica, en especial, en las iglesias antiguas. Cuando se planeaba su construcción, si no había agua en el subsuelo, con piedras de río se hacía un diseño en el piso de la iglesia, que evocaba el fluir de este elemento. Con el tiempo, esta sabiduría se fue descartando y algunas catedrales, al ser reparadas, se les bloqueó el flujo de agua subterránea que hacían del lugar un vórtice especial, como el caso de la Catedral de Santiago de Compostela, donde manaban 14 corrientes de agua regulares colocadas como un abanico bajo el coro. Estas vetas habían sido cavadas por los constructores para que las energías positivas fluyeran hacia el centro de la iglesia; con las reparaciones realizadas entre 1948 y 1968, se cortaron los pasajes del agua subterránea. A lo que Merz se pregunta si no será el motivo por el que los milagros ya no se dan con la misma frecuencia que antes de las restauraciones. Las iglesias hoy se construyen sin tomar en cuenta la vibración

básica que conocían los constructores antiguos, por lo que los nuevos lugares de culto parecen haber perdido el misticismo puro que caracterizaba a las edificaciones religiosas de antaño. Estas 14 corrientes de agua que se encuentran también dispuestas de la misma forma en la catedral de Chartres, tal vez sean el reflejo de los 14 meridianos que, de acuerdo con la medicina china y védica, son por donde corre la energía de vida a través del organismo. Cuando estos meridianos no están obstruidos, la energía fluye y mantiene saludable nuestro organismo, pero cuando se bloquean, aparecen las enfermedades. Estas corrientes de energía *chi*, en Oriente, han sido controladas desde la antigüedad por medio de la acupuntura; desde hace algunos años, muchos médicos occidentales comienzan a comprenderlas y a utilizarlas.

Las civilizaciones anteriores respetaban los lugares sagrados, pues de acuerdo con algunas creencias, eran los mismos guardianes espirituales quienes influían para que, aunque llegara una doctrina que suplantara a otra, el sitio sagrado sobre el que se edificaba continuara siendo sacro, lo único que se modificaba era el santo de la devoción. Los cristianos construyeron iglesias sobre sitios paganos no necesariamente por respeto a la población a la que pretendían evangelizar, sino tal vez para aprovechar los peregrinos que de modo natural llegaban a estas locaciones sagradas; así, de forma indirecta, el sitio venerado continuaba siendo un centro ceremonial emanando su vibración porque no se alteraba su energía. Juan G. Atienza, en su libro *Los santos paganos*, explica que los lugares sagrados no cambian, lo que cambia es el nombre de la personalidad en turno a la que se le rinde culto; muestra de ello es el cerro del Tepeyac, en la ciudad de México, donde está construida la Basílica de Guadalupe, que antes de la Conquista era el lugar donde se veneraba a la madre Tonantzin. También la basílica de Santa María la Mayor en Roma está edificada sobre un templo pagano de Cibeles (la diosa de la madre Tierra que fue adorada en Anatolia desde el neolítico como Gea y Rea). Pero con el tiempo se fue olvidando este respeto por los lugares sagrados y hoy en día existen zonas habitacionales y plazas comerciales construidas sobre centros religiosos, que al ser desacralizados se han convertido en lugares alterados donde los habitantes sufren enfermedades, accidentes, disturbios psicológicos y paranormales, mala suerte, acecho de entidades fantasmagóricas y abducciones por parte de extraterrestres.

Algunos lugares, que por su alta vibración originalmente fueron dedicados a establecer una unión con la divinidad, si después son usados para realizar rituales negros, la energía se pervierte y el lugar deja de emitir vibraciones puras. Lo mismo sucede con lugares que en el pasado se usaron como altares de sacrificios tanto humanos como de animales, aunque hoy se consideren sagrados por lo sofisticado y misterioso de sus estructuras; su vibración está descompuesta y quien los visita para cargarse de "buenas vibras", puede regresar alterado, con dolor de cabeza, debilitado y hasta puede caer enfermo o ser víctima de alguna adherencia o posesión de un ente negativo a quien se ofreció un sacrificio, o el espíritu de una víctima que allí se inmoló, porque en estos lugares pululan entidades de toda clase.

Ley Lines

En las líneas geománticas, como vimos, además de los desechos eléctricos, se descarga todo lo relacionado con la vibración del terror, el sufrimiento y la muerte. Esto se debe a que en puntos esenciales se practican rituales negativos

para alterar las emisiones naturales que, de otra manera, podrían ser positivas. Muchos asesinatos y abducciones perpetrados por extraterrestres se relacionan con estas líneas que atraviesan zonas conocidas por ser sitios donde se realizan rituales satánicos.

Como hemos visto, algunos autores creen que los "controladores del mundo" no son humanos, sino que pertenecen a una raza de reptiles que para mantener la apariencia humana practican rituales satánicos en fechas específicas, que se alimentan de la negatividad que capturan estas líneas cuando en ellas se desahoga el plasma de terror y de horror de las víctimas que sacrifican. Se considera que muchos eventos negativos actuales, como las guerras y ataques a grupos inocentes, forman parte de estas ceremonias negras; es por esto que se hacen de manera sincronizada en fechas concretas, calculadas, tomando en cuenta la numerología, la gematría, la astrología, etc. Las inteligencias, tras lo que sucede en el mundo físico, están tan ocultas que no se sabe si se tratan de seres encarnados con cuerpo de carne y hueso, o de entidades incorpóreas; no obstante, en todos los casos, la hipótesis es que son extraterrestres y los individuos que siguen sus instrucciones sólo forman la fachada que el pueblo llega a conocer como "gobernantes elegidos democráticamente". En teoría, existen muchos centros físicos en la Tierra desde donde operan estos verdaderos controladores, salidos de espacios inferiores hacia la superficie de la Tierra desde hace 12 mil años (fecha que coincide con el diluvio y el hundimiento de la Atlántida). Son entidades manipuladoras, coercitivas, sin escrúpulos, cuya intención siempre ha sido desviar a los seres humanos del cumplimiento de su misión en la tierra.[23]

---

[23] Las personas comprometidas con los entes oscuros saben bien lo que están haciendo, celebran rituales sangrientos y ofrendas para congraciarse con ellos. Sin embargo, también existe un número muy grande de personas

Hay varias líneas llamadas Ley Lines, pero sobresalen dos muy importantes: las de santa María y las de san Miguel, que se localizan en Inglaterra. Unas viajan del noroeste al sureste y las otras van del sureste al suroeste. Ambas están señaladas por hitos antiguos y las dos corresponden a zonas donde se ubica la mayoría de las estaciones generadores de energía nuclear en el Reino Unido.[24]

En 1969, John Mitchell fue quien primero estudió las líneas de san Miguel, que corren alrededor de 400 millas por el sur de Inglaterra y están señaladas con iglesias dedicadas al arcángel. Al investigar sobre estas sendas conocidas como "fuerzas del dragón de la tierra" o "salidas de los demonios" se especuló que probablemente para aminorar el efecto nocivo de los vórtices se encerraron en círculos de piedras y otras edificaciones. Después, sobre algunas de estas últimas se construyeron iglesias cristianas como las de san Miguel, para indicar que él o san Jorge tienen pisoteado al dragón e impiden que escape del infierno.

Que las iglesias estén construidas sobre ruinas no necesariamente significa que –como se ha conjeturado– el cristianismo haya desplazando al paganismo, pues la figura de san Miguel, bajo nombres diferentes, matando al dragón o basilisco, se remonta a épocas pretéritas, mucho antes del cristianismo.

---

que no necesariamente actúan de mala fe, pero por su confusión y desesperación se comprometen con ritos extraños, evocaciones y ofrendas, supuestamente para recibir favores. Para mayor información ver los portales: http://www.davidicke.com y http://www.ellistaylor.com.

[24] Las energías que emiten las líneas geománticas pueden aprovecharse como fuerza motriz; se presume que es la que se usó durante el "Experimento Philadelphia", cuando se generó un campo electromagnético muy grande alrededor del barco Eldridge. Según algunas teorías, Nikola Tesla fue destruido por los cárteles del petróleo para evitar que llegara a ser del dominio público el sistema para aprovechar la energía libre de estas líneas porque, en teoría, la intención de Tesla era que estos depósitos de energía fueran usados libremente por todo el mundo.

San Miguel y el dragón o la serpiente

En la cultura occidental, la serpiente y el dragón además de ser representaciones del demonio, simbolizan las energías telúricas o las corrientes subterráneas nocivas; personifican la materia que corrompe y destruye. San Miguel, atravesando al dragón con su lanza, tiene muchos significados, entre ellos, el poder de la espiritualidad sobre las energías negativas que emanan de la Tierra; o lo que es lo mismo, "la espiritualidad santifica el lugar". Este ejemplo lo encontramos también en el Cristo en la Catedral de Chartres, quien está pisando la serpiente cuya cabeza no alcanza a tocar la cola, y según Blanche Merz, puede indicar que el poder divino evita que los cruces negativos se replieguen allí. La imagen de la Virgen aplastando la serpiente del mismo modo indica que nuestra madre celestial controla a la diosa terrenal, que representa las energías telúricas negativas que en el pasado eran llamadas dioses y diosas intraterrenas peligrosas. Las Ley Lines de san Miguel son las más famosas en Inglaterra e interconectan varias iglesias dedicadas a este divino arcángel; partiendo del Mount St. Michael (diferente al Mount St. Michel en la costa de Normandía en el canal de la Mancha), se encuentra la Iglesia de St. Michael en Brentor, la de St. Michael en Burrowbridge, St. Michael's Church Othery, St. Michael's Church, Glastonbury Tor y Stoke St. Michael, todas ellas edificadas sobre centros paganos cuya función consistía en la purificación de las energías que salen por allí.

Las Ley Lines de St. Mary son consideradas líneas de energía positiva que conducen a pozos y fuentes curativas; de la misma manera, en diferentes puntos, hay iglesias dedicadas a ella, lo que nos remite, como se expresó antes, a la iconografía de la Virgen aplastando a la serpiente maligna o las vibraciones subterráneas dañinas.

Aunque san Miguel matando al dragón simboliza control de las fuerzas negativas telúricas, no significa que el dragón represente energías vagas, sino porque éstas se asocian a verdaderos demonios o "dioses peligrosos", como les llamaban los chinos. Un ejemplo lo encontramos en el libro *Safe as houses?*, donde su autor el geobiólogo David Cowan narra el caso de una señora en Edimburgo que vio una esfera de luz que se aproximaba a su casa. La esfera atravesó la pared y se detuvo en medio de la sala, donde finalmente se disipó sobre un espiral negativo muy poderoso que se encontraba allí y que, en apariencia, atrajo la esfera. En la casa vivían dos hermanas; una había sido atacada y violada en su cama por una "fuerza demoníaca". Cada cama tenía vórtices dañinos y ambas hermanas sufrían de males crónicos. Los ataques, según Cowan, eran similares a las historias medievales de los íncubos. Otros casos investigados por el autor cuentan diversos ataques de estrangulamiento por manos invisibles. Según se desprende de éste y diversos relatos, los ataques no provenían de energía imprecisa sino de entes organizados, vibrando en una frecuencia invisible. Cowan encontró que, por lo general, las enfermedades están relacionadas con vórtices negativos que a la vez parecen ser puertas de entrada de entes negativos que atacan, violan y estrangulan. En su libro, expresa su deseo de que en el futuro los médicos puedan comprender la asociación de estos eventos paranormales con los padecimientos.

Las dos serpientes que aparecen a los pies de la imagen de Jesús, en la Catedral de Chartres, representan las energías telúricas que por el poder de Cristo no pueden cruzarse. Lo que evita que se forme un nudo energético negativo.

En qué beneficia conocer esta información

La información anterior puede ser útil para saber cómo evitar las fallas geológicas ocultas, las grietas volcánicas, fisuras, zanjas o minas para vivir en armonía y mejorar la salud. Los que han experimentado fenómenos paranormales pueden sentir remedio a sus molestias y conocer el origen del problema.

No se debe construir sobre lugares con vibraciones negativas

La acumulación de vibraciones oscuras en un lugar deja una especie de mancha que continuamente emite energías alteradas. Son locaciones sobre las que no se debe construir una casa o edificio, como en el caso de un terreno donde se demolió algún centro relacionado con prácticas negativas, o un antiguo cementerio o lugar de enterramiento, o una zona de rituales extraños, o un sitio arqueológico, o donde se llevaron a cabo ejecuciones o matanzas, masacres, ejecuciones, o un campo de batalla o de concentración, porque los espíritus que aún no han seguido su camino hacia la luz, podrán volverse contra los habitantes de esos lugares. Aunque se derrumben las edificaciones, el terreno queda impregnado con las radiaciones del dolor y el horror.

Tampoco es saludable vivir cerca de cualquier tipo de comercio asociado a la muerte, como empresas de pompas fúnebres o un crematorio, fábricas de ataúdes, talleres de grabado de lápidas, rastros, mataderos, carnicerías, depósitos o vertederos de basura. No produce buena energía vivir cerca de hospitales, sanatorios, hospicios, etc., porque las vibraciones que emiten estos lugares podrán traer desventura. Los generadores de luz producen una concentración de electricidad que distorsiona el flujo de la energía natural y puede producir disturbios entre los que viven cerca, como en el caso de habitar cerca de una central eléctrica. No es conveniente residir cerca de las cárceles, delegaciones de policía o de lugares asociados con el crimen y la violencia. No es propicio vivir en un lugar donde se ha asesinado a una persona, donde alguien haya cometido suicidio, donde un habitante haya muerto joven, o por un accidente. Estos lugares no son convenientes para poner una empresa, oficina o negocio. Tampoco es auspicioso escoger un lugar para vivir o trabajar donde ha habido un desalojo o cierre de negocio por quiebra. Pero si ya se vive en un lugar con estas características y no existen los medios para mudarse a otra parte, en todos los casos hay soluciones y curaciones que pueden proporcionar los expertos en geobiología. Para más información se puede consultar los portales:

http://www.materialradiestesia.es/GEOBIOLOGIA/geobiologia.htm

http://www.mariano-bueno.com
htttp://www.leyman.demon.co.uk/

Adquiriendo una casa o terreno

Como hoy se ha perdido el saber antiguo sobre cómo preparar el subsuelo para edificar una casa, el recurso que está a nuestra disposición es, en primer lugar, pedir ayuda celestial, ya que podemos gozar de este privilegio, si así lo deseamos. Si pensamos rentar o realizar la compra de un inmueble, desde que surge en nosotros la intención, debemos elevar nuestro pensamiento a Dios y pedir ayuda de los Ángeles para que nos conduzcan con precisión al lugar que tenga una elevada vibración, para que sea un hábitat armonioso asentado sobre un terreno que no tenga contaminantes geopatógenos.

Al comprar un terreno, es de vital importancia la primera sensación: si se percibe alguna incomodidad o alteración, es un lugar que se debe evitar, aun si el precio es accesible o si está ubicado en una zona que conviene a nuestros intereses, porque a la larga podremos arrepentirnos de estar atrapados en un espacio con perturbaciones que de inmediato pudimos detectar, pero decidimos ignorar. Si se busca una casa o departamento para rentar o comprar, de igual forma, debemos prestar atención al primer pálpito. Las viviendas propicias nos darán una sensación de paz y bienestar desde el primer instante, y nos invitarán a que establezcamos nuestra residencia allí. Antes de buscar el lugar, aun en casos de contar con el servicio de un radiestesista, se debe pedir asistencia angelical para encontrar el mejor lugar. Se debe hablar mentalmente con Dios y pedirle, de acuerdo con su divina voluntad, que por favor envíe guías celestiales para que nos conduzcan hacia donde nos conviene vivir en ar-

monía. Al hacer esto, siempre recibiremos signos de asistencia angelical.

Oración

¡Oh, Espíritu Santo! Por favor ilumíname con tu divino don del discernimiento para que pueda distinguir lo correcto de lo incorrecto, lo verdadero de lo falso; para conocer las cosas por lo que son y darles su justo valor. Ilumíname para que alcance mi ideal. Por favor guíame ahora que estoy por adquirir una casa (departamento o terreno) nueva para que sea la adecuada, de valor accesible y con las condiciones necesarias para que allí pueda, junto con mi familia, vivir en armonía, salud, progreso, amor y crezca en nosotros un deseo enorme por las cosas espirituales. Por favor, condúceme para hacer la elección apropiada. Amor del Padre y del Hijo, inspírame siempre en lo que debo pensar, lo que debo decir, cómo debo decirlo, lo que debo callar, lo que debo escribir, cómo debo actuar, lo que debo hacer. Gracias por tu misericordia. Así sea.

Pedir iluminación, asistencia divina y purificación antes de mudarse

Al mudarse a una casa nueva, como vimos anteriormente, es importante pedir asistencia celestial desde antes del cambio. De hecho, desde que se tiene en mente buscar un nuevo domicilio, se debe pedir a Dios que sea el lugar apropiado para nosotros, y que esté protegido constantemente por sus celestiales guardianes. Se deberá hacer la visualización de

los Ángeles entrando al hogar y purificando. Antes de ocupar la casa, si es posible, se deberá recorrer habitación por habitación, pidiendo al Espíritu Santo su divina iluminación para que la purificación sea completa y para que los Ángeles convivan siempre con nosotros. Hay que considerar que no necesariamente los inquilinos anteriores mantenían el estado de conciencia de amor que nosotros queremos para nuestro hogar; incluso, puede ser que en alguna ocasión se haya practicado allí algún ritual oscuro, o un acto incorrecto o un crimen, o haya existido algún altar dedicado a las fuerzas oscuras en algún lugar de la casa, y será este espacio donde se habrá que ser más insistente en la purificación. La forma de saber esto nos lo transmite el Espíritu Santo, porque será un espacio donde podremos percibir las vibraciones densas. Existen ocasiones en que la casa que se ha seleccionado tiene vibraciones oscuras, porque allí se cometió un crimen, un suicidio o se trata de la residencia de personas conflictivas. Siempre es preferible evitar estas situaciones antes de adquirir o rentar una casa.

Armonizando nuestro hogar

Es bastante difícil encontrar un lugar, por contaminado que esté, que no responda a la vibración de amor y a la oración. En casos donde se compruebe que existe mala vibración, sí es necesario mantener un estado de conciencia de amor, mucha oración, bendición sacerdotal y el uso habitual de agua bendita. Además de las visualizaciones, también debemos rodearnos de figuras que auspicien nuestro estado de ánimo. Nos referimos a las imágenes que representan el bien y el amor, que en nuestra cultura son Jesús, la Virgen y los Ángeles. Se sugiere asimismo que las moléculas de cada cuarto se impregnen con las vibraciones de música de alto nivel, o con meditaciones guiadas, para purificar el hogar donde se invoque la presencia de Ángeles. A veces, esto se vuelve un tema anguloso porque los jóvenes quieren música popular, lo que también es una carga contaminante,[25] por lo que es necesario poner la música de alta vibración cuando se retiren a sus labores; esto, siempre, sin provocar pleitos y conflictos con ellos, porque sólo acrecentaría la carga negativa. Vivimos una época donde las fuerzas oscuras están tratando de controlar todos los medios, pero especialmente, quien está en su mira y es la más atacada, es la juventud lo que hace que su actitud sea de rebeldía ante las sugerencias de los adultos. Es por esto que aquí es necesario usar la comprensión, la prudencia y la tolerancia. Además de lo anterior, todas las veces que sea posible se sugiere hacer un recorrido por cada rincón de la casa, imaginando que los Ángeles están limpiando y purificando. Después es conveniente hacer una visualización donde se perciba toda la casa llena de luz dorada y con una multitud de Ángeles. Esta pequeña ceremonia debe realizarse siempre con la oración: *"Padre mío, celestial, te ruego, de acuerdo con tu divina voluntad, en nombre de nuestro señor Jesucristo y por obra y gracia del Espíritu Santo, que purifiques y bendigas este hogar. Que tus Ángeles, tus divinos mensajeros de gracia, habiten cada centímetro de esta casa. Gracias Padre mío. Así sea".*

---

[25] Véase "Mensajes subliminales" en el capítulo 3.

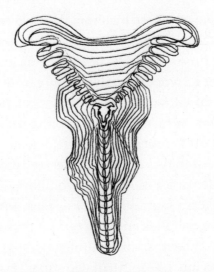

Los objetos emiten energía que corresponde a su vibración. David Cowan en su libro *Ley Lines and Earth Energies* muestra una figura que representa las radiaciones dañinas que emite la osamenta de una oveja. La onda que sale de la osamenta la rodea y se colapsa para formar otra ondulación y así sucesivamente, hasta conjuntar múltiples circuitos negativos. La onda sale por un lado de la osamenta y gira en el sentido de las manecillas del reloj, conformando réplicas de la calavera, como fractales ondeantes. Con esto se comprende que colocar osamentas, animales disecados, residuos muertos o naturaleza seca con fines decorativos, baja la vibración del lugar. Cowan investiga, asimismo, la forma en que ciertos elementos atraen vibraciones perniciosas, como los tazones sin cubierta, aquellos objetos hendidos, espejos cóncavos o reliquias arqueológicas con huecos.

Cuando se habita una casa sin considerar los factores anteriores y se mantiene una actitud irresponsable en cuanto a pensamientos, sentimientos, palabras y acciones, se debe transformar nuestro estado de conciencia, porque de otra manera no importa lo que se haga, será muy difícil lograr una vibración positiva. Cuando la casa está muy contaminada por las prácticas que en ella se hicieron, ya sea la celebración de rituales de magia negra o distintos actos de derramamiento de sangre, por ritos satánicos o porque había un rastro o matadero sobre el terreno, se sugiere cambiar de casa. Pero si esto se vuelve difícil, se debe ser constante en la purificación por los métodos ya mencionados. Es importante tomar en cuenta que nuestro entorno es un reflejo de nuestro interior, y cuando comenzamos a armonizarnos internamente, lo que nos rodea comenzará a mostrar ese equilibrio. Cualquier lugar puede volverse sagrado si así lo deseamos, porque los sitios se vuelven sagrados gracias a que las personas del lugar elevan sus pensamientos, sus sentimientos, sus palabras y sus acciones a lo divino. La espiritualidad supera las alteraciones terrestres. Según algunos investigadores, en los lugares donde se veneran los restos de un supuesto santo —aunque se trate de un fraude— el fervor, la fe, la esperanza y el amor de las personas que allí se reúnen, emiten radiaciones que van impregnando el espacio y así éste se convierte en un lugar de poder, al grado que pueden darse allí milagros. Aunque estos se atribuyan a la intercesión del "santo", se tratará más bien de las energías que provienen de la veneración de los miles de fieles que visitan el lugar.

Purificación con la oración y bendición

Aparte de los factores externos de purificación, se pueden corregir las energías densas con la oración y pensamientos, emociones y acciones nobles. Esto debe ser sistemático; es decir, las oraciones y bendiciones deben ser parte fundamental en nuestra vida cotidiana. En primer lugar, se debe pedir a Dios que nos facilite los medios para lograr los beneficios que deseamos. Puede ser con una oración así:

Padre mío Celestial, de acuerdo con tu divina voluntad, en nombre de nuestro señor Jesucristo y por obra y gracia del Espíritu Santo, te ruego que me ilumines para que encuentre la forma correcta para hacer de mi hogar (oficina, taller, empresa) un lugar saludable, lleno de armonía, abundancia y amor. Dame la capacidad de discernir los métodos para mantener las energías de salud, del amor y de la abundancia que requiero para vivir en armonía contigo y con mis seres queridos. Por favor, envíame a tus Ángeles para que me guíen, asesoren y apoyen. Gracias Padre mío. Así sea.

Después de esto:

- Busca a un sacerdote para alejar los espíritus y bendecir el lugar.
- Adicionalmente, se deberá pedir asistencia divina para que san Miguel y sus Ángeles celestiales apoyen en la purificación del entorno, para que saquen las entidades y espíritus del lugar, conduciéndoles hacia el espacio que les corresponde.
- Esparcir diariamente agua bendita en el lugar.
- Recorrer físicamente cada rincón de la casa u oficina, visualizando que se está acompañado por los Ángeles quienes emiten luces doradas de limpieza y bendiciones. Pedir las bendiciones que se desean: purificación, paz, salud, armonía, prosperidad, éxito, unión, amor noble, etc. Cada vez que se haga esta visualización —que puede ser a diario— se deberá hacer la oración anterior y después dar gracias a Dios y a los Ángeles.
- Celebrar ceremonias sencillas, pero sólo aquellas que tienen vibración de amor noble y puro y que repre-

senten el amor incondicional de Dios, nuestro padre celestial. Se puede poner un altar con figuras de Jesús, de la Virgen, de los Ángeles y, en especial en ese lugar, hacer nuestras prácticas de devoción, esparcir agua bendita, encender velas blancas y poner flores frescas. Allí podemos orar, pero también debemos hacerlo en todas las habitaciones. Los seres espirituales no requieren nada del mundo material para actuar en nuestra vida y espacio; sólo basta nuestro pensamiento de amor y buenas intenciones. Las velas, agua, incienso, flores son para recoger, dispersar y transformar los contaminantes del espacio, de forma que se armonice el lugar y podamos, con mayor facilidad, elevar nuestra vibración y poner nuestra atención en el mundo espiritual.

- Poner música de vibración elevada, como el *Ave María* de Schubert o los sonidos de la naturaleza, como cantos de pajarillos.

- En horas apropiadas, se puede rezar el rosario o cualquier otra oración que se desee. También se pueden poner discos de meditaciones, invocando la asistencia de los Ángeles para que limpien y purifiquen.

- Hacer una visualización invitando a los Ángeles a residir en nuestro hogar u oficina. Imaginar que están llegando e impregnando con su vibración de protección, amor, paz, armonía y prosperidad. Se puede hacer esta visualización continuamente y familiarizarse con el Ángel de cada pieza de la casa u oficina. Desarrollar la costumbre de saludarlos cada día y darles las gracias por su trabajo. Cada noche al retirarnos, encargarles la casa, oficina o taller.

- Decorar con cuadros, adornos y esculturas que representen amor, paz, prosperidad y armonía.

- Poner leyendas de bendiciones como "Dios protege nuestro hogar", "Dios bendice nuestro hogar", "La armonía, la paz y el amor se desarrollan en este espacio" o "Esta casa está bendecida por Dios y protegida por los Ángeles".
- Evitar figuras grotescas o símbolos cuyas raíces desconocemos. Tampoco poner imágenes depresivas que representen tristeza, destrucción o muerte.
- Poner cuadros que significan vida y crecimiento. Evitar láminas, fotografías o imágenes de personajes muertos, en especial si su historia es controvertida.

Una oración muy poderosa que podemos repetir cuando nos estamos instalando en la casa o departamento es la siguiente:

> Padre mío celestial, te pido, de acuerdo con tu divina voluntad, en nombre de nuestro señor Jesucristo, y por obra y gracia del Espíritu Santo, que envíes cientos, de cientos, de cientos, de cientos, de miles de millones de billones, de legiones de Ángeles para que limpien y purifiquen mi hogar. Gracias, Dios mío.

Cuando pedimos la presencia de un Ángel o de muchos, Dios nos envía los que requerimos. El propósito de hacer la petición de millones es para que podamos visualizar un número enorme junto a nosotros acompañándonos siempre, o llevando a cabo la función que con humildad solicitamos a Dios.

Es muy importante dar gracias todos los días a Dios, a nuestro señor Jesucristo, al Espíritu Santo y a las legiones de Ángeles que nos asisten. Mientras pensamos en las bendiciones de amor, salud, espiritualidad, paz, tranquilidad, abundancia, etc., visualicemos Ángeles con instrumentos musicales tocando melodías celestiales que elevan la vibración en nuestro hogar.

Ángeles con lanzas.

Tomando como ejemplo los Ángeles que aparecen en este dibujo, se puede hacer una visualización de las legiones celestiales protectoras ocupando cada espacio de nuestro hogar. Esto se puede hacer también mientras se está acomodando los muebles en el nuevo hogar, o reorganizándolos dentro de una casa que ya ocupamos.

Ejemplo de protección con la oración

El geobiólogo y autor David Cowan, en su libro *Safe as houses?*, relata una experiencia al estudiar la casa de un paquistaní.

174

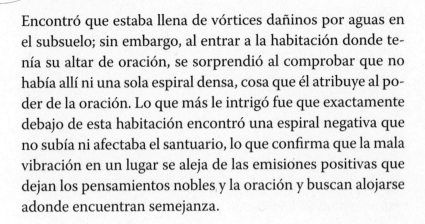

Encontró que estaba llena de vórtices dañinos por aguas en el subsuelo; sin embargo, al entrar a la habitación donde tenía su altar de oración, se sorprendió al comprobar que no había allí ni una sola espiral densa, cosa que él atribuye al poder de la oración. Lo que más le intrigó fue que exactamente debajo de esta habitación encontró una espiral negativa que no subía ni afectaba el santuario, lo que confirma que la mala vibración en un lugar se aleja de las emisiones positivas que dejan los pensamientos nobles y la oración y buscan alojarse adonde encuentran semejanza.

Otro ejemplo notable

Stephanie Relfe, autora del libro *The Mars Records*, relata el caso de Michael R. quien, después de algún tiempo, recuperó la memoria sobre el hecho que, mientras prestaba servicio en la milicia, había trabajado en una base militar establecida en el planeta Marte. Este tema parece de ciencia ficción y no existen muchos libros que narren recuentos de esta naturaleza por personas que los han experimentado de primera mano, por lo que se digiere con cierto escepticismo, pero algunos de esos relatos son tan interesantes que pueden servir para el tema que aquí nos interesa, que es el poder de la oración.

Michael recuerda que en la base donde trabajó había extraterrestres grises y reptoides. Los grises parecían ser técnicos o doctores que experimentaban con las personas y manifestaban indiferencia en cuanto a lo que sentían las víctimas; en cambio; los reptoides eran sádicos, violentos y parecían esforzarse por provocar más dolor. Disfrutaban el sufrimiento de sus víctimas. Tanto la autora como Michael, su pareja, fueron atacados psíquicamente una vez que

publicaron *The Mars Records*; Stephanie narra una de estas agresiones que sucedió una mañana que despertó con un dolor agudo en el seno derecho. Se sorprendió al sentir una bola de casi una pulgada y media de diámetro en el lado derecho del pezón. Las pruebas demostraron que no era un tumor maligno. Se dio cuenta de que esto estaba relacionado con personas asociadas con *The Mars Records*. Michael, que para entonces ya había recibido el servicio de liberación (una especie de miniexorcismo), se dedicó a rezar para aliviar a Stephanie. La oración simplificada fue:

> En nombre de Jesús, rompo toda maldición, embrujo y oración psíquica enviada a Stephanie a través de cualquier grupo de hombres de negro, brujos, satanistas o grupos reptilianos, grupos draconianos, grupos de "extraterrestres" grises, grupos de "extraterrestres" insectoides. En el nombre de nuestro señor Jesucristo, yo rompo cada atadura, vínculo, punto de inserción, línea de comunicación, línea de vigilancia, gancho, ataque radiónico, gancho de señal de muerte y gancho de señal de enfermedad puestas sobre Stephanie por todos los grupos ya mencionados. Gracias Padre. Así sea.

De forma inmediata, Stephanie, en particular al mencionar la palabra "radiónico", comenzó a sentir dolor en el busto, lo que le hizo pensar que se trataba de un ataque radiónico sobre su persona. Comenzó a eructar y luego a bostezar, lo cual confirmó que los ataques eran radiónicos, pero afortunadamente aún no habían producido cáncer. Cuando Michael comenzó a orar ordenando alejarse a los "espíritus responsables de la infección en el busto" y a los responsables de la "inflamación", ella eructaba más profusamente. Después de esto, el dolor cedió y la bola se redujo en un 50 por ciento.

Continuaron rezando varias veces más y la bola desapareció por completo después de 40 minutos. Hasta ese momento, según narra Stephanie, los ataques eran demoníacos y le drenaban la energía. Tanto ella como Michael creen que muchos de los mecanismos empleados contra algunos investigadores, en especial contra los investigadores de ovnis, se hacen para que mueran de cáncer o ataques del corazón. Sin embargo, con esta historia se confirma una vez más que el poder de Dios, por medio de la oración, es mayor que cualquier ataque del enemigo.

Succión de energía a través de objetos contaminados

Las fuerzas invisibles que nos rodean están compuestas de los pensamientos, sentimientos, intenciones, palabras y acciones de todos los seres humanos. Todas estas formas intangibles nos están afectando continuamente y, si prestamos atención, nos daremos cuenta de que sí las percibimos y las interpretamos como "buena" o "mala vibra". Cuando se trata de un lugar con energía de personas nobles, sencillas y que manejan un estado de conciencia de fe, esperanza y amor, el espacio emite esa sensación y a mucha gente le gusta estar allí. Cuando los lugares están contaminados con desechos mentales, hay personas que tienen reacciones físicas, como palpitaciones, escalofríos, temblores, vahídos, alergias o algún tipo de anomalía en su cuerpo; pero otras podrán permanecer en el lugar sin darse cuenta hasta que su salud se vea mermada o comience a sufrir depresión crónica. Con esto sabemos que los objetos y los lugares están impregnados de la conciencia de las personas que allí habitan; que las cosas personales de alguien de bajos sentimientos, que los

objetos que estuvieron presentes en alguna ceremonia extraña, como la ropa que se usó, los muebles y elementos decorativos del lugar, especialmente los artículos empleados para efectuar el rito, reunirán las vibraciones negativas y las emitirán en el lugar donde se usen posteriormente. La costumbre que hoy existe de reunir recuerdos de cantantes y artistas populares que llevan o llevaron una vida incorrecta –muchas veces con prácticas satánicas– hace que se difundan las mismas energías hacia las personas que las coleccionan y éstas comienzan a tener los sentimientos, adicciones y actitudes del dueño original de esa prenda. Esto explica, en parte, por qué en vez de disminuir el consumo de drogas, la rebeldía, las prácticas ocultas y las depresiones, parecen incrementarse día con día.

Importancia de la purificación y bendición de todo lo que usamos o que nos rodea

Un individuo que durante su existencia llevó una vida indigna, cuando fallece llega a un plano denso donde sufre por la escasez de energía. Debido a esto, buscará sustraer vigor de quien tiene algún objeto que le perteneció. Muchas piezas que son preparadas por personas de pocos escrúpulos y que inocentemente se portan como "amuletos", pueden ser conductores de energía hacia fuerzas invisibles que inspiraron a los que los prepararon, porque por lo general cuando se fabrican los talismanes, el emisario de las fuerzas oscuras pide la intervención de su "protector" para "cargar" el objeto. Sucede todo lo contrario cuando se trata de piezas que se pide a Jesús, a la Virgen y a los Ángeles que las llenen de su emisión de amor. Aquí radica la importancia de que las piezas sean bendecidas por un sacerdote o por la persona que es dueña del objeto.

Igual sucede con alguna pertenencia a una persona fallecida, aunque no haya sido irresponsable, pero sí contenía una atracción muy fuerte hacia el objeto. En casos así, puede manifestarse en el lugar donde el objeto esté colocado. En esta situación, si es posible, se sugiere deshacerse de la prenda o artículo. En todo lo que tocamos quedan partículas nuestras, por ello si tocamos algo que tenga un valor especial o usamos cerca de nuestro cuerpo con mucha frecuencia más esencia le transmitimos. Este es el motivo por el que los brujos piden alguna prenda de la víctima cuando se les encarga un trabajo.

Las joyas, las piedras preciosas y los artículos que tienen contacto con el cuerpo de la persona reciben de manera más directa sus vibraciones; de allí las historias de piedras que pueden armonizar o maldecir; así como se puede bendecir algo para convertirlo en un artículo que emana vibraciones positivas, existen fórmulas para magnetizar negativamente un artículo para que haga daño. Existen casos donde brujos negros hacen trabajos auxiliados por entidades malignas tan fuertes que no es posible limpiarlos y se sugiere desprenderse de ellos; cuando se trata de prendas cuya función no es hacer mucho daño, aunque sean preparadas por personas dedicadas a las artes negras, pueden ser purificadas por un sacerdote o un especialista.

En el caso de objetos que reciben indirectamente vibraciones inadecuadas, pueden ser depurados por el mismo interesado de manera muy sencilla, pues basta bendecirlos con la señal de la cruz, pidiéndole a Dios que con su celestial emanación los libre de cualquier clase de contaminante que pudieran tener. Enseguida se deberá pedirle también que los llene de bendiciones especiales (por ejemplo: pedirle que sea un objeto que emane paz, salud, felicidad, etc.), mientras se hace de nuevo la señal de la cruz. Finalmente se sella

la bendición con otra señal de la cruz mientras se agradece a Dios.

Bendecir todo

Es importante bendecir todos los artículos que entran a nuestro hogar o lugar de trabajo, ya sean nuevos o usados, sean alimento, ropa o artículos decorativos o para uso habitual o temporal. En el caso de los elementos que usamos para preparar alimentos, además de pedir asistencia celestial para purificarlos, existen algunos que podrán traernos un beneficio adicional si les insuflamos buenos deseos para estar protegidos, saludables y exitosos. Esto debe hacerse siempre por medio de la petición a Dios, nuestro padre celestial, para que derrame sus bendiciones, a través de nosotros, sobre los ingredientes esenciales que usamos en la preparación de la comida: la sal, el agua y el aceite.

Casas "embrujadas"

Existen entidades desencarnadas que son atraídas a determinados lugares por un motivo especial. En ciertos casos, sólo se trata de algún ser confundido que permanece en el lugar donde vivió. Cuando es así, es importante rezar para que su alma se eleve hacia la luz de nuestro señor Jesucristo, es conveniente pedir apoyo de su Ángel guardián y de san Miguel Arcángel. Sin embargo, algunas veces, existen circunstancias en que entes malignos se han apoderado de un edificio o casa y la única forma de purificar el lugar es por medio de la ayuda de un sacerdote y de la oración continua. Se sugiere siempre pedir asistencia divina, la iluminación

del Espíritu Santo, el apoyo de los Ángeles; después se debe recorrer toda la casa o edificio mientras se hace la visualización de los Ángeles limpiando y purificando. Si la situación es complicada, altera a los miembros de la familia y no es posible armonizar, se sugiere cambiarse de lugar, pero aun en este caso se deberá buscar ayuda para que las entidades regresen al lugar que les corresponde. En este tema, es importante considerar que no siempre se trata de ataques astrales, porque a veces puede deberse a la imaginación de los que habitan allí, de bromas de mal gusto o de maldades de algún vivo.

En casas donde se produjo una muerte violenta por asesinato, accidente o suicidio, puede que el cuerpo etéreo, al no tener oportunidad de separarse armoniosamente del cuerpo físico, quede atrapado dentro del lugar donde se produjo esa muerte brutal. Por ello vaga y se nutre de la energía de los habitantes de la casa. Existen formas que liberarán a estos seres; es preciso aplicarlas con mucho amor porque de lo contrario podrán ser enviados a otro lugar no iluminado. Aun en casos donde las entidades ya ocupan la casa que recién se adquirió, se deberá tener especial cuidado para asistir a estas almas confundidas que vagan sin encontrarle sentido a su situación. En su libro *Pirámides, catedrales y monasterios*, Blanche Merz explica la forma en que estas entidades etéreas pueden ser alejadas, usando un aparato para modificar el *"circuito oscilante, en modulación de frecuencia giga hertzio, con una longitud de onda básica de 21-22 centímetros"*. No obstante, siempre que se intente limpiar un lugar de entidades perdidas, se sugiere buscar asesoría de una persona capacitada, en especial de un sacerdote, para que a la hora de sacar al ser que vaga confundido, no sea arrojado fuera, sino que reciba asistencia angelical y sea conducido a los brazos de nuestro Señor.

En caso de tratarse de un ente demoníaco, es más trascendental el auxilio que proporcionan los Ángeles de Dios, porque son ellos los que se encargarán de que el ente vaya al lugar que le corresponde. No es recomendable hacer un desalojo de esta naturaleza por nuestra propia cuenta. Es de suma importancia, especialmente en estos casos, contar con la asistencia de un sacerdote, tal y como se ha mencionado.

> Al entrar en cualquier casa, bendíganla antes diciendo: "La paz sea en esta casa". Si en ella vive un hombre de paz, recibirá la paz que ustedes le traen; de lo contrario, la bendición volverá a ustedes.
>
> *Lucas 10:5*

Se debe ser enfático cuando se percibe la presencia de alguna entidad extraña, y si ya existen señales de que hay alguna adherencia, se deberá establecer claramente que **NO** se desea su presencia, buscar ayuda competente y hacer un hábito de la oración.

> Vivan orando y suplicando. Oren en todo tiempo según les inspire el Espíritu. Velen en común y perseveren en sus oraciones sin desanimarse nunca...
>
> *Efesios 6:18*

Las bendiciones celestiales producen efectos reales, materiales y tangibles en el mundo físico. Cuando comenzamos a comprender la importancia de purificar y pedir emanaciones celestiales para cubrir todo lo que nos rodea, y también, evidentemente, para nuestra propia persona, los resultados son sorprendentes y empezamos a disfrutar de los beneficios de los que quizá antes carecíamos.

En unión de los Ángeles podemos reparar los daños

El perjuicio causado al planeta por seres sin escrúpulos, como la perforación de la red geomántica y otros daños, pueden ser reparados por personas conscientes, nobles y de buena voluntad a través de la elevación de sus intenciones de amor y oraciones. Los Ángeles son los seres espirituales que pueden ayudarnos a conformar una red de conciencia celestial que sustituya la que está dañada, porque estos divinos seres, cuando lo solicitamos, están prestos a auxiliarnos en cualquier labor digna que emprendamos. Cuando se trata de una petición noble que requiere de la intervención de seres físicos, son los Ángeles mismos los que inspiran para que se cumpla esa labor, ya sea que los seres que reciben la iluminación angelical vengan de la Tierra o de otro planeta. Esto indica que tanto los seres humanos de buena voluntad como los extraterrestres benevolentes pueden ser inspirados por los Ángeles para ayudar a los que se desarrollan en la Tierra.

La oración noble y libre de egoísmo conduce a los planos más elevados de la conciencia.

EXISTENCIA OBJETIVA DEL MAL Y PROTECCIONES

S iempre ha sido desconocida la verdadera naturaleza de las entidades interdimensionales malignas que, desde los anales de la historia, han asolado a la humanidad. Nuestros antepasados, para definirlas, usaron la palabra más adecuada para sintetizar con claridad su actividad: "demonios", sinónimo de archienemigos, bestias, diablos, espíritus del mal o adversarios. En el Medioevo fueron conocidos también como vampiros, *goblins*, orcos, *trolls*, mentirosos, íncubos, súcubos y un sinfín de nombres que determinan lo siniestro. Hoy, haciendo un estudio comparativo, muchas actividades que se atribuían a ellos son tan semejantes a las acciones de los extraterrestres negativos, que varios investigadores opinan que estos últimos son los mismos antagonistas del pasado, sólo que ahora se presentan con un nombre que se adapta más a la tecnología terrestre. Además de los elementos que los vinculan, en varios casos, ellos mismos han dicho que en el pasado se les llamaba "demonios".

La palabra hebrea Satán, significa "adversario", en árabe equivale a "macho cabrío". En griego se traduce a *diabolos*, que proviene de la raíz *dia-ballo*, que significa "dividir", por-

que el Diablo es quien pone división, es el calumniador, el caótico, el enemigo, el maligno, el asesino desde el principio, el padre de las mentiras, el príncipe de este mundo, la serpiente. Al conocer lo que significa esta palabra se comprende que "creer en el demonio" no es de mentes incultas, sino que es saber que, sin importar su denominación, existen entes que de forma oculta intervienen negativamente en la vida de los humanos.

Cada día hay más médicos, psiquiatras y psicólogos que afirman que ha llegado el momento de considerar que la entidad conocida como Satanás no es tan intangible o imaginaria como se ha creído, sino que es un ente individualizado, consciente y poseedor de una increíble inteligencia perversa y que tiene a sus seguidores, los demonios. Los profesionales fuera del campo místico y religioso ahora analizan, además de la similitud entre las acciones de los extraterrestres malos y los demonios, la injerencia de los dos en el fenómeno de las posesiones satánicas.

Sobre la existencia de entes sin alma, Helena Blavatsky lo menciona en *Doctrina secreta*, vol. VI: *"En Oriente, en la India y en China, se encuentran hombres y mujeres desalmados, tanto como en el Occidente, aunque allí no toma el vicio tanto incremento como aquí. A ello les conduce el olvido de la ancestral sabiduría, y la práctica de la magia negra. Pero de esto hablaremos más adelante, limitándonos por ahora a añadir: estáis advertidos y conocéis el peligro..."*. Más adelante agrega: *"Sin embargo, la inmoralidad personal es condicional, pues hay hombres 'desalmados' (sin alma), según algunas enseñanzas raramente mencionadas, aunque también se habla de ello hasta en* Isis sin Velo. *Asimismo existe un Avitchi, llamado en rigor infierno, por más que ni geográfica ni psíquicamente tenga relación ni analogía alguna con el buen infierno de los cristianos..."*.

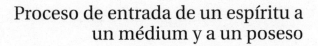

Proceso de entrada de un espíritu a un médium y a un poseso

Un dato que resaltan los investigadores de estos tópicos es que el proceso de la entrada de un espíritu a un "canal" (médium) y a un poseso es muy similar: se aflojan los músculos del rostro, los labios comienzan a convulsionar, cambia el ritmo de la respiración, la voz es diferente y el individuo adquiere otra fisonomía. Después, al salir la entidad, tanto el poseso como el canal generalmente no recuerdan lo que dijeron. Con el tiempo, la entidad se siente libre de entrar al cuerpo que ha estado usando, el sujeto se ve sometido a la voluntad del espíritu y pierde el control. Por esto, los especialistas en el tema de las posesiones explican que adquirir poderes extrasensoriales es permitir que un espíritu se posesione del cuerpo, es decir, el canal entrega su cuerpo para que el espíritu disponga de él, que actúe por su medio y dé revelaciones que pueden ser verdades a medias o mentiras. De allí el peligro que implica tratar de comunicarse con entidades no humanas.

En el pasado, los demonios con cuernos y rabo no siempre se aparecían con su verdadero rostro, a veces se disfrazaban de ángeles de luz para ocultar su naturaleza e intenciones, pero, de acuerdo con las conclusiones de los expertos, en la actualidad, para seducirnos usan un camuflaje apropiado a nuestra época. Hoy se presentan como entidades de otro planeta vistiendo un reluciente traje espacial, con alta tecnología y hablando de "amor" y "espiritualidad". No necesitan artefactos para irrumpir en un lugar, pero los usan porque les conviene como parte de la escenografía que presentan para ajustarse a nuestra tecnología.

El peligro de invocar fuerzas extrañas

El doctor William J. Baldwin, líder en el campo de la psicología paranormal, en su manual sobre terapias para la liberación, *Spirit Releasement Therapy* (SRT), proporciona algunas técnicas para liberarse de diferentes clases de entes. Asimismo advierte sobre el peligro de invocar seres con la finalidad de que tomen control del cuerpo, como cuando se intenta canalizar alguna "fuerza superior", "guía" o "maestro". Explica que algunas personas suponen que para invocar alguna entidad, es suficiente protección sólo usar la frase "por mi bien superior"; sin embargo, aparentemente, estas palabras se han convertido en una especie de *password* o contraseña que cualquier entidad aprovecha para entrar, habiendo ocasiones en que toma el control completo de la persona que ingenuamente la llamó. Malachi Martin, en el libro *Hostage to the Devil* (*Rehén del diablo*), relata cinco casos contemporáneos sobre posesión y exorcismo; uno de ellos se refiere a un eminente profesor universitario, que, con la intención de adquirir fuerza, sabiduría y poderes sobrenaturales, atrajo a una entidad llamada Tortoise, que en un principio se presentó como un ser benigno y dispuesto a ayudarle, pero con el tiempo resultó ser un demonio que poco a poco comenzó a tomar posesión de su voluntad. Las entidades malignas de otros planos, aun en los casos donde no son invocadas, intentan continuamente apoderarse de la voluntad de las personas y, si encuentran cualquier excusa para establecer un control, se aprovecharán de ello sin el menor escrúpulo. Son intrusos.

Clasificación de entidades que se posesionan

Las entidades que se posesionan de las personas, a los que los psicólogos y psiquiatras se refieren, son conformadas en diversos grupos. El doctor William J. Baldwin hace referencia a tres grupos diferentes, conocidos por las siglas "EB", "ET" y "DFE". Son los mismos entes conocidos en las tradiciones de todo el mundo con nombres diferentes aunque en la actualidad no todas las personas dentro del campo religioso y de la ciencia están dispuestas a reconocer que se está hablando de lo mismo.[26] Sin embargo, de acuerdo con el doctor Baldwin, en años recientes se ha incrementado el número de psicoterapeutas que a través de la práctica están dándose cuenta de la existencia de estos entes sin cuerpo físico y la manera en que influyen en la vida de los seres humanos. Según Baldwin, no habla en metáforas cuando se refiere a entidades adheridas, a entidades que interfieren en la vida y a entidades posesionadas en el cuerpo, sino que se refiere realmente a un ente extraño que entra al espacio o cuerpo del paciente. Para alejarlo sugiere la liberación, comenzando con el ingrediente más importante que es el **AMOR**, porque cuando hay indiferencia o se realiza por paga y no se tiene una verdadera identificación con el paciente y su sufrimiento, es difícil tener un resultado positivo.

---

[26] Los EB's pueden ser las almas en pena, almas errantes, almas perdidas, espíritus chocarreros, burlones. Los ET's, deidades, dioses, gnomos, hadas, maestros, guías, etcétera. Los DFE's, demonios, fuerzas oscuras, entes diabólicos, etc.

Los apegados a la Tierra

La primera clasificación corresponde a los EB's (*Earthbound Spirits*, en inglés). Éstos son los "apegados a la Tierra"; son seres que han dejado este mundo material y se encuentran confundidos, perdidos y aún gravitan cerca de los planos materiales. Pueden ser almas de seres que vivieron una vida como personas "malas", egoístas o indiferentes; o también seres que tuvieron una muerte súbita: fueron asesinados, se suicidaron o fueron muertos en el campo de batalla durante algún conflicto bélico. En todos estos casos, son sólo seres confundidos que no han recibido apoyo a través de la oración y pensamientos de amor de los seres con vida en la Tierra. Puede darse el caso de que la entidad completa no está incorporada a una sola víctima, sino tener pequeñas porciones astrales apegadas a una o a varias personas. Como ejemplo, cuando de manera inesperada, varios miembros de una familia o de un grupo comienzan a tener los mismos síntomas de algo que no tiene una explicación razonable. Estos fragmentos pueden ser llamados también elementales menores, pero contienen parte de la conciencia de la persona cuyo cuerpo astral conformaban.

Aquí se comprende que los "elementales" o "egrégores" son desechos astrales de seres que ya trascendieron, aunque bien pueden provenir de personas vivas. Un elemental negativo formado por la práctica de la magia negra es sumamente pernicioso. Cuando es este el caso, el brujo envía parte de su efluvio negativo al ente del bajo astral que le realiza el trabajo oscuro, así como la sustancia vital del que encarga el trabajo; es por esto que tanto el que hace el trabajo como el que lo encarga quedan comprometidos con los demonios que realizan la gestión perversa. El ente demoníaco a la hora de perjudicar al objetivo (el sujeto a quien por

190

comisión debe dañar) usa la energía pervertida del brujo y del que encarga el trabajo y la condimenta con su propia condición infernal. También se consideran magia negra los pensamientos de baja vibración, como el odio, el rencor, la codicia, la maldad o la intolerancia, porque son energías que se dirigen hacia la persona que, con razón o sin ella, son la causa de que se originen estos sentimientos. No obstante, si el campo áurico de la persona a la que va dirigida la energía negativa está protegido, ésta regresa a su emisor provocándole más conflictos en su vida. Es decir, si alguna persona envidia a otra, aun si no hace ningún ritual ni va a visitar a un brujo, pero continuamente está mandándole maldiciones y pensamientos de rencor, los demonios que vibran en la frecuencia del odio y demás sentimientos oscuros toman esa energía y se dirigen hacia el causante del sentimiento. Por lo tanto, aun sin saberlo, el envidioso está realizando magia negra, por lo que consciente o inconscientemente es un mago negro y de forma tácita se compromete con los entes del mal. No obstante, si la persona objeto de la envidia es alguien que está cerca de Dios, practica la oración, tiene comunión con el mundo espiritual, ayuda a otros y sus pensamientos son de amor, las energías negativas rebotan en su campo electromagnético y regresan al envidioso, porque las fuerzas oscuras cobran su trabajo de cualquier manera, igual que aquí en la Tierra un mensajero cobra su labor, esté o no el destinatario. Desafortunadamente, la mayor parte de la humanidad tiene su espacio desprotegido, debido a la irresponsabilidad de sus pensamientos, sentimientos, palabras y actos.

Retomando el tema de los "Seres apegados a la Tierra", es importante aclarar que no todos son entidades malignas, sino que la mayor parte son almas de difuntos que, por no recibir el apoyo de los deudos en la Tierra, vagan confundi-

dos en espacios astrales y se adhieren al campo que encuentran propicio. Este tipo de seres no se pueden espantar con símbolos religiosos o con agua bendita, necesitan que se les hable con amor, se ore por ellos y se pida a los Ángeles que sean conducidos a los brazos de Nuestro Señor.

La doctora Edith Fiore, en su libro *The Unquiet Dead* (*El difunto inquieto*), pone el siguiente ejemplo: Si nos encontráramos con una persona extraña sentada en nuestra sala que no tuviera deseos de irse, e intentáramos ahuyentarla enseñándole el crucifijo o esparciéndole agua bendita, no sucedería nada, pues no se trata de un demonio, sino de una persona obstinada que permanece allí sentada. La forma de hacer que se aleje es persuadiéndola. A la entidad adherida se le convence mediante la oración, por medio de la intercesión de Jesús, de la Virgen y de la asistencia de los Ángeles.

Los "Seres apegados a la Tierra", al adherirse a alguien, pueden transmitirle su comportamiento: fobias, adicciones, conducta errática, emociones incorrectas, distorsiones sexuales, malestares y hasta las enfermedades que en vida padecieron. El doctor Baldwin relata el caso de una joven de 36 años, a la que llama "Diana", la cual llegó a su consultorio buscando remedio a las disfunciones que le causaban malestar y que, según ella, afectaban tres diferentes áreas de su vida: primero, su lesbianismo, porque en el fondo no sentía ser lesbiana y no era activa en ese campo; además creía que más bien se trataba de un complejo de inferioridad frente al sexo masculino. La segunda situación se relacionaba con la interrupción de su menstruación unos meses antes, sin ninguna irregularidad anterior y carente de explicación por parte de los médicos que la habían atendido. Y finalmente, una irritación constante en su garganta así como un gran temor a atreverse a expresar sus puntos de vista. En este

caso, el doctor Baldwin encontró varias entidades adheridas a Diana: un ser hostil que decía llamarse "George", que se satisfacía a través de la joven cuando practicaba relaciones sexuales con mujeres. La segunda entidad era el abuelo de Diana, quien al morir se adhirió a ella produciéndole el temor a expresarse, ya que él, en vida, había abusado sexualmente de ella cuando era niña. El doctor Baldwin en un principio pensó que al practicar los ejercicios de liberación, Diana encontraría alivio a sus preocupaciones, sin embargo, continuaba con un terrible malestar en la garganta y sin capacidad de expresarse adecuadamente, por lo que la sometió a una terapia de regresión a vidas pasadas. Con este método, logró que relatara la vida de un tallador de piedras que trabajaba en la construcción de la tumba de un faraón dentro de una pirámide en el antiguo Egipto y, una vez concluida la obra, todos los trabajadores (él incluido) fueron conducidos a una pequeña habitación donde les cortaron el cuello. El egipcio relata que se quedó suspendido en el tiempo hasta que, finalmente, encontró la forma de adherirse a Diana cuando ésta tenía 13 años. Esta última experiencia de Diana, que originalmente parecía tratarse de una vivencia previa, resultó ser la historia de una entidad confundida que al incorporarse al campo de Diana le transmitió la sensación constante del dolor que había experimentado muchos siglos antes. El doctor le explicó al egipcio adherido que era incorrecto lo que hacía y, a base de persuasión, logró que se retirara hacia la luz.

Este es uno de los muchos ejemplos que demuestran que no todos los espíritus adheridos son demonios o entidades infernales. Además del doctor Baldwin, varios psicoterapeutas han encontrado en la práctica múltiples casos donde sólo son seres confundidos que se apegan. Sucede con frecuencia que se trata de antepasados o espíritus con

los que los antepasados tuvieron algún trato o pacto. En este último caso, sí puede haber entidades oscuras. Aquí se explica el por qué de las oraciones para cortar lazos con los antepasados.

Walk ins o *wanderers*

Entre los EB's (Apegados a la Tierra) están los que se conocen también como *walk ins* o *wanderers*, que son almas que aparentemente toman control del cuerpo de una persona porque ella desea morir o suicidarse; por lo que, de manera tácita, hace un pacto con la entidad para que ocupe su cuerpo. En los casos de posesión o de adherencia, la entidad que lo hace está utilizando la energía de la persona, y aunque no sea una entidad maligna, sí es un ser confundido.

El término *walk in* se refiere a un visitante inesperado, a un ente que entra al cuerpo de una persona, generalmente, contra su voluntad. También se refiere a personas víctimas de desalojo del alma y poseídas por un "extraterrestre". Antes, a estas entidades se les llamaba "demonios" y las víctimas eran "poseídas" porque, tanto el demonio como el *walk in*, violan el libre albedrío del individuo. Muchas veces sucede cuando una persona se ofrece como canal o vehículo para que el ente le dé poder. Esto lo vemos como ejemplo en las caricaturas donde aparecen niños invocando a las fuerzas para que los posean y les concedan dones sobrenaturales. En algunas películas "infantiles" se enseña al niño a perder su voluntad y cederla a un ente infernal. El guión de estas caricaturas y películas presenta a dos grupos de brujos en pugna, pero los dos son "malos" –aunque evidentemente el guionista insinúa que sólo uno lo es– aunque en realidad, el grupo que sale "victorioso" es el que está poseído por un demonio más poderoso.

En estas versiones "infantiles", nunca presentan el final de los días de quienes se involucran en las dinámicas y rituales que promueven, pero en la vida real existen muchos testimonios de muertes horrendas, donde el individuo pasa sus últimos días entre gritos y con visiones de los entes que lo esperan para reclamar el poder del que gozó en vida. Otra cosa que no se publica es que las caricaturas, películas infantiles, libros, juegos electrónicos y demás medios de entretenimiento no están dirigidos por improvisados, sino que son psicólogos y otros especialistas que saben cómo influir en la mente subliminal; en muchos casos, los asesores son verdaderos magos negros.

Muchos integrantes del culto a los extraterrestres usan la expresión *walk in* para referirse a una entidad superior que entra al cuerpo de un individuo porque éste lo permite o ya lo había acordado desde antes de nacer. En este caso, se supone que un *walk in* significa que el alma de un extraterrestre de gran evolución había acordado con la persona, desde antes de su nacimiento, que ésta prepararía su cuerpo con toda la pureza requerida para que pudiera ser el vehículo al que entraría un ser superior para manifestar amor noble y desinteresado en el planeta. Esta variedad de EB's dicen ser extraterrestres encarnados. Se consideran seres elevados que se incorporan al cuerpo y al sistema de personalidad de un ser humano que voluntariamente se sale de su cuerpo y lo entrega para mejorar el servicio a la humanidad. Algunos creyentes de filosofías como los rosacruces y algunos de la *new age* sostienen que Cristo fue un *walk in* que usó el cuerpo de Jesús para llevar a cabo su labor en la Tierra. Los *wanderers* o *walk ins*, de acuerdo con esta interpretación, se refieren a las personas que creen que por su elevada vibración, proceden de otro sistema y decidieron encarnar aquí. Explican que es una transferencia interdimensional o interplanetaria del alma que nace en cuerpo humano para ayudar en el plan cósmico. Supuestamente, a este grupo pertenecen las almas que prestan servicio desinteresado a los demás, pero lo hacen de manera instintiva, no porque recuerden que llegaron a la Tierra para cumplir la misión de elevar la conciencia de los demás.

Otros autores llaman *walk ins* a los demonios que toman posesión del cuerpo de un individuo aprovechando que éste practique "juegos" como la ouija; o alguien que escucha con frecuencia música con mensajes satánicos donde las letras, ya sea en directo o en reversa, invocan entes oscuros. Evidentemente no todas las personas son afectadas, pero las más susceptibles pueden ser poseídas de esta manera.

Extraterrestres

La segunda clasificación del doctor Baldwin corresponde a los "ET", que son los extraterrestres (*extraterrestrials*), es decir, entes provenientes de otros espacios. Estas entidades son malas o irrespetuosas que se posesionan de un individuo. Los seres de elevada vibración nunca invaden los espacios personales, sólo intentan comunicarse por medio de la mente. El doctor Baldwin explica que ha realizado miles de terapias a pacientes conduciéndoles a un estado alterado de conciencia, lo que le ha permitido verificar la presencia de diferentes entidades que se manifiestan a través de la persona; en muchas ocasiones ha podido establecer comunicación con algunas que le aseguran proceder de otros espacios. Los métodos que utiliza el doctor Baldwin –los cuales aparecen en su manual *Spirit Releasement Therapy*– le han permitido reconocer a qué tipo de ente se está enfrentando cuando los

confronta. En el caso de los extraterrestres malos, se molestan cuando son descubiertos o interrumpidos en sus actividades a través del paciente. A veces informan que están en una "misión científica", recogiendo datos, reuniendo energía humana para sus controladores o, simplemente, están aquí para tomar posesión de la Tierra. Este grupo, por lo general está sometido a los DFE's (Fuerzas oscuras) y manifiestan el odio propio de éstos. Otras entidades extraterrestres con las que se ha comunicado el doctor Baldwin confirman que a cambio de tecnología tienen "carta blanca" de cierto personal gubernamental de Estados Unidos para experimentar con los seres humanos. Aparentemente, también existen los extraterrestres que dicen venir para ayudar a la humanidad. Sin embargo, en todos los casos que se analizan aquí, se trata de entidades que se adhieren a la persona y nada tienen que ver con los Ángeles, seres espirituales (a los que refiere Baldwin en otro momento), porque él invoca su presencia para que le ayuden en las liberaciones.

Los extraterrestres adheridos a pacientes, que a la vez son controlados por entidades de la fuerza oscura (DFE), en algunos casos, dicen que operan de acuerdo con el Principio Universal del Uno, y como el humano es parte del Uno, de acuerdo con su concepto egoísta, ellos no están alterando nada al interferir en sus vidas. Cuando se invoca a los "hermanos espaciales" es posible abrir portales de entrada a las fuerzas oscuras que pueden adherirse al que hace la invitación, y a veces, según descubrió Baldwin, aunque no se invite al "hermano espacial" cuando éste encuentra el ambiente propicio de todas maneras lo aprovecha para incrustarse.

Pacientes poseídos por extraterrestres

En una ocasión, el doctor Baldwin, al estar hablando con una entidad adherida a un paciente, encontró alarmantes evidencias de que efectivamente los extraterrestres están posesionándose de los seres humanos. Después de toparse con este fenómeno, consultó con colegas que le confirmaron haberse enfrentado con casos iguales. A través de la voz del paciente, estos médicos hablaron con extraterrestres que aseguran provenir de otros mundos; ellos describieron sus propósitos y las funciones que tienen que realizar aquí. Dicen tener planes diferentes según el grupo al que pertenecen, ya sea colonizadores, científicos, híbridos, conquistadores, etcétera.

En estados alterados de conciencia, la mayoría de sus clientes descubren que lo que creían "personalidades múltiples" realmente son seres que se identifican como extraterrestres, es decir, entes separados que tienen actitudes, voz y propósitos diferentes a los suyos. Algunos son amigables, otros neutrales y unos más oportunistas, pero en todos los casos son parásitos que se aprovechan de la energía de su víctima. Existen algunos verdaderamente hostiles y perniciosos. No tienen escrúpulos ni los "buenos", ni los "neutrales", ni los "malos", porque ninguno respeta el libre albedrío de su víctima; no les interesan sus sentimientos ni sienten ningún remordimiento por el dolor que causan con su invasión. Algunos aseguran que usan los ojos y oídos del humano porque ellos están incapacitados para percibir esta realidad o plano físico, ya que no pueden interpretar la banda electromagnética que nosotros interpretamos como color, ni saben descifrar las ondas de sonido. Muchos dicen estar aquí en expediciones científicas igual que un científico humano explora los océanos, la flora, la fauna y todo lo habido en diferentes

198

lugares del planeta. Como creen que el psicólogo no puede afectarlos al ser descubiertos, son altaneros y soberbios, llana y cínicamente declaran su estado, el motivo por el que están aquí y sus planes futuros. Algunos extraterrestres aclaran que han estado adheridos a sus víctimas desde su infancia, a veces desde vidas anteriores, para poco a poco apoderarse del planeta igual que en la película *Body Snatchers* (*Usurpadores de cuerpos*). Su intención es suprimir la voluntad de los seres humanos y apoderarse, controlar y establecer residencia en el planeta, usando los cuerpos físicos usurpados.

Entidades de las fuerzas oscuras

Finalmente, la tercera categoría de entidades que se adhieren a las personas son los "DFE" (*Dark Force Entities*), los demonios o fuerzas satánicas. Baldwin dice que son a los que invocan los que promueven las guerras y conflictos bélicos —aunque digan que están pidiéndole a Dios que les conceda la victoria—, porque tanto algunos dirigentes como los soldados saben que Dios no escucha peticiones cuya finalidad es causar daño, Él no asiste a nadie para matar a otro.

> Si hubiere visto maldad en mi corazón el Señor no me habría escuchado.
>
> *Salmos 66:18*

Los de este grupo pueden tomar posesión del cuerpo de una persona o sólo incrustarse en su campo electromagnético. Todos estamos expuestos a sus agresiones. Sobre estas entidades hay mucha información en el capítulo "El Arcángel Miguel, protector contra las fuerzas del mal", del libro *Los Ángeles del destino humano. Quiénes somos. Adónde vamos.*

De ese mismo libro, transcribiré a continuación parte del capítulo "¿Es real la batalla que libra san Miguel Arcángel contra las fuerzas satánicas?":

> Los entes infernales (de infierno=inferior) viven una existencia artificial perecedera, no tienen espíritu inmortal, pero aprendieron a prolongar su conciencia por medio de absorber la fuerza de vida de los seres humanos. Cuando nuestra humanidad no les dé más energía, algunos quizá podrán trasladarse a espacios donde exista otra humanidad evolucionando y cuya conciencia sea como la que hoy tenemos en nuestro planeta. Los entes infernales saben que ahora es el momento de almacenar cuanta energía puedan para prolongar su nefasta existencia, y es por eso que están más activos que ninguna otra vez en toda la historia de la humanidad. San Miguel Arcángel, con el fin de protegernos para que podamos seguir el camino que Dios ha dispuesto para nosotros, está librando una lucha terrible contra estas abominables escorias infernales y ahora más que nunca necesita de la colaboración de la humanidad. Por este motivo es que se están dando tantas apariciones de nuestra Madre santísima, de nuestro señor Jesucristo y de los santos Ángeles y Arcángeles, con mensajes que advierten de esta lucha y la premura de que decidamos a quién deseamos servir. Ahora vivimos momentos críticos donde debemos definirnos, y no correr el riesgo de quedar entre la paja a la hora de la selección. Y definirnos es muy sencillo, sólo es usar nuestro pensamiento para ofrecernos a Dios para colaborar con los Ángeles en su ardua labor. Para responder más acertadamente al cuestionamiento sobre la batalla de san Miguel Arcángel, debemos recordar que nuestro cuerpo físico es temporal así como el

mundo material, y nuestro espíritu es eterno y corresponde a la eternidad, pero existen también otros planos intemporales que en este momento son muy objetivos, pero no podemos "verlos" porque sus partículas vibran en una frecuencia diferente a la del mundo físico, y es en uno de esos espacios transitorios no visibles, donde se está llevando a cabo la batalla que realiza san Miguel Arcángel, porque hasta allí ha debido descender para protegernos. La lucha, aun cuando no podemos verla con nuestros ojos físicos, si prestamos un poco de atención a lo que sucede a nuestro alrededor físico, forzosamente la deduciremos.

Entidades oscuras transportando energía humana

La forma en que los DFE almacenan la energía, según algunos autores, cuyos libros aparecen en la bibliografía, parece ser más objetiva que lo que nos imaginamos. Robert Monroe, fundador del Instituto Monroe, entre otras experiencias personales fuera de su cuerpo, refiere que entabló muchas peleas contra entidades demoníacas. En un viaje en particular se dio cuenta de que, contra su voluntad era utilizado para transportar grandes pipas astrales que parecían contener una energía indispensable para la supervivencia de las fuerzas negras. Otros autores también mencionan cómo algunos entes, hablando a través de los pacientes, describen ser utilizados para colectar y trasladar la energía succionada de los seres humanos hacia otros espacios dimensionales. Estos espacios son oscuros, algunos negros, unos rojos y otros morados. Muchas entidades del bajo astral señalan que esta energía es para los demonios

del alto mando. Ellos, los transportadores, sólo reciben una mínima parte para su subsistencia.

Robert Monroe relata también que los entes malignos son camaleónicos, ya que pueden transformarse según la situación. En uno de sus viajes astrales fue agredido por ellos; durante la lucha, de manera sorpresiva, un par de atacantes tomaron la apariencia de dos de las hijas de Monroe, lo que hizo que éste se aturdiera y casi perdiera la vida.

La doctora Edith Fiore encontró que la terapia de vidas previas es una forma muy efectiva para resolver problemas emocionales y físicos. Al mismo tiempo, con esta práctica, igual que el caso de Diana tratado en la clasificación de EB's, también descubrió que muchas supuestas vidas anteriores son más bien experiencias de espíritus apegados a la Tierra que se adhieren a las personas. Aunque la doctora Fiore sí cree en la reencarnación, cuando se trata de una entidad adherida, la terapia de vidas anteriores no arroja resultados favorables, a diferencia de la práctica de la liberación. La doctora Fiore estima que aproximadamente 70 por ciento o más de la población tiene alguna entidad adherida. Ella fue una de las primeras psicoterapeutas que empezó a tratar directamente con los espíritus desencarnados mediante la voz de la persona afligida con la posesión, en vez de hacerlo a través de un médium o intermediario.

El doctor Baldwin, a raíz de las experiencias que ha tenido como psicoterapeuta, ahora cree en la teoría de la reencarnación. Lo mismo puede decirse de varios otros investigadores muy respetables en su campo, a pesar de que exista un sector de profesionales más tradicionales que rechazan hasta la noción de las terapias de vidas pasadas, sólo porque esa práctica está basada en la filosofía de la reencarnación. En el caso de Diana, el doctor Baldwin cuenta que tanto ella como el egipcio habían vivido en el mismo tiempo cuando él fue tallador de piedras; en esa vida el egipcio sentía una gran atracción por ella y fue por esto que finalmente, en esta vida, al encontrar su campo, entró a él sin ningún remordimiento, porque ignoraba que hacía algo incorrecto. Con la técnica que usó el doctor pudo persuadirlo para que abandonara el espacio de Diana. Con esto, se deduce que por regla general las entidades buscan adherirse a las personas con las que de alguna manera están identificadas; también indica que los casos de posesión son raros porque en la mayoría de los casos se trata de entidades apegadas. En cuanto a la reencarnación, cada vez hay más autores que explican que se da sólo en caso de que el ser al morir sea atrapado por entes y extraterrestres malos en el túnel que conecta con la otra dimensión. En este caso, los entes oscuros lo insertan en un nuevo cuerpo porque necesitan seres encarnados para subsistir con la energía negativa que emiten. De allí la importancia de ayudar a bien morir y dirigir mentalmente al que fallece, para que busque la luz que lo conduzca hacia los brazos de nuestro Señor.[27]

Opinión de los científicos

El recientemente fallecido Fred Hoyle, renombrado astrofísico inglés, declaró que seres ajenos a nuestra humanidad están en todas partes, en el cielo, en el mar y en la tierra. Que han estado aquí desde el principio de los tiempos y controlan casi todo lo que hacemos. Parecen estar libres de restricciones físicas, como el cuerpo. Son como el pensamiento y pueden estar en cualquier lugar en el momento que lo desean. Pueden tener cualquier forma o aspecto, como un tigre en

---

[27] Este tema es tratado ampliamente en el libro *Morir sí es vivir*, de esta misma autora.

un lugar o como una persona en otro, como humo o nube o cualquier cosa que pueda ser percibida por el ojo humano, pero inclusive formas que no pueden ser percibidas a simple vista. Hoyle agregó que es probable que estas inteligencias intervengan en nuestra evolución y sigan controlando nuestras mentes. Lo más extraño, dice Hoyle, es que a veces aparecen en formas físicas. No son inteligencias de otro planeta, sino que proceden de otro universo y entraron al nuestro desde el comienzo, a partir de entonces lo han estado controlando.

Este segundo universo de donde proceden estas poderosas mentes es semejante al nuestro, pero en otro plano. Es probable que sea tridimensional y quizá tenga hasta una cuarta o quinta dimensión que rompe las barreras del tiempo y espacio, lo que nos restringe a nosotros. Sus leyes de química y física sin duda son completamente diferentes a las nuestras, porque es una inteligencia mucho más avanzada. Son los responsables de casi todas las leyendas en los diferentes países, leyendas de las que hoy nos burlamos. También son responsables de los inventos descubiertos limitados sólo a algunas zonas. Son tan diferentes a lo que conocemos, que tratar de describirlos con un lenguaje que todos entenderían es imposible.

Hoyle añadió que no esperaba que toda la gente creyera esa información, que el gobierno lo negaría, a pesar de que casi todos los científicos saben de esto y coinciden en que ya es tiempo de que la población en general lo sepa y lo vaya digiriendo. Poco a poco más hechos saldrán a la luz pública, información que sólo el gobierno y los científicos conocen. La explicación cómoda de la campaña de encubrimiento organizada por miembros gubernamentales es que se debe a razones de seguridad pública.

EL DEMONIO
NO ES UNA FICCIÓN

El doctor S. Scott Peck, reconocido psicoterapeuta y autor de varios libros, entre ellos *The People of the Lie* (*El mal y la mentira*) y *Glimpses of the Devil* (*Vislumbres del diablo*), revela que en un principio no creía en las fuerzas del mal, pero después de haber pasado por las más espeluznantes experiencias, incluyendo su participación en dos casos de exorcismo, ahora está convencido de la realidad de los demonios, no como metáfora o arquetipos, sino como entes individualizados, malignos y con un recalcitrante odio hacia la humanidad. Explica que la expresión "el mal es la ausencia del bien" es demasiado subjetiva y no resume verdaderamente lo que es Satanás, un horrendo ente objetivo que interfiere con frecuencia en la vida de los seres humanos a quienes aborrece; este ente es un astuto instigador, asesino, mentiroso que se nutre con la energía que produce la crueldad, el derramamiento de sangre y los rituales negros. Todo lo logra una vez que ha depravado la conciencia de quien, consciente o inconscientemente, lo permite. Es el hostigador que incita por medio de engaños y trampas. El doctor Peck dice que según los análisis objetivos de la ciencia

no se puede *probar* la existencia del demonio, ya que para tener la convicción se requiere experiencia personal, como fue su caso; pero advierte que es tan agobiante y terrible lo que él vivió, que quien lo intente debe estar preparado para un enfrentamiento totalmente desconocido y peligroso al extremo.

Añade que es difícil concebir que exista algo tan maligno, real y objetivo, en especial porque durante siglos se ha negado su existencia y tratado el tema como superstición del Medioevo o como una entidad propia de estados de conciencia de dementes, a pesar de que la serpiente bíblica aparece como un ente con características corpóreas y no como un símbolo representando el mal. Hoy –igual que el doctor Peck– muchos investigadores sugieren que en realidad se trata de un integrante de una raza de seres que caminan, habitan planos interdimensionales, que están organizados en jerarquías y pueden entrar al cuerpo de una persona; es decir, tomar posesión de él y lo usan como medio para actuar en el mundo físico.

Posesión demoníaca

Posesión u opresión demoníaca es cuando un demonio toma control de la mente y el cuerpo de un ser humano, lo usa directamente, y a través de él ejecuta movimientos y realiza actos que el dueño original del cuerpo aparentemente no puede evitar. Expulsa la personalidad de la persona, la invade y toma completo control sobre su cuerpo. De esta manera, los pensamientos, sentimientos, palabras y comportamiento ya no corresponden a la personalidad del individuo sino del ente que lo controla. Generalmente, en los casos de posesión, el demonio no actúa continuamente, a veces existen

períodos en que desaloja el cuerpo y la persona recupera su estado original. Una posesión puede durar toda una vida, o un tiempo prolongado o sólo unos minutos u horas, lapso en que puede obligar al poseído a llevar a cabo los crímenes más horrendos, que después ni él mismo se explica qué lo condujo a cometerlos.

Un demonio puede contaminar a varias personas casi de forma simultánea; además cuando se posesiona de un individuo, le afecta directamente y puede perturbar negativamente a la mayoría de los que componen la familia y causar conflictos en su vida mental, emocional, física y social.

Posesión consciente o "pacto con el diablo" y posesión involuntaria

La posesión puede ser consciente, la cual sucede cuando el individuo ofrece su persona al diablo o a entidades extrañas; las cuales se invocan, se acepta su colaboración y se trabaja para ellas a cambio de fama, reconocimiento, oportunidades, nuevos contratos y cualquier tipo de beneficio personal. Este tipo de posesión se conoce como "pacto con el diablo" y se logra estableciendo contratos por medio de rituales, el uso de droga, magia sexual y por medio del uso de símbolos satánicos. Además de los brujos, brujas y magos negros declaradamente satánicos, existen muchas más personas de lo que se puede imaginar que establecen este tipo de compromisos y, aunque lo ocultan, son fácilmente detectables. Un gran número de ellas se encuentra en el medio de la música; sólo es cuestión de observar los símbolos que utilizan para promoverse para formar una idea de sus tendencias, porque dentro de los compromisos está el empleo de los distintivos propios del mundo satánico. Sólo que el sector popular

percibe estos símbolos como "moda", siguiendo la idea impuesta; cuanta más gente un cantante pueda atraer al redil y conducir al uso de los símbolos, más detonadores andarán deambulando por el mundo. Porque los símbolos que las fuerzas oscuras exigen ser usados son precisamente para llegar a la zona subliminal del cerebro y despertar los instintos bajos que están alojados en esa área.

Existe otro caso de posesión que sucede cuando el demonio entra contra la voluntad del individuo. Esto puede pasar a consecuencia de jugar con la ouija, por la práctica de rituales extraños o por otros medios para atraer entidades. Asimismo, puede sobrevenir también cuando la persona, por situaciones particulares, se encuentra vulnerable, durante el uso de drogas, en estado de embriaguez y por el terror, el miedo y la depresión.

La serpiente, víbora o dragón como demonio

…Les he dado poder para pisotear serpientes y escorpiones y poder sobre toda fuerza enemiga: no habrá arma que les haga daño a ustedes.

Lucas 10:19

Según los versículos anteriores, se entiende que los demonios son semejantes a las serpientes; esto lo confirman los especialistas en exorcismos o los que se dedican al ejercicio de liberación, quienes relatan que de manera habitual, la entidad de las tinieblas que es desalojada se manifiesta a través del poseído como si fuera una víbora maligna. En el momento final de la expulsión, a través del poseído, se retuerce con contorsiones propias de las víboras, a veces revolcándose y reptando. En otros casos, los exorcizados echan espuma por

la boca, ladran, tosen, se carcajean y proyectan la lengua con movimientos muy rápidos semejantes a los que hace un reptil. Algunos cantantes de rock pesado que declaran tener pacto con el demonio también hacen este movimiento con la lengua y se adornan y maquillan como demonios.

Los ojos del poseído adquieren las características de una víbora maligna, permanecen entrecerrados, pero emitiendo un odio tan recalcitrante que cala hasta los huesos de los presentes. La nariz produce un sonido propio del siseo de la serpiente; los dedos se vuelven rígidos y a veces se engarrotan como garfios listos para dar zarpazos. En uno de los casos, el doctor M. Scott Peck, en su libro *The People of the Lie*, relata la forma en que el paciente comenzó a retorcerse como una víbora de gran fuerza intentando atacar a los miembros del equipo que trabajaban con el exorcista. Lo más aterrador de este espectáculo, sin embargo, era la transformación del rostro del paciente. Su mirada era diabólica, con una expresión de odio jamás vista y sus párpados cubrían los ojos semejando las membranas de un maligno y demoníaco reptil.

> El dragón grande, la antigua serpiente, conocida domo el demonio o Satanás, fue expulsado; el seductor del mundo entero fue arrojado a la Tierra y sus ángeles con él.
>
> *Apocalipsis 12:9*

Señales de posesión o adherencia de entidad extraña

Algunas señales que se asume pueden corresponder a una posesión o adherencia de una entidad:

- Atracción súbita por el consumo de drogas o alcohol.
- Expresión verbal diferente, fallas en la dicción. Pueden adquirir un acento extraño o hablar alguna lengua extraña.
- Comportamientos distintos a la conducta habitual.
- Reacción diferente a la habitual ante un problema familiar.
- Tics y movimientos corporales repetitivos y fuera de control.
- Síntomas o sensaciones físicas de enfermedad, sin causas orgánicas aparentes y sin explicación médica.
- Pérdida del sentido de identidad: hablan como si fueran otra persona o se refieren a sí mismos como a un tercero. Ejemplo: si una persona llamada Juan Pérez habla de sí mismo dice: "Juan Pérez desea viajar", en vez de: "yo deseo viajar". A veces puede tratarse de una costumbre intrascendente, pero puede ser otra personalidad hablando a través de la persona.
- Sensación de que un espíritu o alguna entidad o persona tiene control sobre su mente o cuerpo. Adoptar escritura automática y escuchar voces son algunos síntomas.
- Cambios notables de personalidad después de alguna intervención quirúrgica, trasplante de órgano, accidente; al mudarse a una casa nueva o haber estado en algún lugar con vibraciones extrañas.

En ciertos casos, las personas sienten náuseas, tensión muscular, opresión y dolor de cabeza, sienten como si cargaran un peso molesto e intolerable; tienen expresiones como: "siento que me apuñalan", "siento como que trajera un chimpancé adherido", "puedo sentir un gato sobre mi espalda", "siento que me clavan agujas", etc. También pueden oír voces.

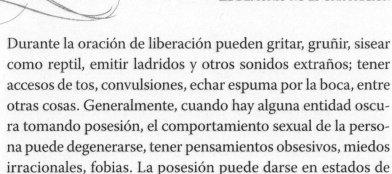

Durante la oración de liberación pueden gritar, gruñir, sisear como reptil, emitir ladridos y otros sonidos extraños; tener accesos de tos, convulsiones, echar espuma por la boca, entre otras cosas. Generalmente, cuando hay alguna entidad oscura tomando posesión, el comportamiento sexual de la persona puede degenerarse, tener pensamientos obsesivos, miedos irracionales, fobias. La posesión puede darse en estados de embriaguez, por prácticas y rituales ocultistas y por el terror, miedo o depresión.

Señales de posesión según el ritual romano

El ritual romano indica que son tres las señales principales para conocer la posesión diabólica:

1. Hablar lenguas no sabidas. Para comprobarlo bien, es menester estudiar a fondo al sujeto; ver si en tiempos pasados tuvo ocasión de aprender algunas palabras de dichas lenguas; si en vez de articular ciertas frases sueltas aprendidas de memoria, habla y entiende una lengua que en verdad no conocía.

2. La revelación de cosas ocultas sin medio natural que lo explique. Esta señal requiere de una profunda investigación. Cuando se tratare de cosas lejanas, será conveniente estar seguros de que el sujeto no puede saberlas por ningún medio natural. Cuando se trata de cosas futuras, hay que esperar que se cumplan para ver si suceden exactamente como se había anunciado, si son bastante determinadas de manera que no dejen lugar al equívoco. Luego de comprobado el hecho a conciencia, aún queda por ver si ese conocimiento preternatural procede de un buen espíritu,

211

según las reglas para la discreción de espíritus; o de un espíritu maligno presente a la sazón en el poseso.

3. El uso de fuerzas notablemente superiores a las naturales del sujeto, se toman en cuenta su edad, su adiestramiento o su estado morboso. Hay casos de sobreexcitación en los que se duplican las energías. El fenómeno de la elevación en el aire (levitación), cuando se ha comprobado enteramente, es preternatural. Hay ocasiones en las que, teniendo en cuenta las circunstancias, el hecho sucedido no se puede atribuir a Dios ni a sus Ángeles, más bien se ha de tener por señal de intervención diabólica.

Expulsión de demonios

A la luz de los Evangelios es difícil ignorar que Jesús llegó precisamente para salvarnos o redimirnos de las fuerzas negativas, como lo atestiguan muchos versículos, en especial éste: *"Jesús llegó para destruir el trabajo del demonio"* (primera de Juan 3:8). Francis MacNutt, en su libro *Deliverance from Evil Spirits*, reflexiona sobre la manera que algunos teólogos, igual que muchos jerarcas y líderes religiosos, esperan que se tome como verdadero todo lo que está escrito en los Evangelios. Sin embargo, cuando se les cuestiona por qué no se ha puesto énfasis en el hecho de que Jesús expulsaba demonios cuando se le presentaba algún enfermo, muestran escepticismo sobre estos pasajes bíblicos y su respuesta por lo general es que la época que vivió Jesús fue de mucha superstición, y seguramente se expresaba de esa manera porque sólo trataba de estar al nivel del pueblo que entonces creía en espíritus malignos, dando a entender que hoy sólo la gente primitiva o sin cultura cree en eso.

MacNutt arguye que si se debe creer en lo que decía y hacía Jesús, no se puede seleccionar sólo lo que conviene a los que en la actualidad piensan tener la verdad absoluta en un puño. La expulsión de demonios ha sido un tema extensamente tratado hoy en día por muchos psicólogos, psiquiatras y otros especialistas de esta área, porque en sus estudios empiezan a descubrir la existencia "objetiva" del demonio. Hay que recordar que algunos teólogos enseñan que, originalmente, la función verdadera de las religiones era transmitir la información sobre cómo protegernos de las fuerzas demoníacas, lo que con claridad indica que si esto es necesario, forzosamente deben existir.

Ejemplos acerca de la acción de Jesús expulsando demonios se encuentran en muchos versículos, en esta ocasión nos sirve de ilustración los de Marcos 3: 22-23 donde, con ánimos de atacar a Jesús, dice: "...*unos maestros de la Ley que habían venido de Jerusalén decían: 'Está poseído por Belcebú, jefe de los demonios, y con su ayuda expulsa a los demonios'. Jesús les pidió que se acercaran y empezó a enseñarles por medio de ejemplos: ¿Cómo puede Satanás echar a Satanás?*". En la Biblia latinoamericana, la explicación que aparece al pie de página para el versículo 22, señala textualmente:

> Los judíos del tiempo de Jesús estaban obsesionados por la creencia en los demonios; los veían por todas partes y muchas veces consideraban las enfermedades como posesiones diabólicas. Jesús no padece tal obsesión, pero seguramente no hace tanta diferencia entre enfermedad y posesión como hacemos nosotros, pues de alguna manera, el demonio está detrás de toda miseria humana.

Sin embargo, según el *Catecismo de la Iglesia católica*, "el mal no es una abstracción, sino que designa una persona,

Satanás, el maligno, el ángel que se opone a Dios. El "diablo" es aquel que "se atraviesa" en el designio de Dios y su obra de salvación, cumplida en Cristo".

Prisionero del diablo, etapas del exorcismo

Malachi Martin (1921-1999), ex sacerdote jesuita, desempeñó el cargo de profesor en el Instituto Bíblico Pontificial del Vaticano. Fue un eminente teólogo y prolífico escritor irlandés y autor de varios *best sellers*, entre ellos *Hostage to the Devil* (*Rehén del diablo*), donde habla de las diferentes etapas en un exorcismo. Las palabras que usa para describir esta práctica reflejan el significado general o intento para explicar lo que sucede, porque es un fenómeno espeluznante donde se trata con fuerzas malévolas de inteligencia tan extraordinaria que intentan alterar cualquier tipo de orden. Para describir esas etapas, Malachi Martin se apoyó en el primer caso que relata en su libro, donde el padre Conor las detalla como *Presence* (Presencia), *Pretense* (Pretensión o lo que pretende aparentar el demonio), *Breakpoint* (Punto de quiebre), *Voice* (Voz), *Clash* (Choque o enfrentamiento) y Expulsión. Estas seis fases ocurren nueve veces de cada 10 exorcismos.

Desde el primer momento que el exorcista entra a la habitación, percibe una sensación desagradable y peculiar en el ambiente. A partir de ese instante y durante el tiempo que dura el exorcismo, todos los presentes están conscientes de que existe una "presencia" extraña en la habitación. Cualquier horror, como las mismas manifestaciones de posesión diabólica, por grotesca, sutil o debatible que parezca, es sólo un pálido reflejo de lo que se siente ante esta "presencia". No existe una evidencia física de la "presencia" ni se puede ubicar adónde está, pero todos la sienten; el hecho de no saber

dónde localizarla produce más terror en los que están en la habitación. Es invisible e intangible, aunque en algún momento se piensa que es la imaginación que está trabajando de manera incongruente, se reconoce como algo que no se puede sustraer porque se percibe el pánico en todo el ser y se siente la energía de un odio recalcitrante que cala los huesos. A veces se siente una sola presencia, otras como un conjunto de entes. Durante el proceso de exorcismo, esta "presencia" se refiere a sí misma como "yo", rezan en ciertas ocasiones como "nosotros". También es posible que diga "mi" y otras veces "nuestro". Para conocer la magnitud de esta aterradora experiencia, habría que vivirla en carne propia.

Durante la primera fase del exorcismo, la "presencia" intentará ocultarse y simular que se trata de la personalidad del poseso y no un ente maligno adicionado. Esta es la etapa que se conoce como "pretensión". La primera tarea del exorcista es desbaratar esa fachada que pretende usar la "presencia" y obligarla a revelarse, a manifestarse como el ente separado que es. Es probable que en esta etapa la presencia mantenga su camuflaje y se exprese y actúe como si fuera el poseso. Hablará con su voz, refiriéndose a cosas relacionadas con él, de sus experiencias pasadas, etc. Puede inclusive revelar cosas vergonzosas que sólo el poseso conoce, de manera que hasta el exorcista a veces se siente mal por ser el instrumento para que todas esas cosas privadas salgan a la luz. La etapa de "pretensión" puede durar varios días, sin que el exorcista pueda avanzar en su trabajo; pero es hasta que logre romper esta barrera que podrá continuar. Si no pasa esta fase es inútil continuar con el exorcismo y el exorcista habrá fracasado, puede darse la oportunidad de que otro continúe en esta etapa. Todos los exorcistas saben que durante la "pretensión", se está tratando con una fuerza muy inteligente, artera y peligrosa que cambia su

personalidad, a veces jactanciosa y petulante y otras veces majadera, estúpida o necia. Todo esto es para confundir al exorcista, tal vez porque son diferentes entidades las que se están presentando. La entidad conoce las cosas más íntimas de cada uno de los que están presentes y también sabe cosas que en ese preciso momento están sucediendo en otro lugar. El exorcista debe estar preparado y no intimidarse ante esto. Es por esto que se sugiere que tenga una calidad moral alta y que haya confesado cualquier cosa incorrecta que hubiera hecho en el pasado. Se sugiere a los presentes que nunca intervengan con opiniones mientras se está llevando a cabo el exorcismo, porque pueden ser agredidos por la o las entidades que podrán revelar sus intimidades más ocultas. No importa lo que el ente le eche en cara al exorcista, éste no debe darle excusas ni explicaciones de nada, más bien deberá evitar ponerse a discutir con él. Debe saber también que está expuesto a escuchar las ofensas más grotescas contra sus seres más preciados. Deberá tener en mente siempre que su función es liberar al poseso.

Cuando la etapa de la apariencia comienza a desmoronarse y la "pretensión" es derrocada, el poseso se va volviendo más violento y repulsivo, como si se abriera un asqueroso portal por donde se va expulsando toda una cloaca. En ocasiones comienza a brincar, crujir los dientes, a retorcerse como víbora, e incluso puede intentar atacar físicamente al exorcista.

A medida que se entra a la etapa de *Breakpoint* (Quiebre de resistencia), el exorcista se enfrenta a una de las situaciones más complicadas contra las que deberá luchar, por ejemplo: la confusión, que es un estado difícil de explicar pues la impone el mismo ente. En este punto, el exorcista es asaltado violentamente de manera psíquica; sus cinco sentidos perciben los aspectos más horrendos de la entidad, y cada uno de los presentes es invadido por un indescriptible pánico que

216

ataca todo su sistema nervioso. El exorcista deberá resistir, porque esto sucede en el momento que la "presencia" colapsa. Es ese instante se escucha la "voz", que puede o no provenir del poseído, ya que a veces se escucha directamente de su boca, pero en otras ocasiones no se puede definir su procedencia. Aquella voz suena aterradora, escalofriante y espeluznante que en nada semeja una voz humana. Es la primera vez que el ente habla como un ser separado del poseso y se refiere a éste en tercera persona; puede hablar en singular o en plural, si se manifiesta un sólo demonio o una legión. Al principio, la "voz" es ininteligible, pronunciando cada sílaba de forma grotesca, como si fuera un disco tocado a una velocidad anormal. Después de esto todos son invadidos por un terror indescriptible, se escuchan voces gritando, farfullando, mascullando, riéndose, burlándose, quejándose.

Para continuar con el exorcismo, la "voz" debe ser silenciada. En este punto, el exorcista debe revestirse de una voluntad férrea y con voz poderosa ordenar al ente que se calle y que se identifique. Hay que recordar que todo este ritual debe llevarse a cabo de acuerdo con las instrucciones que el exorcista ya conoce, todo bajo el nombre de nuestro señor Jesucristo, porque sólo así obedecerá el ente; si no procedieran de acuerdo con el ritual establecido, los resultados podrían ser desastrosos, porque no existe ningún poder humano que pueda lidiar con estos entes malignos. Una vez que se logre silenciar la "voz", existe un nuevo reto que es el "enfrentamiento" o choque (*clash*), donde el exorcista deberá afrontar para llevar a buen término su trabajo. Este es uno de los momentos más temibles y desafiantes; si el exorcista no encara al enemigo, puede que haya sido en vano todo el trabajo; por ello el exorcista deberá provocar al ente siguiendo diversas formas que él conoce, con las cuales el ente maligno se verá obligado a revelar su nombre.

Cuando el exorcista logre esto, llegará el momento de la "expulsión", donde el poseso es sometido a terribles castigos y a las más dolorosas experiencias. El ente comienza a manifestarse objetivamente, mientras el poseso se desfigura, hay una lucha terrible en su cuerpo que comienza a retorcerse, a sisear como víbora y a echar espuma por la boca. En esta etapa el poseso comienza a tener conciencia de lo que está sucediendo y, aun cuando su cuerpo se ha convertido en un campo de batalla, ha llegado el momento en que el exorcista puede dirigirse a él y darle instrucciones para que la liberación se complete. Después de ello se entra a un momento crucial: el exorcista ya debe atacar plenamente al maligno porque ya lo tiene acorralado; no hay que perder de vista que éste buscará refuerzos, por lo cual el exorcista debe tener una fe inalterable y confiar completamente en que el exorcismo concluirá de la forma prevista con la ayuda de Dios y en el nombre de nuestro señor Jesucristo.

El exorcista sufrirá dolores físicos, emocionales y mentales; se enfrentará a algo horrendo, pero debe saber que él tiene el control. El ataque es tan fuerte que en esta fase por lo general comienza a vomitar; sin embargo, con todo lo terrible que sucede en este momento, sabe que está trabajando en nombre de Jesús y ordenará enfáticamente a la entidad que desaloje de inmediato a la víctima. Si el exorcismo se completa con éxito, de forma inmediata todos los presentes se dan cuenta de que la atmósfera es otra; a veces se escuchan voces disipándose o un silencio completo; la víctima sale de un letargo, como despertándose de una pesadilla o de un estado de coma. En algunos casos recuerda algo de lo que pasó, otras más no recuerda nada. Necesitará apoyo terapéutico una vez que haya pasado todo. El exorcista, sin embargo, con dificultad podrá olvidar las horrendas experiencias que experimentó. Es por esto que pocos sacerdotes quieren llevar a cabo este ritual.

Malachi Martin dice que no se sabe cómo seleccionan a sus víctimas los entes malignos, porque según narra en uno de los casos que presenta, donde habla del padre Mark, mientras exorcizaba a un demonio, le hizo esa pregunta y éste le contestó que a veces sus objetivos son escogidos desde antes de nacer. En otro de los casos, el de un individuo llamado Jamsie, la entidad posesionada se hacía llamar Tío Ponto y tenía todas las características de un extraterrestre gris: pequeño, con piel de color indefinido, entre blanco, café y negro, ojos bulbosos, cabeza grande y barbilla puntiaguda y pequeña.

Padre Gabriel Amorth

El sacerdote exorcista Gabriel Amorth (ver su libro *Narraciones de un exorcista*) clasifica el comportamiento del demonio en cuatro fases:

1. Antes de ser desenmascarado.
2. Durante las prácticas del exorcismo.
3. Cuando está próximo a salir.
4. Después de la liberación.

Asimismo describe algunos de los aspectos más frecuentes de la forma que actúa, como sigue:

1. "Antes de ser descubierto". El demonio causa trastornos físicos y psíquicos sin que nadie sospeche el verdadero origen del mal, por lo que es común el hecho de que el paciente cambie varias veces de médico, acusándolos de no acertar. Más difícil es la cura de los daños psíquicos; muchas veces los especialistas no encuentran el mal (esto ocurre con frecuencia

también en los males físicos) y la persona, a los ojos de sus familiares, pasa por "embrujada".

El padre Amorth explica que, generalmente, cuando ocurre esto, la tendencia es buscar curanderos o brujos, lo que hace que las cosas empeoren; pero cuando ha agotado todos los medios, la persona afectada finalmente acude al exorcista, quien, dicho sea de paso, es bastante difícil encontrar debido a la escasez de sacerdotes que se dedican a este campo y, porque en muchas ocasiones, el afectado no es practicante.

2.   "Durante los exorcismos". En principio, el demonio se vale de todo para no ser descubierto o por lo menos para esconder la gravedad de la posesión, aun cuando a veces no lo logra.

Algunas veces, el ente demoníaco se ve obligado a exteriorizarse a la primera plegaria, aunque en ocasiones se requieren más exorcismos. Respecto a esto, el padre Amorth dice que recuerda el caso de

un joven que, a la primera bendición, sólo había dado un ligero signo de sospecha; pensé: "es un caso fácil; con esta bendición lo logro". La segunda vez se puso furioso y desde entonces no efectué el exorcismo si no lo sostenían cuatro robustos hombres. En ciertos casos durante la primera o la segunda bendición, el demonio muestra toda su fuerza, que varía de una persona a otra; otras veces, esta manifestación es progresiva. El demonio actúa de diferentes formas ante las plegarias y mandamientos. Se esfuerza por parecer indiferente, pero en realidad sufre y cada vez sufre más hasta que se llega a la liberación. Algunos poseídos quedan inmóviles y silenciosos, moviendo sólo los ojos, si son provocados. Otros se convulsionan y es necesario detenerlos, porque pueden dañarse; otros lanzan lamentos, como cuando se les pone la estola, oprimiéndola, en las partes doloridas, como sugiere el ritual, o bien haciéndoles la señal de la cruz o esparciendo agua bendita... el ritual censura que se hagan preguntas sólo por curiosidad, permitiendo únicamente las necesarias para la liberación. Lo primero que se pregunta al demonio es el nombre. Después se exhorta al maligno a decir cuántos demonios están en ese cuerpo. Pueden ser muchos o pocos, pero siempre hay un jefe, aquel que mencionaron primero. Cuando el demonio tiene un nombre bíblico o le ha sido dado por la tradición (por ejemplo, Satanás o Belcebú, Lucifer, Zabulón, Meridiano, Asmodeo) se trata de "piezas gordas", más duras de vencer. La fuerza de la posesión se evidencia también por la reacción del demonio cuando se mencionan los nombres sagrados. En general, tales nombres nunca los menciona el maligno y no pueden decirse, se sustituyen por otras expresiones como "Él" indica Dios o Jesús; "Ella" se refiere a la Virgen; otras veces dicen "tu jefe" o "tu señora", para hablar de Jesús o la Virgen. Si por el contrario la posesión es muy fuerte y el demonio es de alto rango (reiteramos que los demonios conservan el rango que tenían cuando eran ángeles, como Tronos, Principados, Dominaciones) es posible entonces que pronuncien el nombre de Dios y de la Virgen junto con horribles blasfemias. En algunos casos, los demonios revelan secretos de los que están presentes: "Un día el padre Cándido había invitado a un sacerdote para asistir a sus exorcismos, el cual se jactaba de no creer en ellos. Cuando estaba presente, con una actitud casi de desprecio, con los brazos cruzados, sin orar (como deben hacer siempre los presentes) y con una

sonrisa irónica, el demonio se dirigió de repente a él y le dijo: "Tú dices que no crees en mí. Pero les crees a las mujeres; a ellas sí ¿verdad?; ¡y cómo les crees!'. El desgraciado, mudo, caminando hacia atrás, alcanzó la puerta y se escabulló a toda prisa. Pero no olviden que el demonio es el príncipe de la mentira. Puede muy bien acusar a una persona o a otra para hacer surgir sospechas y enemistades. Un exorcista con experiencia similar a la del padre Cándido que comprende por sí mismo el tipo de demonio al que se enfrenta, qué hacer y casi siempre adivina también el nombre, hace muy pocos interrogatorios. Muchas veces los demonios hablan espontáneamente, cuando se trata de posesiones fuertes, para tratar de desanimar o de espantar al exorcista. En algunas ocasiones, oí que me decían frases como éstas: 'Tú no puedes nada contra mí'; 'Ésta es mi casa; estoy aquí y aquí me quedo'; 'Estás perdiendo tu tiempo'. O bien amenazas: 'Te comeré el corazón'; 'Esta noche no cerrarás los ojos por el miedo'; 'Vendré a tu lecho como una serpiente'; 'Te tiraré de la cama'. Después que lo he rebatido, calla. Por ejemplo, cuando digo: *'Estoy envuelto en el manto de la Virgen, ¿qué puedes hacerme?'*; *'Tengo a mi Ángel de la Guarda que vela para que no sea yo tocado; tú no puedes hacer nada'*, y similares. Se encuentra siempre algún punto particularmente débil. Están también las frases, en las oraciones de exorcismo o en otras oraciones que el exorcista evoca, a las que el demonio reacciona violentamente o pierde fuerza. Es entonces cuando se insiste repitiendo las frases sugeridas por el ritual. El exorcismo puede prolongarse o ser breve, según vea el exorcista qué es más útil, teniendo en cuenta varios factores. A veces es útil la presencia de un médico no sólo para el diagnóstico inicial, sino también para su consejo acerca de la duración de la práctica. Sobre todo cuando el poseso no se encuentra bien (por ejemplo si sufre males cardíacos), o cuando el que no está bien es el exorcista; entonces el doctor indica el momento para suspender todo. En general es el exorcista el que se da cuenta que sería inútil proseguir".

3. "Próxima salida". Es el momento delicado y difícil, que puede prolongarse bastante. El demonio demuestra haber perdido las fuerzas en parte, y trata de arrojar sus últimos ataques. A veces se tiene esta impresión: mientras en las enfermedades más comunes el enfermo mejora progresivamente hasta sanar, aquí sucede lo contrario, o sea la persona atacada cada vez está peor, y cuando ya no puede más, llega el alivio. Para el demonio, dejar a una persona y retornar al infierno, donde casi siempre está confinado, significa morir eternamente, perder toda posibilidad de demostrarse activo molestando a las personas. Expresa este estado de desesperación con expresiones que repite durante los exorcismos: "Muero, muero"; "No puedo más"; "Basta, así me matan"; "Son unos asesinos, verdugos, todos los sacerdotes son asesinos" y frases similares. Llega a confesar que durante los exorcismos, está peor que en el infierno. Sucede que al poseído le resultan cada vez más fatigosos los exorcismos y, si no viene acompañado o casi forzado, falta a la cita. He tenido también casos de personas que, cerca o ya muy cerca de la liberación, dejaron completamente la práctica de exorcismos. Este tipo de "enfermos" siempre es ayudado para orar o para ir a la Iglesia, además de acercarse a los sacramen-

tos, porque por sí solos no son capaces de hacerlo, tienen necesidad de que alguien los ayude a someterse a los exorcismos. Sobre todo en la fase conclusiva, animándolos continuamente. El demonio puede causar también males físicos, principalmente psíquicos, que deben ser tratados por la vía médica, aun después de la curación. No obstante, es posible el caso de curaciones completas, sin consecuencias.

4.   "Después de la liberación". Es muy importante que la persona liberada no disminuya su ritmo de oraciones, la frecuencia de los sacramentos y su empeño por la vida cristiana. Hace mucho bien solicitar de vez en cuando la bendición, porque a menudo sucede que el demonio ataque, que trate de regresar. Es necesario no dejarle abierta ninguna puerta. Tal vez, más que de convalecencia, estamos hablando de un período de reforzamiento, necesario para conservar la liberación que se ha logrado. Tuve algunos casos de recaída: no había sido precisamente negligencia por parte del sujeto, éste había continuado con buen ritmo su vida espiritual intensa por lo que la segunda liberación resultó relativamente fácil. Cuando, por el contrario, la recaída había sido facilitada por haber cesado de rezar, esto es peor aún, porque se ha caído en un estado de pecado habitual, entonces la situación se vuelve más delicada, como describe el evangelio de Mateo 12: 43-45, cuando el demonio retorna con otros siete espíritus peores que él: "el demonio hace todo lo que puede por esconder su presencia".

El padre Amorth agrega que una forma para conocer la diferencia entre una enfermedad mental y una posesión —aunque no

es una regla exacta– es que el que tiene un padecimiento mental trata de llamar la atención y el demonio hace lo contrario.

El sacerdote exorcista Cándido Amantini, en la presentación del libro del padre Gabriel Amorth, dice:

> Un mal de origen demoníaco, aunque sea reciente, se muestra refractario en forma extraña a todo fármaco común; mientras que males gravísimos, juzgados como morales, se atenúan misteriosamente hasta desparecer del todo, después que ha recibido ayuda puramente religiosa. Además, las víctimas de un espíritu maligno son perseguidas por una continua mala suerte; en su vida ocurren continuamente desgracias.

El Padre Amorth asegura que si se trata de influencias maléficas, los dos puntos comúnmente atacados son la cabeza y el estómago, por ejemplo agudos dolores de cabeza que no responden a los calmantes. En el caso de los jóvenes, puede haber rechazo a estudiar y a no asimilar lo aprendido. Algunos de los signos de posesión son los siguientes:

> Hablar de corrido lenguas desconocidas; entenderlas si otros las hablan; saber de cosas lejanas y ocultas; mostrar una fuerza muscular sobrehumana. Un síntoma típico es la aversión a lo sagrado: blasfeman continuamente con violencia contra las imágenes sagradas. Casi siempre tienen comportamientos antisociales y rabiosos con sus familiares o en los lugares que frecuentan. El otro punto a menudo atacado es el cuello del estómago, externamente. También aquí se pueden verificar males punzantes y rebeldes al tratamiento; una característica típica de causas maléficas sucede cuando el mal cambia a otra parte: invade el estómago o los intestinos, luego los riñones, los

ovarios, sin que los médicos comprendan las causas. También la fuerza extraordinaria puede ser signo de posesión diabólica, pueden mantener quieto a un loco con la camisa de fuerza, a un endemoniado no.

Maleficios, hechizos

El padre Amorth, según sus experiencias, habla de cuatro formas distintas de hacer un maleficio:

1. Magia negra o brujería, ritos satánicos que se hacen en las misas negras, con palabras mágicas o con otros ritos, con el fin de enviar un maleficio contra una persona. *"Con invocaciones al demonio, pero sin hacer uso de objetos especiales. Quien se dedica a esta práctica se convierte en siervo de Satanás..."*

2. Las maldiciones. Son augurios del mal y el origen de éstas se encuentra en el demonio; cuando son hechas con verdadera perfidia, por ejemplo cuando hay vínculo de sangre entre el que maldice y el maldecido, los efectos pueden ser tremendos. Los casos más comunes y graves se referían a padres o abuelos que maldijeron a sus hijos o nietos. La maldición es un hecho muy grave si se refería a su existencia o si se hacía en circunstancias particulares, por ejemplo, el día del matrimonio.

3. El mal de ojo. Consiste en un maleficio realizado por medio de la mirada. Es un verdadero maleficio, supone la intención de dañar a una determinada persona con la intervención del demonio.

4. El hechizo. El nombre deriva del hacer o confeccionar un objeto, formado con el más extraño y va-

riado material que tiene un valor casi simbólico: es un signo importante de la voluntad de dañar y es un medio ofrecido a Satanás para que le imprima su forma maléfica. [Hay] dos modos diferentes de aplicar el hechizo, que la víctima beba o coma algo donde se haya mezclado la brujería. Ésta se prepara con los ingredientes más variados: sangre de menstruación, huesos de muertos, polvos varios casi siempre negros (quemados), partes de animal –principalmente el corazón–, hierbas especiales. Pero la eficacia maléfica no se da tanto del material usado como del deseo de hacer el mal con la intervención del demonio. Casi siempre la persona que es atacada así, además de otros trastornos, sufre después de un característico mal de estómago, que los exorcistas saben muy bien reconocer y que sana sólo después de haber liberado a este órgano con mucho vómito o con evacuaciones, en las que se expulsan las cosas más extrañas. Otro modo (de hechizo) consiste en maldecir objetos pertenecientes a la persona que se quiere atacar (fotografías, prendas de vestir, etc.), o en hacer el maleficio a figuras que la representen: títeres, muñecas, animales, tal vez personas vivas, del mismo sexo y edad. Un ejemplo muy común, durante este rito satánico, es que le clavan alfileres a una muñeca. (También tenemos) el hechizo confeccionado bajo formas de ligamento, ligaduras con cabellos o con tiras de tela de variados colores (sobre todo: blanco, negro, azul, rojo, según el fin perseguido). Un ejemplo: para atacar al hijo de una mujer encinta, ha sido atada, con aguja y crin de caballo, una muñeca del cuello al ombligo. El fin es que el niño por nacer crezca deforme, es decir que no se desarrolle en la parte del cuerpo comprendida por la ligadura. Las ligaduras se refieren sobre todo al desarrollo de las varias partes del cuerpo, pero más a menudo al desarrollo mental: algunos tienen impedimentos para estudiar, para el trabajo, para un comportamiento normal, porque han sufrido ligaduras en el cerebro. Y los médicos luchan en vano por identificar el mal y curarlo.

Dios no hizo el infierno

El mal, el sufrimiento, la muerte y el infierno no son obras de Dios. En el mismo libro *Narraciones de un exorcista*, el padre Amorth habla del caso de su maestro, el sacerdote Cándido Amantini, quien al concluir un exorcismo se dirigió al espíritu inmundo con ironía: "Sal de aquí, el Señor te ha preparado una casa confortable y cálida". A lo que el demonio respondió: "Tú no sabes nada. No es Él (Dios) quien ha hecho el infierno. Hemos sido nosotros. Él no lo había siquiera pensado". En una situación análoga, mientras interrogaba a un demonio para saber si también él había colaborado en la creación del infierno, oí que me respondió: "Todos nosotros hemos contribuido".

La liberación

El Ministerio de la Liberación y el Exorcismo no fueron inventados por ingenuos o irracionales observadores, al contrario, fueron especialistas los que encontraron un método práctico para ayudar a alejar a las entidades oscuras. Aun si

no se trata de un ente individualizado, sino que la persona ha inventado sus propios demonios a través de adicciones, vicios, temores, y de todas maneras funciona la liberación porque el exorcizado se libera de esa parte de su personalidad y vive en paz.

Los demonios, igual que los "extraterrestres", a veces logran apoderarse de personas inocentes y espirituales debido a los "pecados" de sus antepasados; es decir, por lazos que éstos establecieron con las entidades. El carismático luterano Kart E. Koch, en su natal Baden, Alemania, como pastor y consejero en la década de 1930, pudo darse cuenta de que se practicaba mucha magia con datos sacados del *Sexto y séptimo libro de Moisés*, libro similar a la *Biblia Satánica* de Antón LaVey (aparecido después), que describe cómo hacer magia negra. Koch, siendo niño, se dio cuenta de que cada vez que visitaba a sus abuelos se despertaba a media noche y veía una enorme bestia de ojos rojos. Esta experiencia lo intrigó durante años hasta que un día su padre le comentó que él y sus hermanos habían padecido las mismas visiones cuando niños. Su padre le contó que su abuela practicaba rituales con el *Sexto y séptimo libro de Moisés*; de inmediato, Koch supo de la responsabilidad de las experiencias desagradables de su padre, de sus tíos y las suyas propias, recaían en su abuela. Esto le motivó a ayudar a personas en situaciones semejantes, guiándolos para que pudieran cortar los lazos de los antepasados.

Koch, en sus investigaciones, pudo comprobar que, por lo general, las personas que se le acercaban con depresión y otros padecimientos mentales, antes habían acudido a practicantes de magia. Según Koch, los que corren más riesgos son los niños a los que llevan con brujos para ser sanados, ya que durante el ritual pueden ser poseídos por algún ente negativo, o bien se puede activar el demonio heredado de sus

antepasados. Aunque Koch es muy radical en sus conclusiones, sus libros han servido de guía para los que practican ceremonias de liberación. Entre los datos que proporciona, se refiere a algunos talismanes que pueden ocasionar cicatrices psíquicas; es decir, alterar negativamente las células y producir, además de enfermedades, padecimientos mentales de origen demoníaco. Asume que muchas enfermedades congénitas son probablemente señales de que algún antepasado tenía lazos con el ocultismo.

Hablar en lenguas

Hablar en lenguas es un don del Espíritu Santo, es una oración o alabanza a Dios, pero como vimos antes, también en ocasiones es un síntoma para reconocer la injerencia de una entidad negativa. Don Basham, en *Can a Christian have a Demon?* encontró en sus investigaciones que el 75 por ciento de las personas poseídas por un demonio habían recibido el Espíritu Santo por medio de "hablar en lenguas" (glosolalia), lo que le hizo suponer que, a veces, "hablar en lenguas" puede abrir la puerta al reino satánico. De acuerdo con Maxwell Whyte, un demonio puede ser un ente que se separó de Dios mucho antes de la aparición de nuestra humanidad, por lo que ha tenido tiempo suficiente para haber poseído a muchos individuos durante su larga existencia. Pudo haber poseído el cuerpo de un chino y al morir éste, trasladarse al de un hindú, y así sucesivamente, aprendiendo el idioma de cada uno, por lo que Maxwell piensa que "hablar en lenguas" no es garantía de que quien se expresa es el Espíritu Santo. De hecho, según este autor, comunicarse a través de "hablar en lenguas" es semejante a contactar un ente por medio de la ouija.

Como vimos anteriormente, según la tradición católica, "hablar en lenguas" es uno de los signos para identificar a un poseso, porque la persona poseída se convierte en una especie de médium o canal que puede expresar lo que quiere el ente que la controla. Este es uno de los motivos por los que la Iglesia católica prohíbe al sacerdote, durante los ritos de exorcismo, entablar conversaciones frívolas con el demonio. Adicionalmente, todo lo que sale de la boca del poseído serán mentiras para sembrar más odio y confusión.

Desorden de personalidad múltiple (MPD)

El desorden de personalidad múltiple o MPD (siglas en inglés de *Multiple Personality Disorder*) se refiere a las personalidades ocultas o "*alters*" que tienen sus propios nombres y características, las cuales pueden identificarse como personalidades separadas del paciente o incluso como animales. En la actualidad existe un creciente número de psiquiatras y psicólogos que cuestionan el término y lo que implica "personalidad múltiple", porque algunos de sus colegas, después de estudiar numerosos casos, han llegado a la conclusión de que no son alteraciones cerebrales, sino que se trata de entes con individualidad propia que se posesionan de la víctima. El doctor Frank Putnam del National Institute of Mental Health explica que son muy extrañas las cosas que suceden con muchos diagnosticados, como el caso de una persona con diferentes personalidades de las que sólo una reacciona ante determinada droga y las otras no. El doctor Bennet Braun del Rush Presbyterian-St. Luke's Medical Center de Chicago reporta que algunas víctimas se ven obligadas a usar lentes de diferente graduación según la personalidad que se manifiesta. Se refirió al caso de una mujer que era daltónica sólo

en una de sus personalidades. Otro caso describe a una mujer diabética que no manifestaba ningún síntoma de este padecimiento cuando tomaba el control cualquier otra personalidad. En el caso de otra mujer que mostraba cuatro personalidades, sus ondas cerebrales indicaban cuatro patrones de funcionamiento distintos, como si se tratara de cuatro cerebros diferentes. Una vez que fue tratada, el patrón cerebral que manifestó difería totalmente de los cuatro anteriores. El doctor Richard Kluf, de la Universidad de Pensilvania, después de examinar a más de cien pacientes con MPD, encontró que en un paciente típico existen de ocho a 13 personalidades diferentes, aunque puede haber más de 60 en una sola víctima. Algunas de las personalidades más comunes son:

1) La personalidad o cuerpo "anfitrión" que es quien se acerca al médico en busca de ayuda.
2) Una personalidad de niño asustado.
3) Un protector competente.
4) Personalidad acusadora o fiscal, que generalmente se presenta como un ser abusivo que trata de dañar a las otras personalidades.
5) La personalidad anestesiada o impermeable que parece que surge para soportar el dolor.

Cada personalidad tiene su nombre, edad, recuerdos, habilidades y demás características individuales. Hay casos en que la escritura es diferente en cada una, así como sus antecedentes culturales y raciales, talentos artísticos, fluidez en idiomas extranjeros y hasta su IQ. Al cambiar de personalidad, un borracho puede volverse sobrio; de hecho existen casos de mujeres que menstrúan hasta tres veces al mes, porque cada personalidad tiene su propio período.

Fragmentaciones

Algunos médicos opinan que en ciertos casos han encontrado que un cambio en la personalidad, cuando no es muy llamativo, no se trata de una entidad que se ha adherido, sino que se ha producido una fisura en el cuerpo etérico o astral de la persona; cuando esto sucede, un fragmento desaparece. Puede ser con un evento traumático posterior a recibir una noticia negativa, después de una pérdida, un accidente, una traición, abuso sexual, un pleito, participar en una guerra, etcétera.

Todas las personas tienen actitudes cambiantes en su personalidad. Un día pueden estar de humor para hacer algo y al día siguiente manifestar desagrado por lo mismo. Se puede tener cambios de temperamento, como ser un ogro en la oficina y un amoroso padre de familia en la casa. Esto es considerado como subpersonalidades que pueden manifestarse de un momento a otro, como ejemplo: una persona puede tener una actitud tolerante y de pronto manifestar desesperación porque algo la sacó de quicio. Estos cambios son normales y no necesariamente indican que existe una fragmentación o que se ha adherido algo. A menos que sea un comportamiento exagerado o demasiado frecuente, radical y obvio.

Se presume que, teóricamente, nuestro inconsciente sabe que pueden existir rendijas en los cuerpos sutiles, para reconocerlas existen frases. A esto se le llama también "fisuras en el cuerpo etéreo", que puede suceder por traumas en la infancia. Las expresiones más comunes para identificar lo anterior pueden ser: "Me estoy resquebrajando con esa noticia", "Me cuarteas

233

con esa noticia", "Me rompe el alma saber que me ha traicionado", "Me parte en dos saber eso", "Me partió el alma", "Me siento medio muerto", "Algo en mí no es igual", "Fue una experiencia desgarradora", "Estoy despedazado por dentro", "Parte de mí se quedó allá", "Como que le falta algo a esa persona", "Me desbaraté cuando lo vi", "Me rompí en mil pedazos", "Dejé mi corazón en ese trabajo", "Estoy despedazado por dentro", "Me deshice en atenciones", etc. Después de una intervención quirúrgica, un trauma, una pérdida familiar, por divorcio o por muerte, a veces se escuchan frases de las víctimas, tales como: "No soy la misma persona desde equis acontecimiento".

Por el contrario, cuando percibimos a alguien cuyo comportamiento siempre es correcto, solemos decir: "Fulano es una persona íntegra", "A esta persona no le falta nada", etc., para subrayar el hecho de que está completo.

Cuando se presenta un estado de coma, deja de llegar la energía a determinadas zonas, lo que indica que esa sección del cuerpo está desocupada, y produce una ranura por donde puede introducirse alguna entidad extraña. Esto no sucede siempre, sobre todo si es alguien asistido amorosamente por sus seres queridos y tiene el apoyo de la oración. Existen casos donde realmente sí se han separado las contrapartes sutiles y no saben cómo regresar al cuerpo, o al intentar hacerlo se dan cuenta de que está ocupado por un ente extraño. Esto explica por qué algunas veces cuando las personas que han estado en coma recobran la conciencia, necesitan ser asistidas para que recuerden las partes faltantes de su vida o se recuperen de la amnesia.

Esto también puede suceder durante los viajes astrales, como en el caso de Robert Monroe que al regresar después de un viaje encontró su cuerpo ocupado por otra entidad. Esta experiencia, aunque es alarmante, no lo fue tanto para una persona como Monroe, que se dedicó a enseñar cómo viajar astralmente; esta experiencia no representaría lo mismo para cualquier persona que decide incursionar en un mundo desconocido, ya que no tendría la plena certeza de lo que puede pasar allá y lo que encontrará al regresar. Algunos médicos relacionan esta condición con lo que llaman trastornos disasociativos, cuando las víctimas suelen no recordar algunos fragmentos de sus vidas.

Una persona puede perder varios fragmentos de su personalidad y carecer después de las virtudes que se relacionaban con esa porción o tener sólo un fragmento faltante, como cuando alguien, después de ser una persona humanitaria, por haber sido traicionada se vuelve vil y despiadada. En este caso, se dice que la sección perdida puede ser la que correspondía a la *bondad*.

Otro ejemplo puede ser la desconfianza que se adquiere después de un engaño, indicando que la *fe* se alejó; también puede ser un temor cuando se ha tenido un accidente, perdiendo así la *seguridad*. La depresión y enfermedades crónicas, así como las tendencias suicidas están relacionadas con la pérdida de un fragmento. Independientemente de los conflictos que surgen al perder una porción de los cuerpos sutiles, también puede atraer a alguna entidad sin escrúpulos que decide alojarse allí.

Las culturas indígenas relacionan los fragmentos perdidos con las enfermedades, para recuperarlos, los chamanes viajan a otros planos hasta encontrarlos y luego restaurarlos en el cuerpo astral del enfermo. También creen que el alma puede asustarse y ser robada, seguramente usan la palabra

"alma" de forma genérica para representar tanto el cuerpo etérico como el astral (personalidad), pues sabemos que el alma es eterna pues está compuesta de partículas divinas y no puede perderse. Lo que sí puede suceder es que el cuerpo astral que lleva dentro el cuerpo mental, el alma y el espíritu, puede salirse del cuerpo de una zona del cuerpo físico. (Ver la composición de los cuerpos en el manual 1, *Di ¡sí! a los Ángeles y sé completamente feliz*, de esta misma autora.)

En caso de la pérdida de un fragmento de la personalidad, aparte de buscar asesoría psicoterapéutica, para recuperar el fragmento perdido, se debe ser constante en la oración y pedir directamente intercesión celestial para rescatar la porción faltante.

> Pues no nos estamos enfrentando a fuerzas humanas, sino a los poderes y autoridades que dirigen este mundo y sus fuerzas oscuras, los espíritus y fuerzas malas del mundo de arriba.
>
> *Efesios 6:12*

Técnicas para recuperar fragmentos perdidos, deshacerse de los de otros seres y reparar las fisuras que deja el desalojo

Aspirar profundamente y pedir mentalmente al Espíritu Santo que te inunde con su esencia Divina. Luego decir:

> Padre mío, celestial, de acuerdo con tu divina voluntad,
> en nombre de nuestro señor Jesucristo,
> te ruego que tus divinos Ángeles trabajen sobre mi cuerpo,
> liberándome de cualquier fragmento adherido a mí,
> ya sea de persona viva o muerta
> o de cualquier entidad diferente.

Te ruego que cualquier cicatriz
etérica o astral
que esto hubiera producido,
sea sanada con la celestial
luz reparadora del Espíritu Santo.
Gracias, Padre mío.

Ahora, visualiza a los Ángeles trabajando sobre tus cuerpos (etéreo, astral y mental), quitando toda negatividad que se hubiera adherido. Después observa cómo, en la zona donde había obstrucción, llenan con una poderosísima luz que permite que el cuerpo sea sanado y restaurada su perfecta salud. A continuación, deberás visualizarte en brazos de tu Ángel guardián... Imaginar el aura de tu Ángel como un radiante sol donde tú estás allí en medio, protegido por sus celestiales brazos. Agradece a Dios, a Jesús y al Espíritu Santo, sin olvidar a tu Ángel guardián.

Este ejercicio se deberá hacer por lo menos dos veces al día, en la mañana y en la noche, aunque es preferible que se haga más veces, aun cuando se haya restaurado el cuerpo. Se sugiere visualizar diariamente, a la hora de retirarse a dormir, al Ángel guardián reparando la fisura con su luz divina.

Dibujo de Ángel
con niño en brazos.

La forma de estar protegidos es por medio de la oración, la meditación espiritual, invocar la ayuda de los Ángeles de acuerdo con la voluntad de Dios, usar objetos sacramentales y objetos sagrados que se pueden colocar debajo del colchón, de la almohada, etc. También tiene un efecto extraordinario, visualizarnos como un bebé descansando en brazos de nuestro Ángel guardián, dentro de su resplandor de amor.

Grados de adherencias

Existen diferentes grados de adherencia de una entidad, éstas se clasifican como sigue:

1. Cuando la entidad sólo puede transmitir pensamientos tentadores; es decir, la persona dice cosas que normalmente callaría o hace otras que no corresponden a lo que habitualmente le provocan. Ésta es una adherencia leve.
2. Se considera una adherencia intermedia, cuando la entidad ya influye en la vida de la persona. Esto se identifica cuando hay un cambio súbito de temperamento, breves actos irracionales, compulsiones, miedos y depresiones súbitas.
3. Una adherencia fuerte es cuando la entidad está incrustada en el campo electromagnético de la persona y ya influye en su vida con radicales cambios de personalidad. Le transmite sensaciones de opresión y sofoco.
4. Una adherencia obsesiva es cuando la entidad invade y funde su personalidad con el cuerpo de la persona. La persona puede percibir esto como cambios repentinos de sentimientos, emociones

diferentes a las que normalmente tiene, molestias y dolores continuos, actitudes extrañas y a veces hasta adquiere vicios o talentos que antes no poseía.

Algunas frases que usan personas que tienen alguna adherencia que las hacen actuar de manera diferente a su naturaleza son: "El diablo me obligó a hacerlo", "No sé qué me pasa. Hoy no soy yo", "No pude evitarlo, siento como que se me metió el diablo", "Hoy no soy el mismo de siempre", "No estaba en mi sano juicio".

Expresiones usadas por personas que perciben algo incorrecto en la conducta de otra: "Como que hoy le falta algo a Fulano", "Parece que se levantó con el pie izquierdo", "Quién sabe qué bicho le picó", "Hoy hizo gárgaras de cicuta", "No es la misma persona de siempre".

Cómo se crea mentalmente

Los rituales mágicos que producen un hechizo sobre personas, objetos o lugares para que se produzca un mal por medio de las fuerzas oscuras logran efecto siempre y cuando la víctima no busque protección divina ni resguardo en los lugares u objetos. El efecto de un hechizo puede manifestarse como una enfermedad, un accidente mortal, confusión o pérdida de las facultades mentales, depresión, mala suerte, autodestrucción, etcétera.

Las maldiciones son deseos malignos que se emiten contra una persona o un grupo, y tienen más peso cuando

son emitidas por personas unidas consanguíneamente. Se puede emitir una maldición con el solo pensamiento, pero la maldición, ya sea que surta efecto o no, queda suspendida sobre su emisor y, eventualmente, éste sufrirá las consecuencias. Una forma de pensamiento es una proyección de nuestra conciencia; puede tener la configuración que corresponde al odio, a la tristeza, a la ira, al miedo, a los celos, entre otros. Cuando es un pensamiento continuo, como el amor o el odio, puede llegar a conformarse como una entidad que aparecerá con las características agradables o feas, según sean los pensamientos. Una forma así creada corresponde a un ente artificial, no tiene la *chispa* de Dios, se nutre de la energía de su proyector. Un mago negro puede conjurar a una entidad que le ayude a llevar a cabo los trabajos negros que le encargan o que desea; a estos entes invocados se les llama "espíritus familiares". La forma del pensamiento está unida al emisor por medio de un hilo negro a través del que se retroalimentan. Como fue creado por el que lo pensó, no tiene memoria del pasado, no tiene historia antes de ser creado, es inconsciente. Los seres conscientes son creados por Dios y pueden recordar la experiencia de la luz de donde proceden, pero estas entidades no pueden dirigirse hacia allá porque no son de allí. Las formas así creadas se conocen como *egrégores* o elementales artificiales y son visibles en los planos intangibles.

Santa Claus como elemental artificial

En *Psi Spies* (*Espías psíquicos*), Jim Marrs relata el caso de un visualizador remoto cuyos compañeros de unidad le dieron un objetivo para que localizara astralmente. Le explicaron que se trataba de un conocido terrorista extranjero

muy activo durante las festividades; el visualizador pudo ver a una persona vestida de color rojo acompañada de varios ayudantes, pero como esta descripción no encajaba con lo que él imaginaba, estuvo varios días confundido y temeroso de fallar en su tarea, hasta que finalmente decidió acercarse más y pudo ver con claridad que se trataba de Santa Claus. Sus compañeros, jugándole una broma, le habían dado las coordenadas del Polo Norte, y él, efectivamente, vio a un personaje que aunque ficticio, por la energía del pensamiento sostenido de mucha gente, ya se ha convertido en una entidad objetiva y perceptible en otro plano.

Cualquier forma mental puede ser eliminada si así lo desea su creador, ya sea que la estructuró en esta vida o la viene arrastrando de vidas anteriores.

Maldiciones por lazos de herencia

Las maldiciones por lazos de herencias pueden provenir de cualquiera de nuestros familiares, incluso de generaciones pasadas. Solemos pensar que nuestros ascendentes siempre han estado en el camino correcto; sin embargo, es bastante difícil responder por todos los integrantes considerando que en línea directa, cuatro generaciones suman 30 antepasados que son: padre y madre, dos abuelas y dos abuelos, cuatro bisabuelas y cuatro bisabuelos y, finalmente, ocho tatarabuelas y ocho tatarabuelos; treinta personas, cuyas acciones y estado de conciencia es bastante improbable que podamos avalar.

Independientemente de lo que pudiera ser una "maldición" heredada, puede ser que un miembro de la familia actual se involucre en situaciones que atraigan malas vibraciones, ya que hoy en día muchas cosas que atraen este tipo

de frecuencias son presentadas como si fueran inocuas; si los integrantes de una familia tienen su campo electromagnético débil o descuidado, pueden ser receptáculos de situaciones indeseadas; éste es el motivo de la necesidad de mantener un estado de conciencia elevado y orar.

> Vivan orando y suplicando. Oren en todo tiempo según les inspire el Espíritu. Velen en común y perseveren en sus oraciones sin desanimarse nunca...
>
> *Efesios 6:18*

Una forma de orar es poner nuestra atención únicamente en el amor de Dios y entregarnos a Él mentalmente. Recordemos las palabras de santa Teresa de Ávila: *"Procuraba lo más que podía traer a Jesucristo, nuestro bien y señor, dentro de mí siempre presente, y ésta era mi manera de orar"*.

La maldición afecta a los que están presentes

En su libro, *Deliverance from Evil* (*Liberación del mal*), Francis MacNutt cuenta que una actriz de teatro de Nueva York le informó que en el medio teatral se comenta mucho que existe una maldición relacionada con la obra *Macbeth*. Esta creencia se debe a que cuando se presenta dicha obra, la mayoría de los participantes son víctimas de tragedias en mayor o menor grado. Esto puede explicarse porque las malas vibraciones llegan a cualquier lugar donde se emiten maldiciones. Cuando Shakespeare (1564-1616) escribió esta obra, se asegura que recibió la asesoría de Christopher Marlowe (1564-1593), autor de la obra teatral inglesa *Doctor Faustus*,[28] y como su-

---

[28] Es el personaje en que se inspiró Johann Wolfgang von Goethe (1749-1832) para escribir su célebre obra *Fausto*. Supuestamente, Marlowe

puestamente Marlowe estaba involucrado en el satanismo, le dio la información precisa a Shakespeare sobre cómo debían proceder las tres brujas que aparecen en *Macbeth*, por lo que las maldiciones ahí mencionadas tienen mucho realismo y el poder de atraer a las fuerzas oscuras. Es tal el temor en el medio teatral respecto a esta obra que la gente de teatro evita estar involucrada en su producción; creen que la maldición no sólo afecta a los actores, sino que el sólo nombre *Macbeth* atrae mala suerte, por lo que se refieren a dicha obra como "la obra escocesa" o "la obra de la reina escocesa". Hay que recordar que esta obra trata de tres brujas que maldicen y predicen el futuro. Macbeth y Lady Macbeth conspiran para asesinar a Duncan, el legítimo heredero del trono escocés, al final se revierten las maldiciones: Lady Macbeth enloquece y Macbeth muere en batalla. Casi toda la obra se centra en el mal y en las fuerzas oscuras.

La palabra

Os digo que de toda palabra ociosa que hablen los hombres darán cuenta en el día del Juicio. Porque por tus palabras serás declarado justo y por tus palabras serás condenado.
Mateo 12:36

Con respecto al poder de la palabra, en el libro que mencionamos anteriormente, *Blessing or Curse*, Derek Prince, reconocido autor de varios libros, describe cómo, a través de las expresiones cotidianas, se puede reconocer si existe alguna situación que pesa sobre la familia, porque algún antepasado

---

también fue influenciado por otros grandes ocultistas como Cornelius Agrippa (1486-1535) y el doctor John Dee (1527-1609). Otros autores opinan que Shakespeare y Marlowe son uno mismo.

estableció compromisos con entidades o fue objeto de alguna maldición. Estas señales son sólo para reconocerlas, porque gracias a Dios, existen maneras muy efectivas para contrarrestarlas. Una de las más importantes es la oración apropiada, con la que se hace un esfuerzo por cambiar el uso de las frases negativas, sustituyéndolas por palabras elevadas. Las frases negativas abren la puerta para que alguna entidad con esa vibración tenga acceso a la vida de quien acostumbra expresarse así; de manera que, en vez de romper con el pasado, de forma inconsciente se está reforzando para que se trasmita la "maldición" a los descendientes.

Para remediar lo dicho, ya sea de manera ociosa o con intención, se deberá establecer la costumbre de identificar y reconocer que se está expresando de forma incorrecta, luego de inmediato arrepentirse, revocar la frase incorrecta y sustituir por una frase positiva.

Síntomas para reconocer si algún lazo del pasado pesa sobre la familia

Hay frases comunes usadas por integrantes de una familia cuando existe una maldición. Hoy se conocen como expresiones usadas inconscientemente, pero su significado tiene poder y el efecto se manifiesta de forma negativa en las personas que acostumbran usarlas. Cada inciso corresponde a una "maldición" diferente. Puede existir una o varias en una misma familia:

1. Tendencia a quebrantamientos o trastornos mentales o emocionales en la familia.

En este rubro se encuentran las familias cuyos integrantes acostumbran usar frases como: "Esto me está sacando de

quicio", "Ya no aguanto más", "Me enfurece cuando pienso que...", "Ésta es una familia de locos", "En esta familia todos estamos trastornados", "Me estoy volviendo loco", etcétera.

Para corregir estas expresiones, lo que pudiera resultar de sus vibraciones, además de las frases que aparecen abajo, está la oración de liberación y la visualización, se puede repetir continuamente una oración con palabras semejantes a:

> Señor mío y Dios mío, en nombre de nuestro señor Jesucristo, por favor corta toda adherencia negativa que pudiera estar afectándome a mí y a mi familia. Cúbrenos con tus bendiciones de salud mental, emocional y física. Llénanos de armonía, paciencia, tolerancia, paz y tranquilidad. Que tus divinos Ángeles nos envuelvan en su luz de amor. Gracias Dios mío. Así sea.

2. Enfermedades crónicas, congénitas o hereditarias.

Son personas cuyas expresiones pueden ser: "Si hay un bicho por allí, a mí me tiene que picar", "Estoy enfermo y cansado de...", "Es mal de familia, así que seguramente sigo yo", "Me enferman tantas exigencias", "Todos en nuestra familia son psicóticos", "Siempre hay trastornos en la familia", "La depresión se da mucho en nuestra familia", "Tenemos mucha tendencia a enfermarnos", "Equis enfermedad es hereditaria, se da en nuestra familia".

Para corregir estas expresiones y lo que pudiera resultar de sus vibraciones, además de las frases que aparecen abajo, es conveniente hacer la oración de liberación y la visualización se puede repetir continuamente una oración con palabras semejantes a:

> Padre mío, te ruego, en nombre de nuestro señor Jesucristo, cortes y retires toda adherencia negativa que pueda

estarme afectando a mí y a mi familia. Por favor envía a tus Ángeles para que con su luz de curación nos envuelvan a todos. Llénanos de fe, confianza y la seguridad en tu divino Amor. Gracias Padre mío. Así sea.

3. Predisposición a la esterilidad, abortos o complicaciones relacionados con la mujer.

Las frases usadas son semejantes a: "No creo tener la suerte de embarazarme jamás", "Otra vez me cayó la "maldición", "Sé que también abortaré esta vez... ya estoy acostumbrada".

Para corregir estas expresiones y lo que pudiera resultar de sus vibraciones, además de las frases que aparecen abajo, es conveniente hacer la oración de liberación y la visualización, se puede repetir continuamente una oración con palabras semejantes a:

> Padre mío, te pido, en nombre de nuestro señor Jesucristo, que todos los miembros de mi familia sean fecundos en todos los sentidos positivos de la palabra. Gracias, Padre mío, por favor envíanos a tus divinos ministros de amor para que nos envuelvan con su luz de fertilidad, salud y armonía. Así sea.

4. Patrón de desunión en la historia familiar.

Algunas frases son: "Ya me habían pronosticado que mi marido me dejaría", "Siempre supe que mi marido me dejaría por otra mujer", "En nuestra familia siempre hay pleitos", "En nuestra familia siempre hay divorcios", "Ya estoy harto de mi familia", "En nuestra familia siempre ha habido separaciones", "En nuestra familia, las mujeres estamos condenadas a estar solas", "¿Para qué casarte, si de toda maneras te divorciarás?", "Ésta es una familia de solterones", etcétera.

Para corregir estas expresiones y lo que pudiera resultar de sus vibraciones, además de las frases que aparecen abajo, puede hacer la oración de liberación y la visualización, se puede repetir continuamente una oración con palabras semejantes a:

> Padre mío, te pido, en nombre de nuestro señor Jesucristo, que siempre mantengas tu bendición de armonía, unión familiar, paz y mucho amor sobre mi familia. Gracias Padre mío, por favor envíanos a tus divinos ministros de amor para que nos envuelvan con sus emanaciones angelicales. Así sea.

5. Complicaciones financieras persistentes.

Frases como: "Nunca me alcanza el dinero. A mi padre le pasaba lo mismo", "Tengo que vivir restringido. No me puedo dar ese lujo", "Siempre ando en la miseria", "Estoy en la vil inopia", "Odio a los ricos que logran todo lo que quieren", "En nuestra familia siempre hemos sido pobres", "¡Pobres, pero honrados!".

Para corregir estas expresiones y lo que pudiera resultar de sus vibraciones, además de las frases que aparecen abajo, y la oración de liberación y la visualización, se puede repetir continuamente una oración con palabras semejantes a:

> Padre mío, te pido, en nombre de nuestro señor Jesucristo, que todos los miembros de mi familia sean productivos y que el resultado de su trabajo siempre sea fructífero y beneficie a muchos. Gracias Padre mío, por favor, envíanos a tus divinos ministros de amor para que nos envuelvan con su luz de prosperidad y abundancia. Así sea.

6. Predisposición a los accidentes.

"¿Por qué siempre a mí?", "Ya sabía yo que esto iba a pasar", "Soy torpe, por eso me pasan estas cosas", "Todo me sale mal", "En nuestra familia existe cierta predisposición a tener accidentes".

Para corregir estas expresiones y lo que pudiera resultar de sus vibraciones, además de las frases que aparecen abajo, además de la oración de Liberación y la Visualización, se puede repetir continuamente una oración con palabras semejantes a:

Padre mío, te pido, en nombre de nuestro señor Jesucristo, que protejas a todos los miembros de mi familia. Que en nuestros viajes, paseos, trabajo y gestiones en general, estemos siempre cubiertos con tus bendiciones. Gracias Padre mío, por favor envíanos a tus divinos Ángeles para que estén guiándonos y protegiéndonos siempre. Así sea.

7. Propensión en la familia a suicidios y muertes absurdas o súbitas.

"No vale la pena vivir", "¡Sobre mi cadáver!", "Prefiero morir a seguir así", "Que me den por muerto", "Prefiero verte muerto a que hagas...", "Todos somos enfermizos en esta familia", "Sólo hay dos alternativas, encontrar la solución a esto o morir", "En nuestra familia hay tendencias suicidas".

Para corregir estas expresiones y lo que pudiera resultar de sus vibraciones, además de las frases que aparecen abajo, está la oración de liberación y la visualización, además se puede repetir continuamente una oración con palabras semejantes a:

Padre mío, te pido, en nombre de nuestro señor Jesucristo, que purifiques a todos los miembros de mi familia,

que siempre estén cubiertos con tus bendiciones de salud y protección. Que en nuestra familia siempre exista optimismo, armonía y mucha felicidad. Que siempre seamos bendecidos con la seguridad de tu divina misericordia. Gracias Padre mío, por favor envíanos a tus divinos ministros de amor para que nos defiendan y cubran con su resplandor de salud y armonía. Así sea.

En todos los casos, se sugiere que los integrantes de la familia se acostumbren a pronunciar pensamientos o expresiones nobles. Que los niños escuchen palabras positivas como: "Gracias a Dios, siempre hemos contado con bendiciones celestiales", "Por la gracia de Dios, los integrantes de mi familia son sanos, con objetivos muy claros y acciones definidas y positivas", "Dios nos bendice, con una familia compuesta de seres nobles, llenos de energía y muy trabajadores", "Gracias a Dios, todos en la familia sabemos salir adelante", "Gracias a Dios, somos gente de calidad; sabemos sacar la casta", "Gracias a Dios, estamos siempre cubiertos con las bendiciones de salud, abundancia y mucho amor", etcétera.

Las bendiciones producen mucha más luz que la oscuridad que una maldición provoca. Es por esto que es tan importante acercarnos a Dios y a sus mensajeros de amor para estar constantemente cubiertos con su resplandor de protección, salud, armonía familiar, paz y mucho amor. En la Biblia se mencionan 410 veces las bendiciones y las maldiciones en diferentes formas se mencionan 230 veces.

Autoprotección

La base para la autodefensa es estar consciente que existe el peligro y comprender que tiene solución. Debemos tener la seguridad de lo siguiente:

1. Es la voluntad de Dios, nuestro padre celestial, que todos estemos protegidos. Desde el día que salimos de su seno como espíritus individualizados puso a nuestro lado un Ángel guardián para protegernos, guiarnos e inspirarnos.

2. Dios, nuestro padre, también nos dio libre albedrío. El libre albedrío es un don, la libertad para hacer lo que se quiera, pero cada quien es responsable de lo que resulte del uso de este don. El libre albedrío **NO** es una licencia para hacer impunemente lo que deseamos. Las únicas formas en que se ejerce el libre albedrío son por medio de los pensamientos, los sentimientos, las palabras y las acciones; dependiendo de la calidad de estos atributos será el destino del hombre. Esto quiere decir que cada ser humano "puede pensar, sentir, decir y hacer lo que se le antoje, y cada vez que usa una de esas facultades produce suficiente energía para conformar o mantener su mundo. El mundo personal de cada ser humano es el resultado del uso del libre albedrío...".[29] Debido a que gozamos de la libertad de hacer lo que deseemos, aun cuando tenemos a nuestro lado a nuestro Ángel guardián, él no puede intervenir en nuestra voluntad. Este es el motivo por el que se requiere que nosotros *le pidamos* que

---

[29] Del *Manual de Ángeles*, vol. 1, *Di ¡sí! a los Ángeles y sé completamente feliz* de Lucy Aspra.

se integre a nuestra vida. Ningún Ángel, ministro de nuestro Padre celestial, participa en nuestra vida si nosotros no tenemos nuestro estado de conciencia de amor. Esto quiere decir que nuestros pensamientos, nuestros sentimientos, nuestras palabras y nuestros actos, deben ser de amor puro y noble; y como esto no es tan fácil, se requiere la petición expresa para que nuestro Ángel nos asista.

El potencial dentro de nosotros no conoce límite y se activa por medio del pensamiento. Las decisiones que tomamos son trascendentales dentro del ámbito cósmico y nuestro entorno. De cada uno de nosotros depende que las fuerzas oscuras se aparten. De nosotros depende que no les suministremos su nutrimento.

Sugerencias para evitar acechos

- Oración. La oración es la forma más poderosa para alejar entidades negativas. La oración, la meditación, los pensamientos positivos y la reprogramación de nuestros sueños son opciones que deben usarse.
- Buscar apoyo angelical para organizar cada espacio de la casa con el Ángel del hogar, para que exista armonía entre todos los miembros de la familia.
- Perdonar.
- Escuchar música de vibración alta, como el *Ave María* de Schubert. Los entes oscuros no resisten la resonancia de amor. Música de percusión, disonante y de baja vibración, atrae entidades del bajo astral.
- Evitar adicciones como tabaco, alcohol, drogas de cualquier clase y todo tipo de fármacos que afectan

el campo áurico. La inhalación de químicos también atrae a los malignos. Aprender a controlar los excesos en el comer y atender problemas alimenticios como bulimia y anorexia. Se debe alimentar sanamente, pero siempre con productos que nos agraden. Si consumimos cosas desagradables para nuestro paladar, emitimos ondas de rechazo que no son auspiciosas. Hacer ejercicio y comer sanamente, evitando aditivos químicos, carne roja, cafeína, drogas, alcohol, sal, azúcar y endulzantes artificiales. Evitar alimentos muy procesados. Aprender a respirar adecuadamente.

- Evitar estar en cualquier lugar donde se cometan abusos, ya sea contra niños, ancianos, enfermos o indefensos. La vibración de los lugares donde se dan estos hechos son sitios donde hay entes negativos; las personas que cometen o son víctimas del abuso también están rodeados de ellos. Hay que evitar las relaciones tormentosas.

- Rodearse de personas que tienen pensamientos positivos. Asistir a la Iglesia o lugares de oración donde se sabe que existe un ambiente de armonía por la vibración alta que existe.

- Meditar. Las meditaciones guiadas sobre temas espirituales tienen la resonancia de la oración.

- Evitar ver programas o películas que atacan la moral o que inducen a tener pensamientos y sentimientos bajos.

- Evitar el ocio, por lo que hay que buscar dedicarse a algo constructivo durante el tiempo libre. Distraerse en actividades nobles y sanas. Puede ser a la lectura de temas que no son deprimentes ni agresivos, o aprender un arte que puede ser la pintura, la música, la escultura, escribir cuentos, poemas, etc. Cultivar el jardín

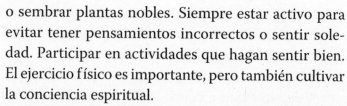

o sembrar plantas nobles. Siempre estar activo para evitar tener pensamientos incorrectos o sentir soledad. Participar en actividades que hagan sentir bien. El ejercicio físico es importante, pero también cultivar la conciencia espiritual.

- En el internet, si requiere hacer investigación para alguna tarea, limitarse a los portales que tratan el tema deseado; de otra manera, sólo visitar los que ayuden al desarrollo noble.

- Cultivar amistades positivas con quienes compartir. Evitar las personas o grupos involucrados en conflictos, drogas, cultos, costumbres negativas, etcétera, o que sean irrespetuosos criticones o enjuiciadores.

- Buscar el apoyo de la familia. Esforzarse por mantener la unión familiar. Bien cultivada, en la familia es donde mejor asistencia desinteresada se puede encontrar.

- Evitar usar o escuchar las palabras soeces. Evitar los pleitos, la violencia, el odio, la discriminación, el abuso de cualquier clase y todo acto que produzca vibración baja, porque la energía que ocasionan estas actitudes es el nutrimento de las entidades oscuras. Una forma para comenzar es evitar hablar con gritos, suavizar la voz y bajar el tono. Los entes malignos se fascinan con los pleitos, en especial los familiares o el abuso a los niños. Toda crueldad y dolor que se produce en un ser humano se convierte en droga para estas entidades, porque viven de la ira, del temor y del dolor de los humanos. Hostigan continuamente para que se produzcan guerras, brutalidad, odio, temor, ira, dolor, abuso sexual, porque la energía que resulta de todo esto es droga para ellos. La humanidad se liberará de ellos cuando exista el amor noble hacia los semejantes, cuando las naciones dejen de tener conflictos y vivan en armonía, cuando no exista discriminación racial, odios o envidias. Al hacer esto, estaremos tomando la decisión más importante en nuestra vida, que es ya no alimentar a los entes demoníacos. La determinación puede ser en un nivel personal o grupal. Para que exista armonía y paz en el mundo, toda la humanidad deberá colaborar. Si una persona quiere concordia y felicidad en su vida, deberá tomar la decisión en el nivel personal. Ayudar a los demás aunque implique sacrificio grande o pequeño. Esto no está reñido con disfrutar de momentos y distracciones positivas para uno mismo.

- Evitar tener en nuestro hogar figuras demoníacas u objetos que están relacionados con rituales satánicos. Muchas veces, algunos souvenirs con figuras —aunque sean nuevas— que corresponden a las prácticas de magia negra llevan inherentemente la vibración negativa.
- Las enfermedades son producto de acecho de entidades y para alejarlos de nuestra vida y nuestro espacio, es necesario que mantengamos nuestro entorno limpio con pensamientos nobles, sentimientos puros, palabras que apoyen y no ofendan y con acciones positivas y de ayuda a los demás.
- Cultivar la nobleza en el corazón y estar al tanto de que las decisiones que tomemos sean justas y que no medie el favoritismo.
- Enseñar a los niños cómo orar y acercarse a su Ángel guardián.
- Enseñar a los niños a ser tiernos con sus semejantes y también con los animales.
- Disfrutar las cosas pequeñas de la vida, como el inicio de la primavera, una buena lectura, el cantar de los pajarillos, etcétera.

- Tener a Dios en nuestro pensamiento y agradecerle cada día por las cosas buenas que nos da. Debemos contar sólo las bendiciones que nos prodiga continuamente.

- Repetir pensamientos espirituales positivos para alinearse con la conciencia del bien porque los pensamientos negativos generan realidades negativas. Las jaculatorias son frases que tienen un extraordinario poder; ejemplos: "Sagrado corazón de Jesús, en ti confío", "Ángel de mi guarda, por favor protégeme".

- Nunca olvidar que Dios, nuestro padre, ha designado mensajeros celestiales para que nos conduzcan y guarden con amor, pero es requisito que pidamos su asistencia. Dios ha destinado Ángeles para todas las situaciones en nuestra vida, por lo que podemos pedirle cada día que nos facilite la presencia del Ángel de la armonía, el Ángel de la salud, el Ángel de los pensamientos positivos, el Ángel de la abundancia, el Ángel del amor o de cualquier bendición que deseemos.

Las fuerzas oscuras, para obtener su energía, necesitan de las vibraciones bajas; esta energía la pueden conseguir con más facilidad directamente de la gente que ha sido víctima de abusos, manipulada, usada y hasta asesinada en holocaustos o rituales.

Poderosas oraciones de liberación y protección. Sólo Dios tiene el poder

Es importante tomar en cuenta que cuando se dice "oración poderosa" significa que las palabras están organizadas de manera que reflejan con gran claridad nuestra petición; pero

la respuesta a nuestra plegaria es sólo por obra y gracia de Dios. Es Dios quien concede la protección que pedimos.

No se puede combatir a las fuerzas oscuras usando sólo nuestras propias habilidades metafísicas, o con dispositivos mecánicos, o con la ayuda de "extraterrestres", hermanos espaciales, brujos, psíquicos, ocultistas o de nada ni nadie diferente a Dios. Sólo Él tiene el poder. Los "extraterrestres" malos no son seres de luz ni hermanos espaciales enviados por Dios desde otras galaxias para ayudarnos. Ellos trabajan por cuenta propia y ahora lo están haciendo a marchas forzadas, porque es el tiempo que tienen programado para completar la mezcla del ADN humano con su ADN corrupto. Ellos intentarán presentarse como benevolentes hermanos del espacio, y algunos gobernantes influyen para que por medio de las películas, la ciencia ficción, las caricaturas y otras fuentes acondicionen la mente de los seres humanos para que acepten esto.

Según hemos visto, de acuerdo con varios autores mencionados en este libro, muchos trastornos psicopatológicos, como la esquizofrenia y otras perturbaciones psicóticas, pueden tratarse de algún lazo hereditario o de una maldición; sin embargo, los especialistas siempre sugieren que el cliente no busque curaciones alternativas, sino que sea atendido, en primera instancia, por una persona competente dentro del campo de la medicina y como una opción por un eclesiástico responsable, pero nunca por un inexperto. Las oraciones de liberación que proponen son complementarias a cualquier tratamiento; además, pueden rezarse aun cuando no existe ningún síntoma de ataque psíquico. Estas oraciones son efectivas contra cualquier agresión de fuerzas oscuras, sea que proceda de otra persona, de brujos, demonios, extraterrestres malos, ángeles caídos, etcétera.

La Iglesia católica no autoriza a los fieles practicar el exorcismo; es decir, no se debe entablar diálogo con el ma-

ligno, por lo que se sugiere siempre la oración y pedir que el santo nombre de Cristo obtenga de Dios padre el poder para expulsar al demonio, invocando la preciosa sangre de Cristo para que nos cubra y proteja en todo momento. El arma más poderosa contra toda fuerza maligna es la oración a Dios, en nombre de nuestro señor Jesucristo y por el poder de su preciosa sangre, también las peticiones de intercesión a nuestra santísima madre Virgen María, especialmente por medio del rosario y las oraciones a san Miguel Arcángel y a los Ángeles de Dios. Como medida de protección se pueden usar los sacramentales, entre ellos agua, aceite y sal exorcizados.

Ejercicio para cortar lazos del pasado y liberar a nuestros antepasados

Respirar profundamente y luego, mentalmente, decir:

Padre mío, celestial, te pido, por tu divino Hijo, nuestro señor Jesucristo y por obra y gracia del Espíritu Santo, que me liberes a mí y a toda mi familia de cualquier influencia negativa que pudiera pesar sobre nosotros. En nombre de mi familia, yo (decir el nombre), rechazo todas las malas influencias que me fueron transferidas hereditariamente. Yo quiebro todos los pactos, alianzas de sangre, todos los acuerdos con el demonio, en nombre de nuestro señor Jesucristo.

A continuación, se repite tres veces:

Coloco la sangre de Jesús y la cruz de Jesús entre cada generación de mi familia. Y en nombre de Jesús amarro todos los espíritus de mala herencia de nuestras gene-

raciones y ordeno que salgan, en nombre de Jesucristo. Así sea.

Aunque no tengas información de tus tatarabuelos, no importa. De todas maneras, imagina a 16 personas que son tus tatarabuelos y también a sus familiares. Ahora, visualiza la sangre de Jesús, como si fuera un río cubriendo esta generación de tu familia. Imagina que todos están purificados y radiantes con el resplandor de amor de Dios. A continuación, mentalmente coloca la cruz de Jesús en este espacio ya purificado.

Repite esta visualización con la generación que corresponde a tus bisabuelos: piensa en tus 8 bisabuelos y también en sus familiares. Continúa con las visualizaciones de la misma manera con tus cuatro abuelos y luego con tus padres.

Pronuncia tres veces la siguiente oración:

Padre, en nombre de mi familia, yo te pido perdón por todos los pecados del espíritu, por todos los pecados de la mente y por todos los pecados del cuerpo. Pido perdón por todos mis antepasados. Pido tu perdón por todos aquellos a quienes ellos hirieron de alguna forma y acepto, en nombre de mis antepasados, el perdón de aquellos que los hicieron.

Padre celestial, por la sangre de Jesús, hoy pido que lleves a la luz del cielo a todos mis parientes muertos. Estoy agradecido, Padre celestial, por todos mis parientes y antepasados que te amaron y que te adoraron y que transmitieron la fe a sus descendientes. ¡Gracias, Padre! ¡Gracias, Jesús! ¡Gracias, Espíritu Santo! Así sea.

(Finalmente rezar un Padre Nuestro, un Ave María y un Gloria al Padre.)

Oración "Sangre de Cristo"

Alma de Cristo, santifícame. Cuerpo de Cristo, sálvame. Sangre de Cristo, embriágame. Agua del costado de Cristo, lávame. Pasión de Cristo, confórtame. ¡Oh, buen Jesús!, óyeme. Dentro de tus llagas, escóndeme. No permitas que me aparte de Ti. Del maligno enemigo, defiéndeme. En la hora de la muerte, llámame y mándame ir a Ti para que con tus santos te alabe, por los siglos de los siglos. Así sea.

Oración de la batalla espiritual

Padre celestial, te amo, te alabo y te adoro. Te doy gracias por enviar a tu hijo Jesús, quien ganó la victoria sobre el pecado y la muerte para mi salvación. Te doy gracias por enviar a tu Espíritu Santo quien me concede poder, me guía y me conduce a la plenitud de la vida. Te doy gracias por la Virgen María, mi madre celestial, quien intercede con los Ángeles y los Santos por mí.

Señor Jesucristo, me postro al pie de tu cruz y te pido que me cubras con tu preciosa sangre que brota de tu sacratísimo corazón y de tus benditas llagas. Lávame, Jesús mío, con el agua de vida que mana de tu corazón. Te pido, señor Jesús, que me rodees con tu santa luz.

Padre celestial, deja que las aguas sanadoras de mi bautizo fluyan hacia atrás, a través de la generaciones maternas y paternas, para purificar de Satanás y del pecado a todo linaje. Vengo a ti Padre, a pedirte perdón para mí, mis parientes y mis ancestros, por cualquier invocación a poderes opuestos a ti o que no rinden verdadero honor a Jesucristo. En el santo nombre Jesús, reclamo ahora

cualquier territorio cedido a Satanás y lo pongo bajo el dominio de nuestro señor Jesucristo.

Padre, por el poder de tu Santo Espíritu, te pido que me reveles a qué personas necesito perdonar y cualquier área de pecado que no haya confesado. Señálame los aspectos de mi vida que no te complacen, los actos que hayan dado o pudieran dar a Satanás ocasión de entrar en mí. Padre, te entrego mi falta de perdón, mis pecados y todas las maneras en que le haya dado cabida a Satanás. Gracias Padre por estas revelaciones. Gracias por tu perdón y tu amor.

Señor Jesús, en tu santo nombre, encadeno todos los espíritus malignos del aire, del agua, de la tierra, del fuego, de las regiones subterráneas y del otro mundo. Además, en el nombre de Jesús, ato a todos y cada uno de los emisarios del ejército satánico y reclamo la preciosa sangre de Cristo sobre el aire, la atmósfera, el agua, el suelo y sus frutos que nos rodean, en el mundo subterráneo y el infierno.

Padre celestial, permite que tu hijo Jesús venga ahora con el Espíritu Santo, la bienaventurada Virgen María, los Ángeles y los Santos a protegerme de todo peligro y a evitar que los espíritus malignos se venguen, de algún modo de mí.

(Repite la siguiente oración tres veces; una en honor del Padre, una en honor del Hijo y una, en honor del Espíritu Santo.)

En el santo nombre de Jesús y de la preciosa sangre de nuestro señor Jesucristo, me sello, sello a mi familia, sello esta habitación (sitio, hogar, iglesia, vehículo, avión, etc.) y sello toda fuente de abastecimiento.

Oración contra los sellos satánicos

Para romper y disolver todos los sellos satánicos, repita el siguiente párrafo tres veces en honor de la Santísima Trinidad, porque los sellos satánicos se ponen tres veces para blasfemar a la Santísima Trinidad.

En el santo nombre de Jesús, rompo y disuelvo todas y cada una de las siguientes transgresiones, maldiciones, brujerías, asechanzas, trampas, mentiras, obstáculos, engaños, desviaciones, malas influencias espirituales, deseos malignos, anhelos malvados, sellos hereditarios (conocidos o desconocidos), así como todas las deformaciones o enfermedades de cualquier origen, incluyendo mis errores y pecados. En el nombre de Jesús corto la transmisión de todos y cada uno de los votos satánicos, pactos, lazos espirituales, ataduras del alma y otras obras satánicas.

Espíritu Santo, te ruego que me reveles por palabra de conocimiento el nombre de cualquier espíritu maligno que se me haya unido a mí de algún modo.

(Haz una pausa y espera que te lleguen palabras tales como ira, arrogancia, amargura, brutalidad, confusión, crueldad, engaño, envidia, odio, inseguridad, celos, soberbia, resentimiento o temor. Di la siguiente oración en voz alta por cada uno de los espíritus malignos que te sean revelados.)

En el nombre de Jesús, te reprendo espíritu del mal y te ordeno que te vayas directamente a los pies de Jesús, sin manifestarte ni hacerme daño a mí ni a ninguna otra persona, para que Él disponga de ti según Su santa voluntad.

Te doy gracias, Padre celestial, por tu amor; te doy gracias, Espíritu Santo, por darme el poder de atacar a Satanás y a sus espíritus malignos. Te doy gracias, Jesús, por libertarme; te doy gracias Virgen María, por interceder por mí junto con los Ángeles y los santos.

Señor Jesús, lléname con tu amor, compasión, fe amabilidad, esperanza, humildad, alegría, bondad, luz, misericordia, modestia, paciencia, paz, pureza, seguridad, serenidad, tranquilidad, confianza, verdad, comprensión y sabiduría. Ayúdame a caminar en tu luz y tu verdad, iluminado por el Espíritu Santo, para que juntos podamos alabar, honrar y glorificar a nuestro Padre celestial ahora y por toda la eternidad, porque Tú, señor Jesús, eres "el Camino, la Verdad y la Vida" (Juan 14:6), y has "venido para que tengan vida y para que la tengan en abundancia" (Juan 10:10). "Dios es quien me salva; tengo confianza, no temo. El Señor es mi refugio y mi fuerza. Él es mi Salvador" (Isaías 12:2) Así sea. Aleluya. Así sea.

Oración de amor y bendiciones

Yo soy parte de la mente de Dios, quien me creó con amor, por lo que desde este momento siempre estaré organizado armoniosamente, mis células vibran en la salud perfecta que Dios decidió para mí desde antes de mi nacimiento. Estoy entero, íntegro y pleno en todos los sentidos, porque mis células y las moléculas que envuelven mi entorno y a mi familia, vibran con la programación original de Dios, que es **AMOR**. La vida es bella cuando Dios está presente. Dios me ama y me bendice continuamente. Gracias, Padre mío por todo tu amor, y gracias por los Ángeles que traen hacia mí tus bendiciones.

Decir ¡no!

Entonces se desató una batalla en el cielo: Miguel y sus ángeles combatieron contra el dragón. Lucharon el dragón y sus ángeles, pero no pudieron vencer, y ya no hubo lugar para ellos en el cielo. El dragón grande, la antigua serpiente, conocida como el Demonio o Satanás fue expulsado; el seductor del mundo entero fue arrojado a la tierra y sus ángeles con él.

Apocalipsis 12:7

Se debe ser enfático cuando se percibe la presencia de alguna entidad extraña; pero si ya existen señales de que hay alguna adherencia, se deberá establecer claramente que **NO** se desea su presencia, buscar ayuda competente y hacer un hábito de la oración.

Vivan orando y suplicando. Oren en todo tiempo según les inspire el Espíritu. Velen en común y perseveren en sus oraciones sin desanimarse nunca...

Efesios 6:18

Ante cualquier tipo de acecho, en primer lugar, es necesario saber que Dios está contigo y nadie ni nada puede más que Él; y con esta certeza se debe actuar y de forma despectiva, decirle a la entidad o fuerza maligna: "¡Tú no tienes poder sobre mí! ¡Nada que venga de ti podrá afectarme! ¡Apártate de mi lado, en este mismo instante!". Acto seguido, pedir asistencia celestial "¡Dios mío, ayúdame!", "¡Jesús, ayúdame!". Tener fe completa que junto a ti está la guardia celestial resguardándote. Esto mismo se puede hacer para ayudar a nuestros seres queridos que son asediados por entes densos. Dar la orden enfática:

"¡Aléjate de aquí! ¡Apártate de... (decir nombre del ser querido)!", "¡Sólo lo que viene de Dios, mi Padre celestial, tiene cabida en este espacio!". Luego, de inmediato, pide la asistencia divina.

ALTERNATIVAS: CIELO O INFIERNO

...Viajan a través de toda la tierra y el espacio, se meten en la mente humana a través de los sueños de los hombres. Ellos tienen el poder dentro de las tinieblas que les rodean, para llamar a otros infames moradores fuera de su plano. Ellos tienen poder para dirigir y enviarlos por los caminos que son negros e invisibles para el infeliz hombre... penetran dentro del espacio-mente del hombre, y alrededor ellos pueden cerrar sobre él el velo de su noche... Poderosos son ellos en su conocimiento diabólico, prohibido, prohibido porque esclaviza, atormenta, es uno con la peor negación. Escucha y fíjate en mi advertencia, procura vivir libre de la esclavitud de la noche. No le entregues tu alma a los hermanos de las tinieblas, yendo contra las leyes divinas, procura que tu cara siempre mire hacia la Luz... Escúchame. Todo aquel que venga hacia ti, estúdialo, pesa sus acciones, haz un balance, ve si sus palabras son de luz; pues muchos son los que caminan en la oscuridad con apariencia de santos y sin embargo no lo son...

Tabla VI, de las Tablas de la Esmeralda

En *Cosmic Explorers*, el visualizador a distancia Courtney Brown afirma que varios de sus colegas han visto alternativas para el futuro de la humanidad. Estas posibilidades aparecen como realidades objetivas en planetas Tierra paralelos y están sucediendo al mismo tiempo, por lo que se vuelve difícil visualizar un futuro en particular, ya que todas las realidades son posibles. Las alternativas son infinitas y puede encontrarse cualquier escenario si se realiza un recorrido en el tiempo para conocer el futuro. Todo depende de lo que se maneje como estado de conciencia. Lo que indica que existe un mundo donde los reptilianos son los amos del mundo, porque es el aspecto en el que se ha enfocado una gran parte de la humanidad mediante la práctica de la magia negra y de la entrega del poder a poderosos sin escrúpulos que controlan la política y los medios de comunicación. A través de los medios se envenena la mente de los niños, de tal manera que si no tienen la supervisión amorosa de sus padres, son presa fácil de todo lo que se publicita. Si se presta atención, la mayor parte de lo que se presenta como "bueno" para los niños tiene forma de reptiles o entes diabólicos, como el Hombre Araña, Batman, Superman y muchos otros, que aunque originalmente parecían inofensivos, ahora se sabe que desde su origen se estructuraron para ir transformándose en las figuras grotescas que hoy admiran los chicos. La intención de parte de los poderosos es condicionar la mente de las inocentes criaturas para aceptar a la raza reptiliana, ya que con ellos han establecido compromisos a cambio de tecnología.

En una realidad alterna se encuentra un mundo fuera de control, una era negra, caótica, donde los seres humanos están en conflicto entre sí continuamente. Brown percibe un colapso total de la civilización humana, donde toda esperanza para un destino eterno se ha desvanecido; sin

embargo, pudo vislumbrar que si la humanidad busca una segunda oportunidad puede lograrla elevando la conciencia, sin lo cual no se ve ninguna salida de este monstruoso futuro alterno. Visualizó asimismo otro aspecto alterno del futuro de la humanidad, que es este momento actual que vivimos donde tenemos la oportunidad de escoger el futuro que deseemos. Es decir, si nos definimos ahora, podemos vivir en el mundo de amor que proyectemos por medio de un estado de conciencia noble.

En otra sesión, Brown vio el destino de la Tierra semejante a una terrible devastación que sufrió el planeta Marte, según la describe en otra parte de su libro. Percibió a la gente viviendo intraterrenamente en condiciones infrahumanas por desastres provocados por ella misma; se dio cuenta de que la Federación Galáctica no quiere erradicar el problema que parece conducir al mundo a la desolación; al contrario, estaba contenta por el sufrimiento de la humanidad y por su destino incierto. La Federación Galáctica quiere que la humanidad sufra las consecuencias de sus errores. En este futuro alterno se percibe enojo de parte de la población en contra de sus predecesores por haber conducido al planeta a la destrucción.

Encontró otro mundo arrasado por una guerra donde no quedaban sobrevivientes. Este mundo es el plano astral donde permanecen las emociones de ira, confusión y temor invadiendo la escena del conflicto. El plano físico de este mundo se ve más tranquilo, pareciera que no está al tanto de lo que sucede en planos intangibles. Ésta es una guerra que se originó hace mucho tiempo. Los agresores tienen muchas naves espaciales y el factor predominante es el temor entre ellos. Los agredidos sienten que están en lo correcto al pelear, aunque esta lucha provoque muchas muertes, pues ambos bandos pelean por la Tierra. Es probable que esta

visión corresponda al mundo actual en el que vivimos, donde no se quiere prestar atención a lo que está sucediendo en el plano astral. En otro conflicto que presenció, sólo pudo ver muerte y desolación; percibió una ciudad devastada, con muertos por todo el plano físico, y en la contraparte astral pudo percibir a seres rescatando las almas de los muertos, tratando de ayudarlas sacándolas del lugar, en una especie de evacuación.

En otra visualización, pudo ver el planeta Tierra lleno de vida, y deduce que los reptilianos están involucrados en una conflagración y han tenido muchas bajas; están perdiendo la guerra. Los reptilianos ven la Tierra como si fuera de su propiedad, como su Shangri-la. Brown dice que la humanidad tiene dos opciones que son: aceptar a los reptilianos (sería la decisión errónea) o evolucionar en otra dirección de armonía, hacia el plano de la conciencia elevada, hacia el ámbito del amor a Dios, nuestro Padre celestial.

Esta información nos explica el poder que tenemos de cambiar el destino, porque cualquier mundo en el que decidimos estar, ya sea a nivel personal o grupal, ya existe en un "lugar". Lo único que se requiere es poner allí nuestro estado de conciencia sabiendo que contamos con apoyo de seres espirituales que están ocupados en la preservación de nuestra esencia de vida: nuestra alma.

En su libro *Extra-terrestrial Friends and Foes*, George C. Andrews explica que los grises, a los que llama devoradores de almas, tienen métodos para sustraer nutrientes del individuo en el momento que fallece. El camino que debe recorrer el ser que deja este plano de existencia está poblado de entidades negativas al acecho, durante este trayecto puede ser apresado fácilmente. El método que usan para sustraer la energía es similar a la manera en que se hace la extracción de la hemoglobina de la sangre. Andrews hace

referencia a la diferencia entre el alma y el cuerpo etérico y el peligro que existe de que los extraterrestres atrapen al alma para succionarle la energía y dejar los residuos en otro lugar del universo. Se puede ser víctima de la sustracción de energía aun con vida, no está limitada sólo al momento de cruzar al más allá, por lo que Andrews relaciona algunas convulsiones y ataques –clasificados dentro de la ciencia occidental como resultado de enfermedades mentales– como actividades predatorias de este tipo y reconocidas por los chamanes de todas las culturas que siempre han sabido que existen entidades negativas apostadas en el sendero que debe recorrer el ser en el momento de fallecer.

La energía del ser humano es codiciada por los grises y están como entes voraces sobre nosotros para atraparla. Durante milenios hemos sido usados como fuente de sustento sin darnos cuenta porque la supervivencia de estas entidades peligra si despertamos a este conocimiento. La energía que deriva del temor es la que más les sustenta, por eso, a cambio de favores, logran que algunos dirigentes gubernamentales estén habilitando sistemas para mantener a la población mundial en el terror. El miedo produce un resquebrajamiento en el cuerpo electromagnético permitiendo que los entes malignos se escurran por esa rendija y tomen el control del ser humano.

En el libro de Enoch (versión judía) hay "Ángeles" guardando tanto las puertas del cielo como del infierno. Los guardianes del infierno son descritos como entes de color gris, menudos como niños y similares en cuanto a forma al ser humano. La descripción, como se ve, es muy semejante a los extraterrestres grises. Incluso, los grimorios o recetarios mágicos que describen los rituales para invocar a los "ángeles", que se componen de cantos a determinadas horas y en lugares específicos, están relacionados con las materia-

lizaciones o apariciones de entidades semejantes a los extra-terrestres grises o los reptoides.

Si analizamos objetivamente la información que hoy nos llega de fuentes diferentes a las tradicionales que habla-ban del cielo y del infierno, se comprende lo que los viden-tes místicos del pasado intentaban transmitirnos que según nuestro comportamiento en la actualidad es el mundo al que llegaremos cuando habremos partido. No tiene importancia el nombre que se le dé a la dimensión, plano o mundo parale-lo que existe objetivamente vibrando en otra frecuencia al que llegan las personas que dejan el mundo material, porque si es un mundo alterno lleno de paz y armonía, se percibi-rá como la gloria del cielo; y si se trata del mundo parale-lo donde controlan las monstruosas entidades reptiles que odian a la humanidad, la percepción será que se ha llegado al infierno.

Courtney C. Brown explica que los reptilianos forman un grupo de renegados totalitaristas que quieren controlar a la humanidad sin tener ninguna consideración por sus sentimientos. Su intención es esclavizarla, usarla como me-dio de sustento y absorber su energía. Nos exhorta a definir-nos de inmediato, porque de nuestra decisión dependerá el futuro glorioso al que tenemos derecho, ya que ellos están empleando toda su fuerza y energía pervertida para intentar privarnos de ese mundo divino al que podemos acceder si en este momento tomamos el camino correcto. Brown también habla de los muchos seres ayudando al despertar de los hu-manos, algunos viajan en ovnis, y otros lo hacen por otros medios, pero pertenecen a mundos objetivos. Sin embargo, independientemente de los anteriores, explica que existen seres espirituales que están ayudando en nuestro despertar.

Mundos alternos: encarnaciones paralelas de un mismo ser

La teoría de los mundos alternos implica que existe una gran variedad de planetas Tierra con una contraparte de cada habitante desarrollándose en este momento en cada uno. Debido a esto, investigadores como Robert Monroe, Val Valerian y otros más no aceptan totalmente la teoría de la reencarnación, porque aseguran que de nosotros depende si regresamos a este mundo alterno o no. Si aprendemos aquí de qué manera se debe atravesar el portal después de la muerte, sabremos cómo evadir a los extraterrestres negativos y continuar hacia la luz del mundo alterno donde nos desarrollamos de forma positiva de acuerdo con el estado de conciencia de amor que manejamos ahora en este mundo tridimensional, donde en este momento vivimos, nos movemos y tenemos nuestra conciencia. Si se descuida el aspecto espiritual y se rechaza la información sobre el viaje trascendental del alma a la hora de dejar el cuerpo físico, ésta podrá ser apresada por entes negativos y devuelta a un cuerpo físico que está por nacer. Lo que se debe a que las fuerzas oscuras requieren que existan seres encarnados aquí, manejando un estado de conciencia de miedo, porque de lo contrario se les agotaría su fuente de energía.

Robert Monroe (1915-1995), después de una experiencia paranormal cuando tenía 48 años, en 1956 comenzó a interesarse en la conciencia humana, realizó estudios sobre las experiencias fuera del cuerpo y fundó el Instituto Monroe.[30] Ha escrito tres libros, entre ellos *Far Journeys* (*Viajes lejanos*), en el que describe que mediante sus viajes astrales descubrió

---

[30] El instituto *Monroe* se dedica a la exploración, expansión y uso de la conciencia.

que el mundo está rodeado de diferentes "bandas" donde se congregan los individuos que fallecen, así como seres aún con cuerpo físico que por algún motivo entran en esas frecuencias. Estas bandas, aros o anillos que rodean la Tierra aparecen en colores café oscuro o gris. Los clasifica de la siguiente manera:

La primera banda está ocupada por entidades que parecen estar preocupados por sobrevivir en el mundo físico, lo que hace que estén atados al concepto espacio-tiempo material. Esta banda está subdividida en varias sub bandas:

- En la primera encontró entidades separadas del cuerpo físico que intentaban participar en la vida física sin ningún éxito. No parecían saber que existía algo más allá que la materia.
- La segunda está ocupada por entidades (seres todavía vivos) que aún tienen cuerpo físico pero evidentemente estaban viajando fuera de su cuerpo. Desaparecían de esta sub banda cuando volvían a su cuerpo de carne y hueso.
- La tercera está formada por entidades que habían muerto pero no lo sabían y tratan de seguir con la vida física que tenían en la Tierra. Generalmente, permanecían cerca de seres conocidos que aún tienen vida en cuerpos físicos. Manifiestan muchos temores. Monroe vio que esta sub banda es el mayor obstáculo para que el conocimiento fluya hacia la humanidad. El número de entidades en ella crece continuamente debido a la ausencia de la práctica de los valores humanos en la Tierra.
- La cuarta está ocupada por entidades que ya murieron y lo saben, pero aún están fuertemente atraídas a

la realidad física e intentan expresarse imitando actividades del mundo físico, como cuando encontró a un grupo tratando de estimularse sexualmente sin ningún éxito porque no tienen el cuerpo físico para interactuar de esta forma.

La segunda banda tiene entidades que ya murieron y lo saben pero no están conscientes que existen planos más elevados hacia dónde ascender. Se veían pasivos y desmotivados pero esperanzados, expectantes.

La tercera banda tiene seres que ya murieron y lo saben, pero siguen aferrados al sistema de creencias que manejaron en vida, por lo que están ubicados dentro de un plano semejante a lo que esperaban después de la muerte cuando estaban en la Tierra. Esta banda está compuesta de innumerables sub bandas y cada una coincide con un sistema de creencias. En cada una de ellas se congregan los que creen lo mismo, porque lo semejante atrae lo semejante, tanto en la Tierra como en los otros planos. Esta tercera banda parece ser la más grande y es un lugar con vibraciones muy fuertes de manipulación. Aquí existen las mismas pasiones y las entidades de allí luchan por el poder igual que lo hacían en la Tierra. Hay billones de entidades enfiladas manejando el mismo estado de conciencia intolerante que tuvieron en la Tierra.

La cuarta banda, comparada con las anteriores, está compuesta de seres más avanzados en conciencia. Cuando alguien de elevada espiritualidad fallece, pasa rápidamente por las zonas inferiores y llega a lo que es Parque del Nivel 27, ubicado en esta Cuarta Banda.

Monroe también fue conducido al futuro hasta alrededor del año 3000, y se sorprendió al ver que la banda oscura ya no estaba. En su lugar había una franja luminosa, y sobre la Tierra ya no existían ciudades ni civilizaciones mecanizadas.

El aire era puro y la ecología restablecida. Al inquirir a su guía sobre lo que había sucedido, éste le dijo que el balance ecológico se había restablecido por diseño, no por ningún desastre. No había gente viviendo de forma aglomerada; todo el planeta tenía otra frecuencia. Las reencarnaciones ya no existían, por lo que las bandas habían desaparecido. Conoció a algunos seres que vivían en el planeta sin cuerpo físico, pero le dijeron que en el pasado lo habían usado, sólo que ahora, con el poder del pensamiento y utilizando cualquier tipo de masa disponible, podían hacer aparecer a voluntad cualquier forma. En algunos casos, usaban las envolturas o contenedores y aun así podían transmutar la energía. Para demostrarlo, materializaron una porción de fruta que dieron a Monroe, quien lo consumió con gusto. Estas entidades podían integrar su conciencia a cualquier tipo de forma con vida, sentir la experiencia y salirse después. No tenían necesidad de dormir y podían absorber la energía del ambiente, ya sea que usaran un cuerpo o no. Le dijeron a Monroe que las entidades recién llegadas tenían que pasar por un ciclo de vida humana antes de hacer la transición a su estado. Lo interesante de esto, es que le dijeron que esas experiencias de única vez se hacían en el siglo xx para los seres que deseaban regresar a ocupar el área dimensional de la Tierra en el 3000. Los que se graduaron en el ambiente terrenal ya no requerían más la experiencia y tenían la opción de tomar la forma física de menor densidad hasta que ya no la necesitaran.

A Monroe le dijeron que existen muchos lugares en el Universo con una realidad espacio tiempo como la que conocemos en la Tierra; que la vida en lugares semejantes representa un reto, porque cualquier escenario espacio-temporal tiene aspectos únicos para el desarrollo de la inteligencia y de la conciencia, así como para cultivar las experiencias. No

todas las entidades quieren pasar por esta experiencia, por lo que no han desarrollado el conocimiento de lo que realmente es el amor, la compasión y la empatía; por esto sienten la necesidad de controlar y manipular y sin deseos de soltar estas características.

Uno de los aspectos que involucra tener un cuerpo físico es seleccionar el nacimiento adecuado con la genética, el medio ambiente, el medio social y el económico que se estima será el necesario para asegurar el propósito para el que se llega a la tercera densidad. Aunque algunas entidades no desean la experiencia terrenal, existen muchas otras que sí, por lo que no siempre está disponible el punto de entrada deseada y a veces al ser se le presentan opciones no agradables. En el momento del nacimiento, los recuerdos previos son velados y el ser, ya sin gozar del estado natural, encuentra que el cuerpo físico es una limitación por lo que toma un rato ajustarse a él. En el estado original, sin cuerpo material, la energía es absorbida de forma natural, pero ya con cuerpo físico aparece la necesidad de nutrirlo, de consumir alimentos. El cuerpo físico es una barrera que no permite al ser humano saber quién es, le impide recordar que es espíritu usando una envoltura, y es por esto que los seres humanos buscan un sentido a la vida, porque su memoria está obstaculizada y no recuerdan que están unidos a Dios, la fuente de la sabiduría. El ser es benevolente y sabio por naturaleza, pero con el cuerpo se transforma en una composición caótica de reacciones basadas en complejos juiciosos, y sin querer asumir la responsabilidad de sus actos.

Para evitar ser atrapado en las bandas una vez que llega la muerte, es indispensable saber que no somos el cuerpo físico, y las emociones y apegos están relacionados sólo con la realidad espacio temporal. Sólo el amor noble subsiste y las cosas materiales son para ser usadas no para ser poseídas.

No somos dueños de nada ni aun del cuerpo material que usamos.

Las sugerencias de Monroe son:

1. Almacenar los recuerdos de las experiencias y la sabiduría que cultivamos, así como dejar las emociones negativas en el pasado.
2. Saber que cada quien es su propia causa; es decir, cada persona es responsable del resultado de sus acciones dentro de este espacio tiempo.
3. Expandir la conciencia más allá de lo social y apreciar el humor cósmico.
4. Dejar atrás las emociones relacionadas con el dolor y el placer.
5. Incrementar los períodos de sueño.

En otro de sus libros *Ultimate Journey* (*El viaje definitivo*), Monroe interactúa con lo que llama un "comité ejecutivo" que dijo no estar formado por entes separados de él, sino que era una composición de su ser superior. Los que constituyen este comité son los que le ayudaban a recordar su origen y los que organizaban las sincronicidades, como las circunstancias para que apareciera algo que necesitaba en un determinado momento, por ejemplo. Le dijeron que no se podía tener suficientes experiencias como ser humano en una sola vida, que la información de más de mil encarnaciones en la Tierra existía en el espacio donde se encontraban. Todo, absolutamente todo lo relacionado con la vida en la Tierra está almacenado de muchísimas maneras, nada se escapa al registro. Monroe había encarnado en esta oportunidad para tener sólo una experiencia adicional y una vez completada, su vida proseguiría en un lugar que sólo su ser superior conocía. Le explicó que con el fin de maximizar las oportuni-

dades de lograr la experiencia que requería el ser superior, había otra encarnación paralela de Monroe al mismo tiempo en este espacio. Era una mujer rusa, que hacía la misma labor que Monroe realizaba en el estado de Virginia, Estados Unidos, sólo que la rusa había desarrollado más el talento psíquico, a diferencia de Monroe que estaba muy enganchado con la existencia material. Agregó que podía tener múltiples encarnaciones simultáneamente y había enviado más a la Tierra, pero algunas se habían dogmatizado con su sistema de creencias a tal grado que ya ni en sueños se elevaban a su espacio. De esta manera se habían perdido nueve de cada diez. Por lo general, las encarnaciones simultáneas se dan en períodos diferentes, pero aún las que se descarrían con sistemas de creencias dogmáticas aportan experiencias.

El Instituto Monroe aportó miles de testimonios de encuentros con entes inteligentes de todo tipo; sin embargo, en *Ultimate Journeys*, Monroe afirma que en el Universo físico no tuvieron experiencias con entes no humanos, por lo que Val Valerian, discípulo de Monroe y autor de varios volúmenes del libro *Matrix* y de *Gold Edition*, declara que esta versión no concuerda con la información aportada por viajeros astrales del Instituto, y supone que pudo haber habido presión de parte del gobierno para que se suprimieran reportes que incluían datos sobre extraterrestres.

Las investigaciones en el Instituto Monroe identificaron diferentes estados de conciencia y patrones de sonido y los efectos asociados a cada estado. Originalmente se emplearon aparatos de EEG, y posteriormente resonancia magnética para analizar el funcionamiento del cerebro de la persona que escucha los sonidos. Mientras está siendo analizada, la persona se comunica con los investigadores explicando lo que experimenta. A los diferentes estados de conciencia, Monroe los denominó Niveles de Enfoque (*Focus levels*) y los clasificó así:

Enfoque 1. Estado natural, la vigilia normal.

Enfoque 2 a 9. Niveles de energía que se atraviesan para llegar al Enfoque 10. No son estados interesantes.

Enfoque 10. Plano al que se entra cuando el cuerpo está dormido pero la mente está despierta y alerta. Es un estado de relajación corporal y mente activa. Se considera la plataforma para entrar a cualquier otro enfoque.

Enfoque 11. Estado que favorece el aprendizaje y despierta la memoria y es cuando se puede aprender técnicas para adquirir más conocimiento.

Enfoque 12. Uno de los niveles más interesantes. Originalmente, Monroe usaba patrones de sonidos para inducir este estado. Sin embargo, una vez que se ha conectado varias veces con este nivel, ya no se requieren factores externos. Se entra aquí con el subconsciente y se perciben mensajes transmitidos por medio de imágenes, símbolos y comunicación no verbal. Este es el pasaje para conectarse con nuestros Ángeles, guías o Ser Superior, según las creencias de cada quien. En las primeras experiencias dentro de este nivel se perciben colores y figuras geométricas. En este nivel se puede tener información intuitiva relacionada con las encarnaciones anteriores.

Enfoque 13. Zona nula.

Enfoque 14. Igual que el anterior, este enfoque es considerado zona nula o vacía.

Enfoque 15. Contiene grupos grandes de información. Aquí se puede acceder a datos sobre otros lugares, personas y elementos de otros tiempos; es un estado más allá del espacio temporal. Se entra para la visualización a distancia y para lograr la realización de proyectos, desarrollar la intuición y convertir ideas en hechos.

Enfoque 16 a 20. Niveles de energía que se atraviesan para llegar al Enfoque 21. No son estados interesantes, aun-

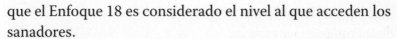

que el Enfoque 18 es considerado el nivel al que acceden los sanadores.

Enfoque 21. Nivel de sueño profundo y producción de ondas delta, con la mente totalmente consciente. Según Monroe, desde aquí se puede comprobar todos los conceptos y el material que expone en sus libros. Aquí se pueden encontrar seres angelicales así como personas que han fallecido.

Enfoque 22. Zona de los sueños lúcidos, donde la persona puede controlar o producir los sueños que desea. En este enfoque se encuentran las personas en estado de coma. Aquí los pensamientos se comienzan a manifestar, se convierten en realidad. A esta zona se llega por medios artificiales, como con droga o alucinógenos. Es un lugar lleno de confusión y caos donde tienen su conciencia también los desquiciados o enfermos mentales.

Enfoque 23. Plano astral bajo habitado por individuos recientemente fallecidos, confundidos y sin darse cuenta de su nuevo estado; entre éstos están algunos que no creían que había algo más después de la muerte. En este nivel también se encuentran atrapados los que tuvieron una muerte súbita, o fueron víctimas de desastres, o murieron en situaciones dramáticas o porque se suicidaron. Muchos están dormidos y otros están conscientes e intentan mantenerse en los lugares y cerca de las personas con las que tenían contacto en vida. Son los fantasmas que tratan de seguir en la Tierra. En este nivel, las entidades están estancadas y no pueden progresar si no reciben apoyo de sus deudos; están aisladas, sin poderse comunicar con otros seres de su misma vibración; además están angustiadas y sufren una indescriptible desesperanza.

Enfoque 24. En esta área se comienza a percibir el efecto que tienen las creencias y la capacidad de ellas de crear situaciones objetivas. En este espacio están atrapados los

individuos desencarnados que en vida tuvieron una conducta nefasta y aberrante.

Enfoque 25. Una continuación de la banda de cuarta densidad donde se manifiestan objetivamente las creencias de las personas cuya vibración es emitida desde la Tierra o tercera dimensión. Aquí también se encuentran individuos que por su monstruosa conducta están atrapados sin poder proseguir a otros niveles de conciencia. Hasta que se les ocurra pensar que sí existe algo más podrán aspirar a salir de este estado. La oración es muy importante para ayudarles a subir su conciencia. Este lugar es percibido como el infierno, donde cada entidad que llega sufre lo que creó con sus acciones en vida y está junto a otros con las mismas características, porque lo semejante atrae lo semejante.

Enfoque 26. La última banda de "realidades de los sistemas de creencias" y está conformada por los grupos religiosos, seres que en la Tierra estaban fanatizados con una religión. Aquí permanecen hasta que se dan cuenta que hay mucho más allá de donde se encuentran estancados. Existen muchas creaciones mentales, entre ellas está un Templo de Zeus y entidades que usan la apariencia de alguna figura religiosa venerada en la Tierra, como Jesús, Buda, etc. Esto lo hacen para seguir controlando a los menos desarrollados. En este plano hay muchos que se creen dios y hasta exigen que se les reverencie como tal.

Enfoque 27. Fue creado hace milenios por seres que consideraron que los individuos que fallecían necesitaban un lugar para recuperarse y examinar su vida después de su experiencia en la Tierra. Este nivel es conocido como "El Parque". Aquí hay muchos espacios de contemplación para hacer una revisión de la vida que se experimentó; existen también centros de sanación y rejuvenecimiento, de rehabilitación, de humor, de aprendizaje, enseñanza de todas las

ciencias y clases sobre cualquier materia. También hay todo tipo de actividades. Incluso se puede visitar la librería que contiene todos los libros escritos en la Tierra, donde está guardado todo el saber del mundo, así como el de espacios diferentes a la Tierra. Es una área muy bien organizada y estructurada, donde los habitantes se comunican entre sí y asisten a los que recién llegan. Como aquí habitan seres de elevada conciencia, también coordinan actividades para apoyar a los seres humanos que aún viven en el mundo físico. Para el año 3000, este enfoque habrá desaparecido también, ya que todos los que habitan este lugar estarán en otros espacios y ya no será necesaria su existencia.

Enfoque 28. Es un puente astral. Aquí comienzan las experiencias maravillosas; es un lugar de paz indescriptible, donde se percibe una sensación de amor incondicional, de bienestar y armonía difíciles de describir o de comparar con nada que exista en el plano físico. No hay ninguna experiencia, por prodigiosa o divina que se perciba en la Tierra que pueda igualar la sensación de estar en este plano.

Enfoque 29. Aquí comienza la quinta dimensión. Los planos siguientes (Enfoques 30, 31, 32 y 33) van subiendo de vibración hasta llegar al Enfoque 34.

Enfoque 34. Aquí mora una gran cantidad de seres superiores que están teniendo la experiencia de encarnaciones en la Tierra. Estos seres superiores llegan hasta el Enfoque 35.

Monroe habla del Local I y Local II lugares que se refieren a los planos astrales bajos y elevados donde llegan las personas que hacen viajes astrales. Allí encuentran espíritus y formas de pensamientos cuya frecuencia corresponde a cada plano.

En el Local III encontró un plano paralelo al nuestro, pero sin fuente de energía; sin embargo, se dio cuenta de que los

entes de allí poseen una tecnología sofisticada con una fuente a base de motor de vapor. Es probable que esta zona corresponda a las entidades que roban la energía de los seres humanos.

De acuerdo con esta teoría, cuando el ser superior decide que ya ha tenido suficientes encarnaciones en la Tierra, atraerá a todas hacia sí y se trasladará hasta la séptima u octava densidad, desde donde enviará más sondas de conciencia para experimentar en esos niveles. Aparentemente existen varios nodos del ser superior, encontrándose el de menor densidad en la quinta, y es el que corresponde a las personas encarnadas en la tercera densidad. Algunos de estos nodos se extienden hasta niveles de elevadísima vibración. Aquí no existen límites para la creación. Al llegar a estos niveles, por la experiencia adquirida en la Tierra, se sabe qué es lo que no se quiere crear y por qué. Se tiene el conocimiento pleno de cómo el pensamiento caótico y negativo retarda el progreso y la evolución.

Se requieren cientos de encarnaciones para que el ser superior o espíritu recupere el control de la personalidad. En el mundo físico, la persona es muy vulnerable porque además de los factores materiales que crean dependencia, el individuo olvida quién es y cuál es su función en la Tierra.

La Banda H. Monroe explica que es un espacio de vibraciones caóticas que provienen de todas las formas vivientes en la Tierra, especialmente de los humanos. Es un conjunto de energía discordante, una masa sucia por la que los que hacen viajes astrales intentan pasar lo más rápidamente posible. Esta banda está subdividida en sub bandas, y cada segmento corresponde a las emociones que involucran los pensamientos. Nuestra civilización no reconoce la existencia de la Banda H, pero contiene todas las formas de pensamiento que han existido en el planeta. Se debe atravesar con rapidez de la misma forma que se huiría de una banda enardecida en la Tierra. En una experiencia, mientras Monroe pasaba por esta Banda, se encontró con una entidad que emitía mucha luminosidad lo que le hizo pensar que se trataba de un "extraterrestre". La entidad, leyendo su pensamiento, le dijo: "Te acostumbrarás a la luz. Tienes la misma radiación que nosotros... y no somos extraterrestres...". A esto, Monroe le contestó que lo veía con tanta brillantez que se interpretaría como si fuera un dios o por lo menos un extraterrestre, a lo que el ser le contestó que Monroe no comprendería su naturaleza por el momento; que más adelante sí podría hacerlo. Agregó que, para reencontrase con él, sólo tenía que pedirlo, que los rituales y las palabras eran intrascendentes, que lo único importante era la calidad elevada del pensamiento y del sentimiento. Era la única forma de establecer la comunicación. El ser le dijo que no provenía de otro planeta ni tampoco era uno de nuestros creadores, pero le ofreció trasmitirle la sensación relacionada con el proceso de la creación. Monroe aceptó y de inmediato se sintió inundado de una gran energía de sublime amor, la más elevada vibración, que es la energía de la creación y la única que perdura eternamente.

El agua y
el mundo celular

Las figuras que nos rodean influyen en nuestras células

E l doctor Michael Grosso, después de estudiar muchos casos, incluyendo el del padre Pío, llegó a la conclusión de que las personas que se identifican con una imagen llegan a tener algunas características de la misma. En el caso del padre Pío, al identificarse con el crucifijo se volvió permeable a esos símbolos psíquicos y gradualmente sus formas se fueron asumiendo en él. Explica que, mediante las imágenes, el cerebro indica al cuerpo qué hacer, cómo comportarse, etcétera.

Michael Talbot recuerda el caso de la estigmatizada francesa Marie Julie Jahenny quien vivió en el siglo XIX. Cuenta que ella mentalmente visualizó el retrato de una flor y una flor apareció sobre su pecho, permaneciendo allí durante 20 años. Con esto podemos afirmar que las figuras que nos rodean afectan nuestras células y átomos; es decir, los cuadros y objetos a que estamos expuestos son como una especie de "mandala" que nos afecta positiva o negativamente, según lo que representen. Cuando se trata de figuras grotescas y deprimentes, nuestras células recogen esa vibración; mientras que

cuando se trata de figuras y cuadros que representan el bien, la justicia y el amor, se eleva nuestra conciencia porque las células las registran como influencias positivas.

Es por ello que se sugiere rodearnos de figuras y cuadros que simbolizan las características positivas de la cultura a la que pertenecemos, porque así como un cuadro de la Virgen, en culturas que no son católicas, no significa el amor y la protección divina de nuestra madre santísima, las personas de tradición católica tendrán que hacer un esfuerzo sobrehumano para percibir a un dragón o un basilisco como una entidad positiva, ya que para nosotros esas imágenes representan el mal que san Miguel destruye.

El extraordinario poder de la oración

Si comprendemos la importancia de la oración, trataremos de tener un espacio limpio, apropiado en nuestro hogar para refugiarnos allí, para purificarnos. Esa purificación además de hacerla física, debemos limpiar el santuario en nuestro corazón. Esto se logra desechando pensamientos, sentimientos, palabras y actos que sean negativos, egoístas y poco nobles. Sin olvidar que es importante tener los espacios físicos muy limpios. Se debe limpiar armarios, cajones y deshacerse de lo que ya no se necesita, porque cuando acumulamos artículos que no usamos estamos contaminando el espacio, el cual debe estar libre para recibir armonía y bendiciones. Recordemos que hay mucha gente que necesita lo que nosotros no ocupamos.

Nuestros pensamientos, sentimientos, emociones, palabras y acciones influyen en todo lo que nos rodea. Si estamos conscientes del gran poder que tenemos, comprenderemos que nosotros somos los únicos responsables de lo que sucede en nuestra vida.

No se puede evitar el proceso que todos tenemos que experimentar: la muerte. Esto es porque el cuerpo físico está conformado con partículas cuya vibración no puede entrar a los planos eternos; así que mientras estemos en el mundo material, podemos hacer que nuestra vida y la de los seres que nos rodean sea más agradable, armoniosa y saludable.

Existen muchas formas para protegernos, pero la única a la que todos tenemos acceso es el pensamiento. Por medio de la oración podemos hacer que las ondas nocivas que se ciernen sobre el planeta y sobre cada habitante, sean aminoradas o transformadas de forma positiva cuando oramos con amor, con nobleza y sin egoísmo.

Nuestro cuerpo está formado de energía y tiene su propio campo energético. Hoy día sabemos que éste puede ser fotografiado e incluso filmado. Existen diversos aparatos para medir nuestro campo de energía, como el péndulo, las varas, la antena "Lecher" (un aparato científico desarrollado en Francia para medir campos sutiles de energía), etcétera.

Los campos electromagnéticos que provienen de los aparatos electrónicos como los teléfonos celulares, entre otros objetos, hacen daño a nuestras células, porque los campos magnéticos atraviesan nuestro cuerpo y nuestras células afectándolas.

Los campos eléctricos a los que estamos expuestos son absorbidos por nuestros poros e interfieren en las energías periféricas de nuestro cuerpo, es decir, en nuestra aura.

Diversos estudios han demostrado que esta forma de radiación puede causar todo tipo de cáncer, leucemia, dolores de cabeza, fatiga, enfermedades del corazón, de la vista, pérdida de la memoria, Alzheimer, mal de Parkinson, tumores (especialmente cerebrales), abortos, deformidades en embriones, etcétera.

Por qué funciona la oración

El Agua

El agua es inteligente y guarda la memoria de todo lo que existe. Almacena información de todo lo que se desarrolla en el planeta.

Hay tanta información reciente sobre la conciencia del agua que se podrían escribir muchísimos libros más que los que ya existen, tales como las obras de científicos avanzados como Viktor Schauberger (*The Secrets of natural energy*, *The Water Wizard*), J. Benveniste y Johann Grander, F. Batman-ghelidj, MD, Masaru Emoto, entre otros y estudios como los de Steve Gamble.

Aunque reina la tendencia a pensar que el agua sirve sólo para quitar la sed, bañarse, asearse, regar las plantas, apagar el fuego, etc., debemos saber que nuestra existencia está íntimamente conectada con la calidad del agua que nos rodea. De acuerdo con el físico y consejero de la Fundación Mundial de Investigación (World Research Foundation):

> La molécula del agua es una molécula polar –tiene cargas positivas y negativas, separadas por una longitud dipolar–. Así como un magneto tiene polo norte y polo sur, también la molécula del agua tiene un polo positivo y uno negativo y, por lo tanto, un dipolo o eje eléctrico. Debido a la estructura del dípolo, el agua tiene la propiedad de almacenar información. Esta estructura permite que la información esté guardada a semejanza de los discos o las cintas magnéticas. Así como un video, una cinta o un disco duro almacena información, el agua la guarda de una forma semejante, a través de grabaciones en una energía o a nivel de conciencia.

El agua comparte su memoria con nuestro cuerpo. La atmósfera de la Tierra está llena de moléculas de agua. Por tanto, resulta obvio considerar a la Tierra como un gran banco de memoria, la cual resguarda la energía de todos los seres que han existido y que existen hoy sobre el planeta. Las dos emociones que guarda son el amor y el temor. Debido a que el temor es la emoción que más predomina o que más se manifiesta, el agua almacena más esta emoción. Por ello, muchas culturas han considerado al agua como la conciencia de la madre Tierra. Hay que recordar que el agua por sí sola posee la conciencia original de Dios, que es pura e inmaculada (por algo se relaciona con el Espíritu Santo y con la Virgen María, de "mar"=María), sin embargo, la conciencia que actualmente tiene es la que el ser humano se ha encargado de depositarle.

Cada tres segundos más o menos aspiramos alrededor de miles o millones de moléculas de agua, si éstas contienen más información negativa (del temor de los habitantes del planeta), es lógico que el cuerpo, al recibirla, se desequilibre. Cada vez que tomamos un trago de agua, cada vez que comemos (los alimentos contienen cientos de miles de moléculas de agua) estamos llevando a nuestro cuerpo la memoria emocional del planeta. Cada vez que nos aseamos, nos bañamos, nadamos estamos recibiendo las vibraciones del temor, mediante cada uno de nuestros poros. Cada vez que tomamos un vaso de agua estamos bebiendo parte de la conciencia de cada uno de los habitantes, tanto de los "buenos" como de los "malos" que habitaron y que habitan el planeta: cada gota de agua tiene partículas de la conciencia de Jesús y de Hitler, de los habitantes del pasado como del presente. La humanidad actual está depositando en cada molécula del agua la conciencia que nuestros descendientes percibirán.

Las conciencias irresponsables contaminan el agua, en la actualidad destaca la contaminación por químicos y gases venenosos (por la imprudencia del ser humano). La revista *Time* hizo un reportaje donde anunciaron que se habían detectado alrededor de cuatro mil químicos en el agua potable. Esto sin pensar que el agua es transportada a través de tuberías de metal que también la contaminan, ya que esta forma de transportación no es la forma adecuada en la que la naturaleza nos la envía originalmente. Como podemos ver, la conciencia incorrecta de la humanidad se ha perpetuado y sigue haciendo lo mismo continuamente.

Por eso es importante comprender el poder de la bendición. Así sabremos cómo poner en cada molécula de agua la esencia del amor, a través de nuestra intención, de nuestro pensamiento. Si hacemos esto, el agua recoge de inmediato esa vibración y nosotros la percibimos. Sucede lo mismo al hacer lo opuesto, pero en realidad la conciencia errática en el agua ya existe *per se*, porque la conciencia que ahora tiene el agua corresponde a la de la humanidad, que en su mayoría es de temor, angustia, horror, enojo, ira, envidia, codicia, etc. ¿Cuántos habitantes del planeta en este mismo momento están llenando el agua con el pavor a la guerra, al fin del mundo?[31]

Con todos estos datos recientes se comprenden muchas cosas y el efecto placebo encuentra explicación: la oración cura tanto al que ora como a aquél para el que se ora.

Toda esta información reciente nos hace pensar en algunos conceptos de la teoría de la reencarnación. No indica que no existe la reencarnación, sino que existen algunas cosas que hay que revisar: si el agua guarda la conciencia de

---

[31] Este tema es tocado ampliamente en el libro de esta misma autora *Quiénes somos. Adónde vamos.*

la humanidad, cuando tenemos alguna experiencia de "regresión", es probable que estemos accediendo a la historia de otro personaje y no una vivencia nuestra.

Dolores Cannon, en su libro *Keepers of the Garden* (*Guardianes del Jardín*), presenta el caso de una regresión donde el sujeto le explicó que muchas experiencia relatadas como "vidas anteriores" son *imprints* o grabaciones disponibles en el éter que cualquier alma que toma un cuerpo puede aprovechar para aprender de vivencias de personas que ya dejaron de existir. Al llegar al mundo físico, puede percibir la experiencia como una vida anterior, aunque en realidad sólo sea información adicional para aprender de las experiencias de los otros. Es como si se pidiera prestado un libro en la biblioteca y cada libro representara la vida de alguien que ya falleció. Ahí explica que por esta razón existen muchas personas encarnadas al mismo tiempo, todas asegurando ser el mismo personaje célebre del pasado. La razón de esto puede ser la necesidad de aprender las lecciones de otros. Las experiencias que cada uno de nosotros estamos adquiriendo en esta vida estarán disponibles al final de la vida para que otra alma las aproveche como un *imprint*.

En cuanto a la oración, tenemos que en una entrevista hecha al sargento Clifford Stone,[32] él subraya la importancia de la oración para combatir a las fuerzas oscuras o extraterrestres que secuestran y hacen experimentos con los seres humanos, tanto en el plano físico como en planos astrales. De acuerdo con otros investigadores, los seres biológicos extraterrestres más elevados, al respetar la ley universal de no intervención sólo actúan cuando nosotros lo permitimos. Esta ley es universal. De la misma manera los seres espiri-

---

[32] Earl Clifford Stone, sargento retirado del ejército de Estados Unidos. Se le recuerda por haber revelado la existencia de 57 razas extraterrestres que eran conocidas por el ejército estadounidense.

tuales, no biológicos, los que conocemos como "Ángeles", también nos respetan. Una de las características más importantes de la oración es que se trata de una petición; por ello oramos a los Ángeles, para que ellos intervengan en nuestra vida, ayudándonos, protegiéndonos, inspirándonos y guiándonos. Es por esto que se recalca tanto la importancia de pedir su asistencia, porque de otra manera, ellos respetarían nuestro libre albedrío y no intervendrían.

Estudios científicos sobre la conciencia del agua

Viktor Schauberger (1885-1958), nacido en Austria, dedicó toda su vida a estudiar las propiedades ocultas del agua, así como el austriaco Johann Grander, quien redescubrió que el agua tiene memoria y transmite la información, que nunca se pierde.

El agua es mucho más que H_2O: tiene vida y energía.

En tiempos modernos, el doctor Jacques Benveniste (fallecido el 3 de octubre de 2004) dio las primeras informaciones sobre la "memoria del agua". Investigó ampliamente sobre cómo guarda la memoria de todo lo existente en el planeta.

Ahora sabemos que la teoría que indica que el agua guarda la conciencia no es reciente. El doctor Masaru Emoto ha podido aportar pruebas para confirmar esta idea. El doctor Masaru Emoto nació en Yokohama, Japón, y ha editado 12 libros en su tierra, entre los que destaca *Los mensajes del agua*. Fundó en Suiza el Welt Institute for Subtle Energies (Instituto Mundial para las Energías Sutiles) al que pertenecen médicos y científicos de prestigio internacional. Descubrió que los cristales que se forman en el agua congelada

revelan cambios cuando se les envía pensamientos específicos. Encontró asimismo que el agua de las fuentes cristalinas y el agua que ha sido expuesta a palabras amorosas muestran un diseño brillante, complejo y lleno de colores. Contrariamente a lo que pasa con el agua que está contaminada o expuesta a pensamientos negativos, pues las formas que arroja son incompletas, asimétricas y sus colores son opacos.

Las investigaciones realizadas por el doctor Emoto nos demuestran evidencias de la forma que podemos influir positivamente en nuestro planeta y en nuestra salud.

La aportación del doctor Emoto es importante para los tiempos que vivimos, donde exigimos pruebas para creer. Por medio de la microfotografía, confirma lo que la sabiduría milenaria enseña: que nuestros pensamientos, sentimientos, emociones, palabras y actos afectan nuestro entorno y nuestra vida personal.

La memoria de las células puede demostrarse por medio de los casos de donaciones de órganos, los cuales ocurren más frecuentemente. Hay casos registrados de donantes que después del transplante empiezan a manifestar gustos propios del donador; tienen recuerdos de memorias que le pertenecían. Esto se debe a que la conciencia del donante es retenida dentro de las moléculas de agua que están en el órgano donado. Esto nos demuestra que la mente no está ubicada en el cerebro como se creyó durante un tiempo. Sobre esto, Steve Gamble, extraordinario investigador de este tema, aclara:

El agua en el cuerpo, en la tierra y en el ambiente:
- Cuerpo humano tiene entre un 70 y un 80% de agua.
- El cerebro tiene aproximadamente 85%.
- Los músculos aproximadamente 75%.
- La sangre aproximadamente 90%.

• El hígado aproximadamente 82%.
• Los huesos aproximadamente 22%.

La Tierra está cubierta por aproximadamente un 80 por ciento de agua. Los océanos componen el 72 por ciento y el resto está formado por lagos, ríos, lagunas.

La atmósfera de la Tierra está llena de moléculas de agua, por tanto la Tierra es un gran banco de memoria; es una gran biblioteca de información almacenada. La Tierra es el registro akáshico, por decirlo de alguna manera.

Las fobias, los temores, las angustias tienen su origen en información que se ha guardado en las células; por ello reaccionamos de determinada forma ante ciertas circunstancias, a veces, sin conocer la razón de lo que está detonando el temor.

Cada persona tiene su campo electromagnético, campo áurico, espacio energético o aura, y ese espacio está formado por el resultado de nuestros pensamientos, sentimientos, palabras y acciones que se conjuntan en pequeñas moléculas que forman el campo. Cada ser humano va caminando por la vida con su estado de conciencia rodeándole. Si la persona se sienta, se acuesta, se recarga o toca cualquier cosa, allí deja parte de las partículas de su conciencia. Si la conciencia es irresponsable, las partículas permanecerán en el lugar hasta que se purifique el espacio; si son vibraciones de una conciencia elevada, servirán para armonizar el lugar.

De la misma manera, cada una de nuestras células tiene su propio campo electromagnético, es decir, su propia conciencia. Esta conciencia es la referencia de la estructura de nuestro ADN; esta información, guardada en el campo energético de las células, determina si la célula se reproducirá a sí misma con características de salud o enfermedad, de armonía o de temor. Si hay información caótica o incorrecta indica

que la información original que Dios puso en la célula ha sido alterada, y que la "conciencia" de la célula, es decir, la energía que alimenta e instruye a la célula indicándole cómo actuar, se vuelve discordante.

Pongamos el caso de un tumor canceroso. Si el tumor ha sido examinado y sometido a tratamientos de rayos X, puede ser que la presencia del tumor aún esté allí seis meses después. Sin embargo, durante esos seis meses, prácticamente todas las células del cuerpo fueron renovadas. El esqueleto, por ejemplo, se renueva cada tres meses más o menos. La piel cada mes. El recubrimiento del estómago cada cuatro días, y el hígado se renueva cada seis semanas, aproximadamente. Por lo tanto, después de seis meses, el tumor canceroso original ya no existe, el que aparece sería uno totalmente nuevo. Todas las células que formaron el tumor original ya murieron y fueron reemplazadas por nuevas células con la información del tumor. ¿Por qué estas células nuevas no nacieron sanas? El 98 por ciento de los átomos de nuestro cuerpo son sustituidos cada año.

Los científicos han descubierto que la "memoria" de una célula guarda información que permite que la célula se reproduzca a su semejanza. En el caso del tumor, sus células se reprodujeron igual a la información que tenían guardada en su "memoria". El banco de memoria de las células del tumor está desequilibrado y la información que manda es: reproducirse exactamente con la información almacenada. La información que las células de un tumor canceroso tienen guardada es "información anárquica". Esta información es "energía" errática que ya ha alterado la información original que Dios le insufló. Por este motivo, un tumor se reproduce y continúa su presencia en un cuerpo.

Cada célula de nuestro cuerpo contiene líquido y también está rodeada por fluido intercelular, por lo que se supone

que se comunican entre sí. Lo que indica que nuestro cuerpo, nuestra sangre, nuestros órganos, nuestra piel están repletos de agua, de memoria, de conciencia; así cuando el cuerpo es invadido por entidades agresivas, nuestro sistema inmunológico sabe hacia dónde enviar tropas asesinas –las células "т"– para acabar con una infección o la invasión de organismos agresivos.

Los rusos han descubierto que una célula sana tiene un campo energético uniforme, equilibrado y armonioso. Una célula enferma tiene un campo agresivo, irregular y desbalanceado. También descubrieron que debido a la naturaleza agresiva de las células desequilibradas, estas células tienen la capacidad de afectar a las células sanas y equilibradas y, con el tiempo, llegan a tener tanta influencia en las sanas que logran que éstas también se desequilibren. A esto se le conoce como "resonancia", reacción semejante al efecto dominó.

La "memoria" de la célula indicará cómo debe reproducirse

Este mismo principio se aplica al cuerpo humano y su campo electromagnético. A este campo se le llama de muchas maneras: campo biofísico, campo áurico, campo morfogénico. Todos los nombres que se le dan indican casi lo mismo: nuestra conciencia es la que determina nuestra vida. Los biofísicos han descubierto que cuando se debilita el mecanismo de defensa (que es nuestro campo electromagnético) nos enfermamos. Cuando nuestro campo energético, nuestra conciencia, está fuerte, gozamos de salud física. Pero cuando nuestro campo energético está expuesto a energías caóticas, se debilita nuestra salud. Esto ocurre porque nosotros también tenemos esta "conciencia", esta memoria que gobierna

la salud de nuestro organismo. Cuando nuestra conciencia (nuestro campo energético) está equilibrada tenemos buena salud, y cuando está desequilibrada estamos predispuestos a la enfermedad.

De igual manera, la Tierra tiene su propia conciencia; cuando está equilibrada existe un ambiente limpio y armonioso, pero cuando hay desequilibrio es sucio y hay mala salud entre sus habitantes. Lo mismo aplica a los sistemas solares, a las galaxias, etcétera, porque todo funciona igual: una amiba, una semilla, una planta, un ser humano, un planeta o una estrella.

Una conciencia equilibrada equivale a buena salud, una conciencia desequilibrada simboliza mala salud.

Todas las conciencias son interactivas. Se retroalimentan y comparten información en niveles que no necesariamente percibimos.

El agua filtrada con amor como remedio

El doctor Fereydoon Batmanghelidj, nacido en Irán en 1931, investigador reconocido mundialmente y autor de *Your body's many cries for water* y *You're not sick, you're thirsty* (*No estás enfermo ¡tienes sed!*), trata en sus libros sobre la importancia de consumir agua con el fin de evitar enfermedades. Pone énfasis en la necesidad de elevar nuestra conciencia cuando afirma: "La mejor medicina es el amor". En su libro *You're not sick. You're thirsty!* hace una relación de cómo se curan todas las enfermedades tomando agua y dice que existe un axioma hoy olvidado: "el deber del doctor es entretener al paciente mientras la naturaleza lo cura", pero los doctores en su gran mayoría se han vuelto fríos, insensibles y han dejado de dar al paciente lo que más necesita: amor.

Tomar un litro y medio diario de agua simple ayuda a prevenir y a curar asma, alergias, hipertensión, estreñimiento, diabetes tipo II, enfermedades del sistema inmunológico, acidez estomacal, dispepsia, dolores de pecho relacionados con el corazón, reumas, artritis, migrañas, dolores de cabeza simples, colitis, bulimia, náuseas durante el embarazo, entre otros padecimientos.

Algunos síntomas que indican que el cuerpo necesita agua, que tiene sed, que está deshidratado son:

- Cansancio sin razón aparente, bochornos relacionados con la "menopausia".
- Impaciencia e irritabilidad, ansia, sentimientos de rechazo, depresión.
- Todos los malestares, hasta los emocionales. El ansia por el tabaco, dulces o adicciones es una señal de que del cuerpo necesita agua.

Cómo se modifica la estructura del agua

La estructura del agua se modifica con el sonido de los pensamientos, sentimientos, palabras y acciones. Las conclusiones del doctor Masaru Emoto son avaladas por las microfotografías que ha aportado a lo largo de muchos años de investigación. Con miles de fotografías, ha publicado libros sobre *Los mensajes del agua*. El agua reacciona ante cualquier mensaje escrito, adicionalmente, comprende cualquier idioma porque conserva todos los conocimientos de la humanidad. Las células del cuerpo, formadas por más de 75 por ciento de agua, recogen todo lo que se desarrolla en el planeta en el nivel general y en nuestra conciencia, en el nivel personal. Por este motivo, conocemos de manera subconsciente todo lo que ha

sucedido y sucede en el planeta en el nivel grupal. En el nivel individual es la forma que podemos tener información de nuestros antepasados, lo que explica en algunos casos los recuerdos de vidas pasadas que, aunque algunos efectivamente pueden referirse a otras vivencias, otros son los que recibimos genéticamente de nuestros padres.

Cuando el agua está limpia y viva, o es expuesta a estímulos positivos, su estructura se muestra en formas variadas de hexágonos bellísimos. En cambio, cuando el agua está contaminada o expuesta a estímulos negativos se desordena y su estructura cristalina aparece descompuesta y sin luminosidad. Las aguas tomadas de arroyos de montañas o fuentes separadas de la contaminación de la gente, arrojan bellos diseños y las muestras de agua estancada y contaminada por la acción de las vibraciones incorrectas de la humanidad muestran estructuras deformadas.

Las moléculas expuestas a cierta música clásica estructuran delicadas formas simétricas. Lo mismo sucede cuando reciben las vibraciones de palabras de alto nivel en cualquier idioma, como "gracias" y "amor".

Cuando las moléculas fueron sometidas a vibraciones negativas como la música *heavy metal* o palabras soeces y denigrantes, aparecieron estructuras caóticas y fragmentadas. Se partieron en dos con la canción "Heartbreak hotel" y en muchos fragmentos con la "Canción de despedida" de Chopin. Imitaron la flor cuando se le agregó unas gotas de aceites florales, como si hubiera captado la información de la flor, lo que apoya la efectividad de la terapia con las flores de Bach.

Los hallazgos del doctor Emoto hacen posible la detección de enfermedades en un análisis de sangre, hasta antes de que se manifieste en el cuerpo físico. Este descubrimiento explica muchas cosas en el ámbito de la salud. Confirma

el poder de la oración para sanar, así como la importancia de los pensamientos positivos y las meditaciones espirituales.

Enseña también que si a un enfermo se le bombardea con palabras y pensamientos negativos, lejos de ayudarle, se le enferma más; y a un niño, al agredirle con palabras como "tonto", "feo", "incapaz" lo resquebraja físicamente, porque no sólo somatiza lo que se le dice sino que estas expresiones inciden en su estructura molecular.

Las oraciones y meditaciones ayudan a sanar porque se dirigen a las moléculas del agua de la persona enferma y hace que reaccionen con buena salud.

Con esta información, ahora cobra sentido pedir a Dios que bendiga nuestro hogar, la comida, etc. Se deberá bendecir el agua y todo lo que existe en nuestro entorno.

El amor transforma

Para tener una vida sana, armoniosa, feliz y tener conciencia del amor es necesario conocer la importancia de trabajar. Comprendemos que las células recogen todas las energías que salen de nosotros, que en su campo electromagnético emiten lo mismo que les damos. Cuando observamos que todo lo que manejamos internamente se materializa al exterior, y que nosotros siendo cada uno una célula de Dios, cuando mantenemos un campo negativo lo extendemos hacia todo lo que forma parte de nosotros, se vuelve necesario que comencemos a determinar a cada ser humano también como otra célula de Dios y tratar de emitirle lo mismo que nosotros necesitamos: amor. *Cuando damos amor, estamos dando un trasplante de energía del corazón, porque se ha visto que el mejor remedio para todos los males: es el amor.*

300

Paul Pearsall en su libro *El código del corazón* habla acerca de la importancia de transmitir pensamientos dignos a nuestras células en lo que define "El efecto Dulcinea".

En *El ingenioso hidalgo don Quijote de la Mancha*, su autor, Miguel de Cervantes Saavedra, hace que el caballero soñador se encuentre con una molinera. Contempla a esta mujer no como una simple y común campesina, sino como una bella dama, amable y virtuosa; la forma en que él la percibe hace que ella se transforme. Le da un nombre nuevo: Dulcinea. La llena de amor: esta energía hace de ella otra persona. Ella comienza a verse a sí misma como una persona amable y cariñosa. Cuando el Quijote está a punto de morir, pide a su amor que llegue hasta su lecho para consolidar la memoria celular de su imagen de amor y para hacerle saber que, a pesar de su próxima ausencia física, ella será siempre su "Dulcinea". Este "efecto Dulcinea" representa el poder transformador del amor, el opuesto exacto de la interrupción sistemática causada por el amor al poder o el temor. Este es un trasplante de cardioenergía que influye tanto en el donante como en el receptor. Por ello se dice que la curación es un asunto del corazón. Cuando se da amor, sana tanto el que da como el receptor de esta energía sublime.

Nuestras células nos aman profundamente, están enamoradas de nosotros, por lo que hay que tratarlas como trataríamos a un ser al que queremos mucho. Cuando comencemos a percibir cada una de nuestras células como "dulcineas", ellas se transformarán y comenzarán a manifestar eso mismo que les emitimos: amor, lo que equivale a salud, bienestar, bonanza, optimismo, energía positiva, etcétera.

Cuando nos identificamos con nuestra alma, permitimos que ella a través del corazón nos envíe mensajes que recibimos mediante el sonido de nuestras células. Se dice que

nuestro corazón es la envoltura del alma, la cual está formada por células individualizadas.

Nuestro cuerpo físico es un recordatorio del amor noble

El cuerpo físico de cada ser humano está conformado externamente de tal manera que es un recordatorio de que se debe transmitir amor. Es decir, hay una correspondencia de amor con cada parte de nuestro cuerpo, por ejemplo: nuestra cara tiene la forma del corazón, donde se dice que habita nuestra alma. Por lo que nuestro rostro debe estar emitiendo el mensaje del alma, a través de sonrisas dulces y miradas tiernas y libres de egoísmo.

Las pupilas de los ojos reflejan lo que perciben. Cuando sienten mucha emoción se dilatan, por eso se dice que cuando vemos a los ojos de una persona estamos viéndonos a nosotros mismos, o en otras palabras estamos viendo lo que el otro ve de nosotros. Las pupilas manifiestan lo que sentimos. Así, se asume que los ojos muy obscuros, donde no se percibe mucho la pupila, son ojos misteriosos, pues difícilmente se delatan, aunque estén dilatados.

Visualización de nuestras células

Visualicemos cada una de nuestras células como pequeños querubines que sonríen amorosamente, mientras giran velozmente emitiendo amor. Cuando hacemos esto, poco a poco reflejaremos este sentimiento en nuestro rostro y en todo el cuerpo. Nos convertiremos en emisores de la energía de Dios, que es el amor.

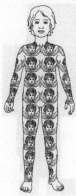

Las células del cuerpo pueden ser imaginadas como pequeños angelitos que están contentos y alineados, lo que indica que el cuerpo está armonizado y la persona se siente bien, y es sana.

Cuando existen conflictos en la vida y el entorno de la persona las células se enredan y desarmonizan, la persona puede quedar expuesta a accidentes, sentirse mal en general y su vibración repele a personas que vibran en amor.

Nuestras células nos aman con locura

Recordemos que nuestras células están enamoradas de nosotros y debemos tratarlas con cariño para que no perciban ninguna agresión. Si nosotros pensamos, sentimos o decimos palabras que las ofenden, ellas recogen esas frases como un insulto y se deprimen. Algunos ejemplos de frases que ofenden a nuestras células y se deben evitar son: "Estoy enfermo", "Tengo tal o cual padecimiento", "¿Qué esperas, si después de tal edad se deben tener esos achaques?", "Tengo equis enfermedad crónica", "Ya ni modo, ya me lo diagnosticaron y eso es irreversible". El doctor Pearsall explica que el ser humano está acostumbrado a tratar tan mal a sus células que semeja un individuo que trata con desprecio, insultos, golpes y patadas a quien más lo ama. Poco a poco, el ser agredido se va arrinconando lleno de moretones, huesos rotos, angustia y depresión; en este estado, se enferma, languidece y puede morir. De la misma manera, cuando emitimos pensamientos y palabras negativas sobre nosotros mismos, nuestras células las reciben como golpes bajos: se enferman y lentamente va apareciendo el resultado en nuestro cuer-

po. En general, cuando una persona se siente indispuesta o es diagnosticada de algún malestar, de inmediato se apropia de la enfermedad, con frases semejantes a éstas: "Mi tos", "Tengo tal malestar", "Esta enfermedad me va matar", "No creo poder curarme", etc. Las células reciben esas frases como puntapiés que las debilitan y las predisponen a manifestar la aflicción. Por esto, es necesario cambiar nuestra forma de pensar y corregir nuestros pensamientos y expresiones para que nuestras células las reciban con amor. Podemos también escribirles mensajes, pequeños recados, como cartas de amor y colocarlas en las zonas donde existe algún malestar.

Experiencia personal

Comencé a impartir un taller sobre el efecto positivo de los mensajes escritos colocados directamente sobre el cuerpo, con frases que transmiten amor y confianza a las células, a raíz de una experiencia personal. Una mañana, al bajarme de un aparato de ejercicios, mi pie izquierdo quedó atorado en una parte del equipo; de manera que se lastimó fuertemente un dedo del pie. Esto sucedió un día que estaba llena de compromisos y no le presté atención al dedo lastimado, que de inmediato se inflamó y se puso morado, de forma que tuve que usar sandalias para no sentir presión. Al segundo día, el dedo estaba más hinchado y morado, pero tampoco pude atenderlo, personas cercanas me dijeron que por lo menos me tomara una radiografía para ver si se había roto. Lo hice y, efectivamente, los negativos señalaron que el dedo había sufrido una fractura. El médico me aconsejó enyesarme.

Debido a compromisos urgentes que tenía fuera del Distrito Federal, decidí que no me enyesaría y recordé los ex-

perimentos que hizo el doctor Masaru Emoto san, sobre el hecho de que las moléculas del agua saben leer y responden a los mensajes escritos. Y si mi cuerpo tiene más de un 75 por ciento de agua, pensé: "Bueno, yo soy el frasco de agua y le dedicaré un mensaje de amor a la zona del frasco afectado". Así fue cómo se me ocurrió experimentar poniéndole frases de amor escritas sobre el dedo. De inmediato escribí una notita que decía:

> Las células de mi dedo están llenas de amor. Tienen la programación original que les puso Dios, que es amor, amor, amor, por eso vibran en armonía y salud perfecta. Amo profundamente a mis células y ellas me aman a mí. Gracias Dios mío, por darles tanto amor a mis células.

Enrollé la notita alrededor del dedo y la fijé con cinta adhesiva. Mi sorpresa fue mayúscula cuando en cuestión de unas horas, la inflamación y el dolor comenzaron a bajar. Al día siguiente, el dedo había vuelto a su estado normal y se había quitado lo morado. Al tercer día, estaba sano. Nunca usé ni siquiera una pomada para aliviar la molestia. Esto suena increíble, pero después, las personas cercanas que se dieron cuenta del "tratamiento" comenzaron a aplicarlo con resultados positivos. Me di cuenta de que cuando es un malestar o lesión reciente, las células responden con más rapidez; cuando es algo donde las células ya han tenido tiempo de ser programadas negativamente, el resultado es más lento. Mi experiencia sucedió hace más de cuatro años y jamás he tenido una molestia después.

Varias personas se fueron enterando del evento y me solicitaron hablarles sobre la forma de escribir notas a las diferentes zonas del cuerpo. Algunos de los ejemplos se encontrarán a continuación, pero siempre hay que tener presente

que ningún mensaje debe sustituir la atención médica, ni debe suspenderse ningún tratamiento. Esto es solamente adicional a cualquier terapia.

Es importante recordarles a las células que tienen la programación original de Dios, que es AMOR y repetirles la frase continuamente. Después comencé a aplicar los recados a todos los elementos del hogar y de la oficina, porque todo lo que existe contiene agua. De hecho, como recientemente me cambié a un departamento diferente, a la hora de hacer los arreglos para acondicionarlo a mis necesidades, tuve la oportunidad de escribir mensajes hablando con las moléculas de cada rincón y cosa del departamento. Escribí los mensajes en la computadora en papel tamaño carta y luego mandé ampliar algunos en diferentes medidas para los espacios grandes. Pegué estos mensajes cubriendo todas las paredes donde se colocaron muebles empotrados. También debajo de los pisos, detrás del refrigerador, de los cuadros, en cada despensa, alacena, gaveta, cada pared de los closets, debajo de los tapetes, los colchones; en fin, el departamento quedó cubierto con frases de amor y agradecimiento hablando a las moléculas de cada cosa.

Si se está construyendo una casa nueva, se pueden poner los letreros en toda la obra negra que después se revestirá con losetas, madera, alfombra, etc. Cuando se trata de un área que será recubierta con mezcla o yeso, se puede escribir directamente con pintura el mensaje que se requiere.

Los investigadores nos dicen que todo lo que existe contiene agua, y por eso, las cosas guardan la información de las personas y lugar donde estuvieron expuestas. Es decir, las moléculas de los objetos, así como de las paredes, techos, de una casa, edificio o de cualquier construcción, conservan los recuerdos de lo que sucedió allí, precisamente porque el agua recogió la información.

Esto explica, en parte, las casas embrujadas. Lugares donde ocurrieron tragedias, o antes fue un hospital, o un lugar donde hubo abusos y sufrimiento; o una construcción sobre un terreno no auspicioso porque, antes, fue un cementerio, cárcel o rastro. Con seguridad se requiere más tiempo y constancia para desprogramar los recuerdos negativos de una construcción cuyas moléculas se han mantenido viciadas por lapsos largos; sin embargo, es cuestión de comenzar.

Ejemplos de mensajes

Las palabras con más alta vibración son: Dios mío, amor, gracias y bendiciones. Lo mismo son todas las palabras que indican bendiciones, como: paz, armonía, salud perfecta, cariño, seguridad, felicidad, prosperidad, abundancia, tranquilidad, concordia, espiritualidad, comprensión, confianza, fe, honor, bonanza, equilibrio, serenidad, etc., por lo que deberán resonar continuamente en nuestras células.

Cuando escribimos los mensajes para nuestras células, se debe ser repetitivo con esas palabras. Se deben evitar las palabras que implican negación o cualquier cosa que recuerde algo incorrecto o que no queremos que tengan nuestras células. Si hay un malestar se evita hablar de él y se habla del opuesto positivo, de manera que nuestras células vayan cambiando la programación incorrecta por la programación original que le puso Dios, nuestro Padre celestial: amor, amor, amor, que equivale a felicidad, salud perfecta, bienestar, abundancia, y todas las bendiciones que somos capaces de imaginar.

Se sugiere que cada persona escriba los mensajes de acuerdo con sus necesidades, recordando que es importante usar las palabras: "Tienes la programación original de Dios, que es AMOR". Adicionalmente, darle las gracias a las células y a Dios. El mensaje se debe colocar sobre la zona del cuerpo que tiene algún malestar. Aún cuando gozamos de salud podemos traer los recados recordándole a nuestras células que son amadas. Debido a que los letreros se deben cambiar con frecuencia, es necesario hacer varios mensajes con la misma leyenda para las células de la zona del cuerpo a que van dirigidos. Independientemente de los mensajes escritos, se debe hablar mentalmente con las células y también incorporar los pensamientos nobles, positivos, así como la oración a nuestra vida cotidiana.

- Amor... amor... amor... cuando decimos amor, estamos diciendo "Padre mío" que es la fuente original de donde hemos salido, por lo que es el mensaje que deben recibir nuestras células cada instante del día. Hay que pronunciar: "Dios llena cada una de mis células con su inmenso amor. Gracias Dios mío".
- Dios, mi Padre celestial, me ama profundamente. De Él salí y de allí salieron todas mis células con su programación original: vibrar en amor... en amor... en amor... por lo que mis células hoy sólo conocen el amor y lo reflejan en mi cuerpo con una perfecta salud, con armonía en mis pensamientos, sentimientos, palabras y acciones. Sólo hay amor... sólo hay amor... sólo hay amor... porque Dios es amor. Gracias células mías por vibrar en amor y salud perfecta. Gracias Dios mío por tanto amor. Gracias, Padre mío, por tus bendiciones y por tus Ángeles que traen hacia nosotros tus dones.
- Soy sano porque mis células vibran en salud. Mis células han recuperado la programación original de Dios: amor, amor, amor. Gracias células mías. Gra-

cias, Padre mío, por tus bendiciones y por tus Ángeles que traen hacia nosotros tus dones.

- Me alimento sanamente y mis células se renuevan y tienen la condición y el aspecto físico de salud, armonía y amor. Gracias, Padre mío, por tus bendiciones y por tus Ángeles que traen hacia nosotros tus dones.
- Mis células tienen la programación original de Dios, mi Padre celestial. Dios mi padre, es sólo amor y me envía sólo amor. Mis células lo saben y proyectan amor en mi vida. Gracias, Padre mío, por tus bendiciones y por tus Ángeles que traen hacia nosotros tus dones.

Ejemplos para dirigir mensajes

Ejemplos para dirigir mensaje a una zona del cuerpo. Se debe sustituir la palabra "pie" por la correspondiente del cuerpo en la que se perciba alguna programación incorrecta: espalda, rodilla, dedo, oído, garganta, corazón, etcétera.

Mis células están llenas de amor. Vibran en armonía, en perfecta salud, por lo que mi *pie* sólo refleja armonía, salud, perfección y amor. Dios me ama profundamente y continuamente me llena de bendiciones. Siento bienestar en mi pie. Gracias, Padre mío, por tus bendiciones y por tus Ángeles que traen hacia nosotros tus dones.

Ejemplo de letrero en teléfono celular

Dios me bendice y protege... Dios me ama... Dios mío, te amo y adoro. Las partículas de este teléfono vibran en amor. Gracias Dios mío, por tus bendiciones.

Se puede colocar un letrero grande en la zona donde se guarda el agua embotellada

Las moléculas de esta agua están bendecidas por Dios, mi Padre celestial, porque se lo pido de acuerdo con su voluntad y en nombre de nuestro señor Jesucristo. Cada molécula contiene la programación original de Dios: amor... amor... amor... que es la esencia pura del Espíritu Santo que me protege, me anima, me da salud, bienestar con mis hijos y nietos, amor, tolerancia, abundancia, prosperidad, paciencia, juventud, belleza, sabiduría y bendiciones de paz, felicidad, armonía y abundancia para servir a Dios, mi Padre Celestial por toda la eternidad. Gracias, Padre mío, por tus bendiciones y por tus Ángeles que traen hacia nosotros tus dones.

Mi ropa la bendice Dios

Gracias, Padre mío, por depositar tus bendiciones en mi ropa. Están llenas todas las partículas que la forman, de amor... amor... amor... que es la esencia pura de Dios, y se traduce en bienestar, salud, energía, armonía, felicidad, sabiduría, paciencia, tolerancia, y nuevamente: amor... amor... amor... toda mi ropa está impregnada con esta esencia de amor y de ella sólo emana amor, salud, bienestar, abundancia, prosperidad, energía y bendiciones de paz, tolerancia, paciencia, humildad y deseo de cumplir con la voluntad de Dios. Con todas estas bendiciones me cubre mi Padre celestial. Gracias, Padre mío, por tus bendiciones y por tus Ángeles que traen hacia nosotros tus dones.

Este mueble y todo lo que hay en él lo bendice Dios

Cada átomo que compone este mueble está lleno de la esencia pura de Dios: amor... amor... amor... cada partícula tiene la programación original que Dios depositó en toda la creación: amor... amor... amor... y este gran amor se traduce en: armonía, paz, salud, felicidad, paciencia, tolerancia, deseo de servir a Dios, a la humanidad, prosperidad, abundancia, sabiduría, bienestar en todos los aspectos de la vida, y nuevamente amor... amor... amor... con todas estas bendiciones me cubre mi Padre celestial y también a todos los que entran a mi hogar. Gracias, Padre mío, por las bendiciones que cada instante depositas en este mueble y en todos los objetos guardados en él. Gracias, Padre mío, por tus bendiciones y por tus ángeles que traen hacia nosotros tus dones.

Ejemplo para colchón o almohada. Debajo de la almohada se puede poner una petición para tener sueños placenteros con tu Ángel guardián. A los estudiantes se les facilitará comprender sus temas y materias si hacen la petición y la ponen debajo de su almohada. Para todas las personas, si existe algún tema que quieren comprender, de la misma manera se puede hacer la petición. Se le pide a nuestro Ángel, que durante las horas de sueño, nos asesore como nuestro maestro particular. Debemos recordar usar siempre las palabras: amor y gracias.

Cada átomo que compone este colchón está lleno de la esencia pura de Dios: amor... amor... amor... cada partícula tiene la programación original que Dios depositó en toda la creación: amor... amor... amor... y este gran amor se traduce en: armonía, paz, salud, felicidad, paciencia, tolerancia, deseo de servir a Dios, a la humanidad, prosperidad, abundancia, sa-

biduría, bienestar en todos los aspectos de la vida, y nuevamente amor... amor... amor... que recibo al estar reposando o dormido. Estas bendiciones también me dan sueños plácidos, tranquilos, reparadores. Asimismo, inspiración y conexión con el reino angelical cada vez que duermo... Al despertar, cada día habré descansado completamente sin necesidad de recurrir a ningún medio artificial. Gracias, Padre mío, por las bendiciones que cada instante depositas en este colchón. Gracias, Padre mío, por tus bendiciones y por tus Ángeles que traen hacia nosotros tus dones.

Se pueden escribir los letreros para cada adorno, cada mueble, para la computadora, televisión, horno de microondas, cuadros, DVD, etc. De nuestro hogar u oficina. Los letreros no necesariamente deben estar a la vista del público.

Estos libros los bendice Dios

Cada átomo que compone cada uno de los libros que tengo en este mueble (que también está bendecido por Dios, mi Padre celestial) está lleno de la esencia pura de Dios: amor... amor... amor... cada partícula tiene la programación original que Dios depositó en toda la creación: amor... amor... amor... y este gran amor se traduce en: armonía, paz, salud, felicidad, paciencia, tolerancia, deseo de servir a Dios, a la humanidad, prosperidad, abundancia, sabiduría, bienestar en todos los aspectos de la vida, y facilidad para comprender lo que leo. El amor que emiten estos libros se proyecta en todo y en todos los que están aquí. Gracias, Padre mío, por las bendiciones que cada instante depositas en los libros de mi biblioteca. Gracias amorosas también a todas las moléculas que componen estos libros.

Dios bendice los alimentos

Cada átomo que compone los alimentos en esta despensa (o caja, bolsa, lata, refrigerador, congelador, alacena) está lleno de la esencia pura de Dios: amor... amor... amor... cada partícula tiene la programación original que Dios depositó en toda la creación, y este gran amor se traduce en: armonía, paz, salud, felicidad, paciencia, tolerancia, deseo de servir a Dios, a la humanidad, prosperidad, sabiduría, bienestar en todos los aspectos de la vida. Estas bendiciones cubren a todos los que entran a mi hogar. Gracias, Padre mío, por las bendiciones que depositas en estos alimentos. Gracias por tus Ángeles que traen hacia nosotros tus dones.

Para colocar en todas partes

Dios bendice este hogar. Gracias Dios mío por tus múltiples bendiciones. Gracias, Padre mío, por tus bendiciones y por tus Ángeles que traen hacia nosotros tus dones.

Dios me ama profundamente y llena con su luz de amor este cuadro (o imagen, o figura, o pintura, retrato, etc.). Gracias, Padre mío, por todo tu gran amor. Gracias, Padre mío, por tus bendiciones y por tus Ángeles que traen hacia nosotros tus dones.

Cada átomo que compone las paredes, pisos, techos, espejos, accesorios, muebles, puertas, ventanas, vidrios, alfombras, tapetes, todos los cuadros, ropa blanca, ropa personal, zapatos, muebles y adornos de este departamento está lleno de la esencia pura de Dios: amor... amor... amor... cada partícula tiene la programación original que Dios depositó en toda la creación: amor... amor... amor... y este gran amor

se traduce en: armonía, paz, salud, felicidad, paciencia, tolerancia, deseo de servir a Dios, a la humanidad, prosperidad, sabiduría, bienestar en todos los aspectos de la vida, y nuevamente amor... amor... amor... ... con todas estas bendiciones me cubre mi Padre celestial y también a todos los que entran a mi hogar. Gracias, Padre mío, por las bendiciones que a cada instante depositas en mi hogar. Gracias, Padre mío, por los Ángeles que has puesto para guiarme, protegerme y llenarme de tu amor y bendiciones. Gracias, Padre mío, por tus bendiciones y por tus Ángeles que traen hacia nosotros tus dones.

Los que habitamos este hogar (se puede poner el nombre de cada persona que vive en la casa) estamos llenos de la esencia pura de Dios: amor... amor... amor... cada una de nuestras células tiene la programación original que Dios depositó en ellas: amor... amor... amor... y este gran amor se traduce en: armonía, paz, salud, felicidad, paciencia, tolerancia, deseo de servir a Dios, a la humanidad, prosperidad, abundancia, sabiduría, bienestar en todos los aspectos de la vida. Con estas bendiciones me cubre mi Padre celestial y también a todos los que entran a mi hogar. Gracias, Padre mío, por las bendiciones que cada instante depositas en nosotros. (Si se tienen mascotas, incluirlos aquí). Gracias, Padre mío, por los Ángeles que has puesto para guiarme, protegerme y llenarme de tu amor y bendiciones.

CONCLUSIÓN

C on un estado de conciencia elevado, con nuestro pensamiento puesto en el mundo espiritual, emanamos una luz que nos protege y atrae a los Ángeles que nos cubren con su resplandor de amor. Cuando nos ponemos en manos de Dios y tenemos la seguridad de que recibimos su resguardo divino, los medios de protección llegan a nuestro conocimiento de forma inusual. Son los propios Ángeles quienes sutilmente nos conducen para adquirir la información que requerimos para cada situación. Ya sea a través de un libro, un programa de radio u otro medio que nos lleva hacia la solución de aquello que nos aqueja. En manos de Dios, todo tiene solución. Con Él, no hay nada que temer, todo estará bien.

BIBLIOGRAFÍA

Adachi, Goro, *The Time Rivers*, publicación de Goro Adachi.

Adamski, George, *Behind the Flying Saucer Mystery*, Warner Paperback Library Edition.

Aicardi, Rudolph G., *La CIA vs. los ovnis*, Posada.

Alexander, Marius, *Todos somos extraterrestres*, Ediciones Martínez Roca.

Alford, Alan F., *Gods of the New Millennium*, New English Library, Odre & Stoughton.

Allégre, Claude, *Dios frente a la ciencia*, Atlántida.

Amorth, Gabriel, *Narraciones de un exorcista*, Kerygma.

Andrews, George C., *Extra-Terrestrial Friends and Foes*, IllumiNet Press.

_____. *Extra-Terrestrials among Us*, Llewellyn Publications.

Aodi, Emilio, *Cuando el reloj marque las 12:00*, Librored.

_____. *Los motivos de la luz*, Librored.

Lucy Aspra, *Ángeles y extraterrestres*, Alamah.

_____. *Apariciones*, La Casa de los Ángeles.

_____. *Batalla cósmica*, Alamah.

_____. *Los Ángeles del destino humano. Morir sí es vivir*, vol. 1, La Casa de los Ángeles.

_____. *Los Ángeles del destino humano, Quiénes somos. Adónde vamos*, vol. 2, La Casa de los Ángeles.

_____. *Manual de Ángeles, Di ¡sí! a los Ángeles y sé completamente feliz*, vol. 1, La Casa de los Ángeles.

Atienza, Juan G., *Los santos paganos*, Robin Book.

Bain, Donald, *The CIA's Control of Candy Jones*, Barricade Books.

Baldwin, William J., *Spirit Releasement Therapy*, Headline Books.

_____. *Healing Lost Souls*, Hampton Roads.

_____. *Close Encounters of the Possession Kind*, Headline Books.

Bates, Gary, *Alien Intrusion*, Master Books.

Begich, Nick y Jeane Manning, *Angels Don't Play this Haarp*, Earthpulse Press.

Benítez. J. J., *Caballo de Troya*, Planeta.

Besant, Annie y Charles W. Leadbeater, *El hombre, de dónde vino ¿Adónde va?*

Biblia (Sagrada Biblia), Herder.

Biblia (Santa Biblia) (Casiodoro de Reina, revisada por Cipriano de Valera), Sociedades Bíblicas Unidas.

Biblia de América, Verbo Divino.

Biblia de Jerusalén, Porrúa.

Biblia Latinoamérica, Verbo Divino.

Biblia Oahspe, Anónimo, "Kessinger Publishing", LLC.

Bord, Janet, *Fairies*, Dell Publishing.

Boulay, R. A., *Flying Serpents and Dragons, The Story of Mankind's Reptilian Past*, The Book Tree.

Braden, Gregg, *Awakening to Point Zero*, Radio Bookstore Press.

Bramley, William, *The Gods of Eden*, Avon Books.

Branton, *The Dulce Wars: Underground Alien Bases & the Battle for Planet Earth*, Global Communications.

Brittle, Gerald Daniel, *The Demonologist*, An Authors Guild Backinprint.com Edition.

Brown, Courtney, *Cosmic Explorers*, Signet Book.

_____. *Cosmic Voyage*, Dutton Book.

Bruce, Alexandra, *The Philadelphia Experiment*, Sky Books.

Bruce, Robert, *Practical Psychic Self-Defense*, Hampton Roads Publishing Company Inc.

Bueno, Mariano, *El gran libro de la Casa Sana*, Martínez Roca.

_____. *Vivir en casa sana*, Martínez Roca.

Bulwer, Lytton Edwards Sir, *La raza futura*, Editorial Kier.

Byrd, Richard E. Admiral, *The Missing Diary*, Abelard Productions.

Chatelain, Maurice, *Our Ancestors came from Outer Space*, A Dell Book.

Childress, David Hatcher, *Las ciudades perdidas de Lemuria*, Martínez Roca.

Childress, David Hatcher y Shaver Richard, *Lost Continents and Hollow Earth*, Adventures Unlimited Press.

Clark, Jerome, *The UFO Book, Encyclopedia of the Extraterrestrial*, Visible Ink Press.

_____. *The UFO book*, Visible Ink Press.

Coleman, John, *Conspirators' Hierarchy: The Story of the Committee of 300*, America West.

Collins, Andrew, *From the Ashes of Angels, the Forbidden legacy of a Fallen Race*, Bear & Company.

Commander, X., *Reality of the Serpent Race & The Subterranean Origin of UFOs.*

_____. *Underground Alien Bases*, Abelard Productions.

_____. *Mind Stalkers*, Global Communications.

_____. *The Controllers*, Abelard Productions.

_____. *The Philadelphia Experiment Chronicles*, Abelard Productions.

Constable, Trevor James, *Sky Creatures: Living UFOs*, S Kangaroo Books.

Constantine, Alex, *Psychic Dictatorship*, Feral House.

_____. *Virtual Government*, Feral House.

_____. *The Covert War Against Rock*, Feral House.

Cowan David y Chris Arnold, *Ley Lines and Earth Energies*, Adventures Unlimited Press.

_____ & Rodney Girdlestone, *Safe as Houses?*, Gateway Books.

_____ & Anne Silk, *Ancient Energies of the Earth*, Thorsons (Harper Collins Pub.).

Cuddy, Dennis Laurence, *Secret Records revealed*, Hearthstone Publishing, Ltd.

Saint-Yves, D'Álveydre, *La misión de la India en Europa*, Luis Cárcamo, Editor.

Daraul, Arkon, *A History of Secret Societies*. Fuente: Press Book by Carol Publishing Group

Davenport, Marc, *Visitors from Time, The Secret of the UFOs*, Greenleaf Publications.

De Marco, Frank, *Muddy Tracks*, Hampton Roads Publishing Company.

Deane, Ashayana, *Voyagers II. The Secrets of Amenti, Wild Flower Press*.

_____, *Voyagers, The Sleeping Abductees*, Wild Flower Press.

Delooze, Matthew, *The Stars are Falling*, Experiencers eBooks Limited.

Dem Marc, *The Lost Tribes from Outer Space"*, Gorgi Books, Transworld Publishers Ltd.

Desborough, Brian, *They Cast No Shadows*, Writers Club Press.

Dowbenko, Uri, *Inside Stories of True Conspiracy*, Conspiracy Digest.

Ellis, Bill, *Raising the Devil*, The University Press of Kentucky.

Emoto, Masaru, *Messages from Water*, vols. 1, 2. I.H.M. General Research Institute.

Espino, Enrique, *Revelación*, Etérica.

Faber Kaiser, Andreas, *¿Sacerdotes o cosmonautas?*, Plaza & Janés.

Farrell, Joseph P., *The SS Brotherhood of the Bell*, Adventures Unlimited Press.

_____. *The Cosmic War*, Adventures Unlimited Press.

Fernandes, Joaquim y Fina D'Armada, *Heavenly Lights, the Apparitions of Fátima and the* ufo *Phenomenon*, EcceNova Editions.

Ferriz, Pedro, *Un mundo nos vigila*, Posada.

Fielding, Peggy, *Barbara: The Story of a* ufo *Investigator*, AWOC.COM.

Fiore, Edith, *The Unquiet Dead*, Ballantine Books, New York.

Flindt, Max H. y Otto O. Binder, *Mankind- Child of the Stars*, A Fawcett Gold Medal Book.

Fowler, Raymond E., *The Andreasson Affair, Phase Two*, Wild Flower Press.

_____. *The Andreasson Affair*, Prentice-Hall.

_____. *The Watchers II*, Wild Flower Press.

_____. *The Watchers*, Bantam Books.

_____. ufo *Testament*, Writers' Showcase.

_____. ufos: *Interplanetary Visitors*, Prentice Hall.

Frangipane, Francis, *The Three Battlegrounds*, Arrow Publications.

_____. *The Jezebel Spirit*, Arrow Publications.

Freixedo, Salvador, *¡Defendámonos de los dioses!*, Posada.

_____. *Ellos, Los dueños invisibles de este mundo*, Posada.

_____. *Extraterrestres y creencias religiosas*, Círculo Internacional de Estudios Cósmicos y de la Investigación del Fenómeno ovni.

García Rivas, Heriberto, *Las visiones del profeta Ezequiel*, Posada.

García, Yohana, *Francesco, una vida entre el cielo y la tierra*, Grupo Editorial Lumen.

Gardiner, Philip, *Secrets of the Serpent*, Real2 Can Books.

_____. *Sociedades secretas*, Alamah.

Good, Timothy, *Unearthly Disclosure*, Arrow Books Limited.

Goodrick-Clarke, Nicholas, *The Occult Roots of Nazism*, New York University Press.

Goswami, Amit, *The Self-Aware Universe*, Penguin Putnam.

Green Beckley, Timothy, *The Smoky God and other Inner Earth Mysteries*, Inner Light Pub.

Greer Steven M. MD, "Disclosure", Crossing Point, Inc.

Haley, Leah A., *Unlocking Alien Closets: Abductions, Mind Control and Spirituality*, Greenleaf Publications.

Hall, Manly P., *The Secret Teachings of all Ages*, The Philosophical Research Society.

Hamer, Dean, *The God Gene*, Doubleday.

Hammond, Frank, *Demons & Deliverance*, Impact Christians Book Inc.

_____ y Ida Mae, *Pigs in the Parlor*, Impact Books, Inc.

Hancock, Graham, *Supernatural*, The Disinformation Company Ltd.

Harner, Michael, *The Way of the Shaman*, Harper San Francisco.

Harpur, Patrick, *Daimonic Reality*, Pine Winds Press.

Hart, Will, *The Genesis Race*, Bear & Company.

Hasemann, Michael, *Hidden Agenda. The Fatima Secret*, A Dell Book.

Hazlewood, Mark, *Blindsided, Planet X Passes in 2003*, Firstpublish.

Heras, Antonio Las, *Encuentros extraterrestres de tercer tipo*, Posada.

_____. *Informe sobre los visitantes extraterrestres y sus naves voladoras*, Posada.

Hermes Trismegisto, *La Atlántida, su existencia y desaparición*, Humanitas Hermes.

_____. *Las tablas esmeralda de Trismegisto o Thoth el Atlante*, Solar.

Holzer, Hans, *The UFO-nauts*, Fawcett Gold Medal.

Hopkins, Budd, *Intrusos*, Edaf, Madrid.

_____ y Carol Rainey, *Sight Unseen*, Atria Books.

Horn, Arthur David, *Humanity's Extraterrestrial Origins*, Silberschnur.

Hurley, Matthew, *The Alien Chronicles*, Quester Publications.

Hynek, Allen J., *The UFO Experience*, Ballantine Books.

_____. *The Hynek UFO Report*, A Dell Book.

Icke, David, *...And the Truth Shall Set You Free*, Bridge of Love Publications.

_____. *Alice in Wonderland and the World Trade Center Disaster*, Bridge of Love Pub.

_____. *Children of the Matrix*, Bridge of Love Publications.

_____. *Infinite Love is the Only Truth, Everything Else is Illusion*, Bridge of Love Pub.

_____. *Tales From the Time Loop*, Bridge of Love Publications.

_____. *The Biggest Secret*, Bridge of Love Publications.

_____. *The Robot's Rebellion*, Gill & Macmillan Ltd.

Ireland-Frey, Louise, *Freeing the Captives*, Hampton Roads Publishing.

Jacobs, David M., *Secret Life*, Simon & Shuster.

_____. *The Threat*, A Fireside Book by Simon & Shuster.

Jones, Ann Madden, *The Yahweh Encounters*, The Sandbird Publishing Group.

Joyce, Elizabeth, *Psychic Attack, Are You a Victim?*, Universe, Inc.

Keel, John A., *Operation Trojan Horse*, IllumiNet Press.

_____. *Our Haunted Planet*, Galde Press.

_____. *The Complete Guide to Mysterious Beings*, A Tor Books.

_____. *The Mothman Prophecies*, A Tom Doherty Associates Books.

Keith Jim, "Mind control and UFOs: Casebook on Alternative 3", Adventures Unlimited Press

_____. *Saucers of the Illuminati*, Adventures Unlimited Press.

Kephas, Aeolus, *Homo Serpiens*, Adventures Unlimited Press.

Kramer, Heinrich y Jacobus Sprenger, *El martillo de las brujas*, Malleus Maleficarum.

Krapf, Phillip H., *The Challenge of Contact*, Origin Press.

_____. *The Contact has begun*, Hay House.

Leadbeater, C.W., *Los maestros y el sendero*, LC Ediciones.

Legrais, B. y G. Altenbach, *Salud y cosmotelurismo*, Heptada.

Leir, Roger K., *Hidden Agenda, Casebook: Alien Implants*, A Dell Book.

Levenda, Peter, *Sinister Forces, a Grimoire of American Political Witchcraft*, Trine Day.

_____. *Unholy Alliance*, The Continuum International Publishing.

Levi, *El evangelio de acuario de Jesús el Cristo*, Edicomunicación.

Lewels, Joe, *The God Hypothesis*, Wild Flower Press.

Lieberman, Philip, *Human Language and Our Reptilian Brain*, Harvard University Press.

Lieder, Nancy, *ZetaTalk*, Granite Publishing, LLC.

Lorgen, Eve, *Love Bite*, ELogos & HHC Press.

Lugo, Francisco Aniceto, *Misterios terrestres y extraterrestres*, Posada.

Mack, John E., *Abduction*, Wheeler Publishing.

Maclellan, Alec, *The Lost World of Agarthi*, Souvenir Press.

MacNutt, Francis, *Deliverance from Evil Spirits*, Chosen Books.

_____. *The Power to heal*, Ave Maria Press.

Marchetti, Victor y John D. Marks, *The Cia and the Cult of Intelligence*, A Dell Book.

Marrs, Jim, *Alien Agenda*, Perennial.

_____. *Psi Spies*, Alien Zoo Publishing.

_____. *Rule by Secrecy*, Perennial, Harper Collins Publishers.

Marrs, Texe, *Codex Magica*, River Crest Publishing.

_____. *Project L.U.C.I.D.*, Living Truth Publishers.

Martin, Malachi, *Hostage to the Devil*, Harper, San Francisco.

Maurey, Eugene, *Exorcism*, Whitford Press.

Maxwell, Jordan, *Matix of Power*, The Book Tree.

Maya, Jacques La, *Tu casa es tu salud*, Sirio.

McMoneagle, Joseph, *Remote Viewing Secrets*, Hampton Roads.

Mellas, Landi B. y Caywood, David E., *The Other Sky*, Blue Star Productions.

Merz, Blanche, *Pirámides, catedrales y monasterios*, Martínez Roca.

Michell, John y Rhone Christine, *Twelve-Tribe Nations, Sacred Numbers and the Golden Age*, Inner Traditions.

Modi, Shakuntala, *Memories of God and Creation*, Hampton Roads.

_____. *Remarkable Healings*, Hampton Roads.

Mooney, Richard E. *Colony: Earth*, A Fawcett Crest Book

_____. *Gods of Air and Darkness*, Stein & Day, Publishers.

Morehouse, David, *Psychic Warrior*, St. Martin's Paperback.

Mott William, Michael, *Caverns, Cauldrons and Concealed Creatures*, TGS-Hidden Mysteries.

Narby, Jeremy, *The Cosmic Serpent – DNA – and the Origins of Knowledge*, Putnam.

Nichols, Preston, *The Music of Time*, Sky Books.

————— y Moon Peter, *Pyramids of Montauk*, Sky Books New York.

—————. "Encounter in the Pleiades: an inside look at UFOs", Sky Books.

—————. "The Montauk Project, experiments in time", Sky Books New York.

O'Brien Cathy, Phillips Mark, *Trance Formation of America*, Reality Marketing.

Occhiogrosso, Peter, *The Joy of Sects*, Image Books Doubleday.

Ortiz de la Huerta, Carlos, *Contactos extraterrestres en México*, Posada.

Orwell, George, *1984*, Nineteen Eighty-four.

Pauwels, L. y Bergier J., *El retorno de los brujos*, Plaza & Janés.

Piccard, George, *Liquid Conspiracy*, Adventures Unlimited Press.

Picknett, Lynn y Prince Clive, *The Stargate Conspiracy*, Berkley Publishing Group.

—————. *The Templar Revelation*, Simon & Shuster.

Platón, *Diálogos. La República*, Edimat Libros.

Pomeroy, Crystal, *Los pergaminos de la abundancia*, Alquimia Science Project.

Prince, Derek, *Blessing or Curse, You Can Choose*, Chosen Books.

—————. *They Shall Expel Demons*, Chosen Books.

Pugh Joye Jeffries Dr., "Eden, the Knowledge of Good and Evil", Tate Publishing, LLC.

Rawlings, Maurice S., *To Hell and Back*, Thomas Nelson Publishers.

Reyes Spíndola, Lilia, *Los Ángeles, maestros de luz y conciencia*, Edaf.

Ribadeau-Dumas, François, *El diario secreto de los brujos de Hitler*, Planeta.

Ribera, Antonio, *¿De veras los ovnis nos vigilan?*, Plaza & Janés.

—————. *Abducción*, Ediciones del Bronce.

Ring, Kenneth, *The Omega Project*, William Morrow and Company.

Ripley's, *Star Space UFOs*, A Kangaroo Books.

Robbins, Dianne, *Telos*, Mt. Shasta Light Publishing.

Robin, Jean, *Hitler, el elegido del dragón*, Planeta.

Royal Lyssa, Priest Keith, *Preparing for contact*, Royal Priest Research Press.

Sáenz, Juan Ramón, *Las historias ocultas de la mano peluda*, Planeta.

Sagan, Carl, *Los dragones del edén*, Grijalbo.

Sagan, Samuel, *Entity Possession*, Destiny Books.

Salla E. Michael, *Exopolitics, Political Implications of the Extraterrestrial Presence"*, Dandelion Books Publication.

_____. *Exposing U.S. Government Policies on Extraterrestrial Life*, Exopolitics Institute.

Sams, Gregory, *Sun of God*, Weiser Books.

Sánchez, Marta, *Los Ángeles en mi vida*, edición del autor.

Sanderson, Ivan T., *Invisible Residents*, Adventures Unlimited Press.

Sargant, William, *Battle for the Mind*, Malor Books.

Schellhorn, G. Cope, *Extraterrestrials in Biblical Prophecy*, Horus House Press.

Schlemmer, Phyllis V., *The Only Planet of Choice*, Gateway Books.

Sitchin, Zecharia, *Divine Encounters*, Avon Books, Nueva York.

_____. *Genesis Revisited*, Avon Books, Nueva York.

_____. *The Cosmic Code*, Avon Books, Nueva York.

_____. *The Lost Book of Enki*, Bear & Company.

_____. *The Lost Realms*, Avon Books, Nueva York.

_____. *The Stairway to Heaven*, Avon Books, Nueva York.

_____. *The Wars of Gods and Men*, Avon Books, Nueva York.

_____. *When Time Began*, Avon Books, Nueva York.

Sparks, Jim, *The Keepers*, Wild Flower Press.

Springmeier, Fritz, *Be Wise as Serpents*.

_____. *Bloodlines of the Illuminati*, Ambassador House.

_____. *Formula to Create Mind Control Slaves*.

Standish, David, *Hollow Earth*, Da Capo Press.

Steiger, Brad, *Mysteries of Time and Space*, Dell Publishing.

Steiner, Rudolf, *La educación práctica del pensamiento, san Miguel y el dragón*, Biblioteca Esotérica.

Stevens, Henry, *Hitler's Flying Saucers*, Adventures Unlimited Press.

Strassman, Rick, DMT. *The Spirit Molecule*, Park Street Press.

Streiber, Whitley, *Communion*, Avon Books.

_____. *Confirmation*, St. Martin's Paperbacks.

_____. *The Secret School, Preparation for Contact*, Harper Paperbacks.

Sullivan, Kathleen, *Unshackled: A Survivor's Story of Mind Control*, A Dandelion Books.

Sutphen, Dick, *The Battle for Your Mind*, www.hiddenmysteries.com/freebook/neuro/suphen.html.

Swartz, Tim, *Secret Black Projects of the New World Order*, Abelard Productions Publishing.

Swedenborg, Emanuel (David Gladish y Jonathan Rose), Bertucci, Mary Lou, ed. *Conversations with Angels*.

Swerdlow, Stewart A., *Montauk, the alien connection*, Sky Books, Nueva York.

_____. *Blue Blood, True Blood*, Expansions Publishing.

Talbot, Michael, *The Holographic Universe*, Harper Perennial.

Tapestra, Angelico, *The Universal Seduction*, vols. 1-3, The Rose Garden.

Tellinger, Michael, *Slave Species of God*, A Music Masters Book.

Thompson, Keith, *Angels and Aliens*, Ballantine Books.

Trench, Brinsley, *Temple of the Stars*, Ballantine Books.

Trundle, Robert, *Is E.T: here?*, EcceNova Editions.

Tsarion, Michael, *Atlantis, Alien Visitation and Genetic Manipulation*, Angels at Work Pub.

Turner, Karla, *Masquerade of Angels*, Kelt Works.

Twinchell, *The Ufo-Jesus connection*, Infinity Publishing.

Valerian, Val, *The Matrix*, Golden Edition.

Vallee, Jacques, *Revelations*, Ballantine Books.

_____. *Pasaporte a Magonia*, Plaza & Janés.

_____ y Janine, *The UFO Enigma*, Ballantine Books.

Van, Dusen, *The Presence of Other Worlds*, Chrysalis Books.

Vázquez, R. Modesto, *¡Extraterrestres?*

Vesco, Renato y David Hatcher Childress, *Man-Made UFOs 1944-1994*, AUP Pub. Network.

Victorian, Armen, *Mind Controllers*, Lewis International.

Von Däniken, Erich, *El mensaje de los dioses*, Martínez Roca.

Waeber, Rolf, *An Overview of Extraterrestrial Races: Who is Who in the Greatest Game of History*, Trafford Publishing.

Wagner, Doris M., *How to Cast Out Demons*, Renew.

Webre, Alfred Lambremont, *Exopolitics, Politics, Government, and Law in the Universe*, Universe Books.

Williamson, George Hunt, *Other Tongues, Other Flesh*, BE, Books.

Wilson Clifford, *The Alien Agenda*, A Signet Book.

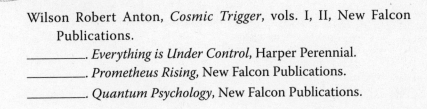

Wilson Robert Anton, *Cosmic Trigger*, vols. I, II, New Falcon
    Publications.
_____. *Everything is Under Control*, Harper Perennial.
_____. *Prometheus Rising*, New Falcon Publications.
_____. *Quantum Psychology*, New Falcon Publications.